# 버클리의 관념론과 헤겔의 경험론

# 버클리의 관념론과 헤겔의 경험론

초판 1쇄 인쇄　2019년 1월 23일
초판 1쇄 발행　2019년 1월 31일

지 은 이　문성화
펴 낸 이　신일희
펴 낸 곳　계명대학교 출판부
출판등록　제347-1998-1호(1970. 9. 1)
주　　소　대구광역시 달서구 달구벌대로 1095
대표전화　053-580-6233
팩　　스　053-580-6235
홈페이지　www.kmupress.com

ISBN　979-11-89468-66-8　93160　　정가 18,000원



이 도서의 국립중앙도서관 출판예정도서목록(CIP)은 서지정보유통지원시스템 홈페이지(http://seoji.nl.go.kr)와 국가자료공동목록시스템(http://www.nl.go.kr/kolisnet)에서 이용하실 수 있습니다. (CIP제어번호: CIP2019002539)

# 버클리의 관념론과 헤겔의 경험론

문성화

계명대학교 출판부

# 머리말
Preface

"비록 우리의 모든 인식이 경험과 함께 시작할지라도, 바로 그 때문에 모든 인식이 경험에 기인하는 것은 아니다.(Wenn aber gleich alle unsere Erkenntnis mit der Erfahrung anhebt, so entspringt sie darum doch nicht eben alle aus der Erfahrung.)"라는 칸트의 말은 매우 잘 알려져 있다. 칸트는 자신의 주장을 증명하기 위해 『순수이성비판』(*Kritik der reinen Vernunft*)을 저술했다고 해도 과언이 아니다. 그 결과 칸트는 경험론과 합리론이라는 두 갈래로 나누어져 있던 당시의 철학을 자신의 거대한 물줄기 속에 하나로 통합했다는 평가를 받는다.

그렇다면 경험론과 합리론에 이미 하나로 통합될 수 있는 가능성과 단초가 내재해 있었다는 뜻이 된다. 합리론의 뒤를 잇는 관념론은 인식의 근원을 이성에다 두고 이성의 능력을 극한에까지 고찰하여 정신을 절대화하기에 이른다. 이렇게 보면 경험론과 합리론이 다시 이전보다 더 분리되어버린 듯이 보인다.

필자는 이 점을 염두에 두고 본 연구를 시작하였다. 경험론에 이미 합리론 또는 관념론의 단초가 내재해 있고, 합리론 또는 관념론은 경험론의 단초를 출발점으로 하지 않으면 토대부터 무너져버린다는 사실을 증명하고자 하였다. 필자는 그 대표자로서 각각 버클리(Berkeley)와 헤겔(Hegel)을 설정하고 연구하여 1997년 박사학위논문을 작성했으며, 귀국해서는 몇

편의 연구논문을 발표하였다.

우리는 흔히 철학을 시대적으로, 지역적으로 또는 핵심 개념 등에 따라서 나누기도 한다. 그렇기 때문에 각각의 사상이나 철학을 연구하다보면 오로지 자신의 입장이나 관점에 따라서 상대의 사상을 전혀 수용하지 않고 배척하거나 배제해버리는 듯 하는 인상을 받을 때가 많다. 하지만 실상은 전혀 그렇지 않으며 그럴 수도 없다. 마치 모든 생명체는 다른 생명체 또는 무생명체들과 그물처럼 얽힌 관계 속에서 살아가지 않을 수 없는 것처럼, 특정 사상도 마찬가지로 다른 사상이나 이론의 영향 또는 혜택을 받을 수밖에 없다.

현대인들뿐만 아니라 모든 시대의 사람들은 생존 당시에 과거를 탐독하고, 그것을 바탕으로 자신들의 미래를 설계했을 것이다. 지금 우리가 과거를 연구하는 까닭은 현재에 발을 딛고 있지만 미래로 나아가기 위함이다. 그러기 위해서는 고정관념과 선입견, 편견에서 벗어나야 한다. '버클리의 경험론'과 '헤겔의 관념론'은 바로 이와 같은 고정관념이자 선입견이다. 물론 그게 틀렸다는 말이 아니다. 이 외에도 다른 무엇이 있는지를 연구를 통해 찾아내야 된다는 뜻이다.

따라서 독자들은 필자의 저서를 통해서, 흔히 알고 있는 '버클리의 경험론과 헤겔의 관념론'이 어떻게 해서 '버클리의 관념론과 헤겔의 경험론'으로 평가받을 수 있는지를 잘 이해할 수 있게 될 것이다.

본 연구에 토대가 된 자료로써는 필자의 박사학위논문 'BERKELEY UND HEGEL - Eine Untersuchung zur logischen Dingkonstitution und zur dialektischen Bewußtseinsdeskription, Düsseldorf 1997'과 새한철학회 논문집 '『철학논총』, 제49집•제3권, 새한철학회 2007'에 발표한 「버클리와 헤겔에 있어서 인식론적 단초와 철학의 분과들」, 대한철학회 논문집 '『철학연구』, 제105집, 대한철학회 2008'에 발표한 「버클리 인식론에서 감성적 관념과 정신」, 새한철학회 논문집 '『철학논총』, 제54집•제4권, 새한철학회 2008'에 발표한 「헤겔 철학에서 인식 방법론」을 바탕으로 저술했음을 밝혀둔다.

2018년 11월

저자 문성화

**차 례**
Contents

# 들어가는 말
Preface

독일 관념론 철학자들이 앞서거니 뒤서거니 하면서 '정신'을 절대화하고, 이로부터 세계를 설명하고 연역하기 위하여 정신의 '모든 능력'까지 절대화 했다는 사실은 철학의 역사에서 이미 잘 알려져 있다. 정신의 이런 능력을 칸트(Kant)는 순수 이성, 즉 이론 이성과 실천 이성으로 절대화했으며, 피히테(Fichte)는 정신의 행위 능력, 즉 근원적인 실행(Urtathandlung)으로, 셸링(Schelling)은 판타지, 즉 지적 직관(intellektuelle Anschauung)으로 그리고 헤겔(Hegel)은 기억(Erinnerung, 내면화)으로, 쇼펜하우어(Schopenhauer)는 충동(Trieb)까지 포함하는 의지(Wille)로 절대화하였다.

그런데 감성(Sinnlichkeit)을 어떤 비교 가능한 방법으로 출발점으로 삼은 독일 관념론 철학자는 아무도 없었다는 사실은 주목할 만한 일이다. 그럼에도 불구하고 감성에 대해 아무런 고찰도 하지 않은 채 그냥 놔둔 게 아니라면, 우리는 그것을 반(反)관념론 철학자라고 할 수 있는 포이어바흐(Feuerbach)에게서 찾아 볼 수 있다.

이와 마찬가지로 또 하나의 사실이 있는데, 독일 관념론에서는 특별히 두드러지지 않은 그러한 입장이 이미 영국 경험론 철학에서, 특히 관념론적-유심론적 감각주의(Sensualismus)자로서의 버클리(Berkeley)가 전개하였다는 점이다. 따라서 바로 이런 점을 바탕으로 하여 이 책에서는 몇몇 연구를 진행하고자 한다. 우선 버클리의 감각주의적이고 관념론적인 단초가 헤겔에 의해서도 마찬가지로 자신의 고유한 철학을 위한 주춧돌로서 적용되었다는 사실이다. 이것은 버클리의 저술 가운데에서 감각주의적이고 관념론적인 단초에 해당하는 부분과 헤겔의 경험 이론을 비교함으로써 분명하게 드러날 것이다.

한 가지 더 이미 잘 알려져 있는 사실이 있는데, 그것은 버클리가 '추상개념'(abstract notions)을 비판함에 있어서 그것이 모순적인 것이라고 비판하고 있다는 점이다. 버클리가 'notion'과 같은 이런 개념들의 형태를 자신의 정신론(Lehre vom Geist)에서, 즉 정신의 능력에 관한 학설에서 정신의 행위 능력을 특별히 강조하면서 이용했다는 것은 그동안 간과되었다고 할 수 있다. 버클리는 'notion'이라는 표현이 사유함과 의욕함을 나타내는 데에만 오로지 적합한 것이라고 하여 남겨둔 셈이다. 이와 같은 모순 개념들이 바로 헤겔 변증법의 토대가 되는 도구였다는 점 또한 간과되어서는 안 될 것이다. 따라서 변증법적 사유 형태의 응용이라는 관점에서도 버클리와 헤겔 사이에는 매우 긴밀한 연관이 있다고 추측할 수 있다. 『정신현상학』(*Phänomenologie des Geistes*)의 논리에 대한 한 연구는 헤겔이 결코 모든 개념들을 모순적으로, 따라서 '변증법적'으로 수행한 것이 아니라 오히려 모든 개념들을 정신의 활동으로서 파악할 때만 변증법적으로 수행한 것이라고 분명하게 밝히고 있다.[01] 이 연구는 필자가 본 연구에서 제시하고자 하는 내용과 놀라울 정도로 일치하는 면을 포함하고 있다.

필자는 먼저 사물구성(Dingkonstitution)과 관련하여 버클리와 헤겔 철학에서 찾을 수 있는 공통점이 무엇인지를 명백하게 밝히고자 한다. 버클리와

---

01 이에 대해서는 다음의 논문을 참고할 것: "L. Geldsetzer, *Über das logische Prozedere in Hegels Phänomenologie des Geistes*, In: Jahrbuch für Hegelforschung, hrsg. v. H. Schneider, Band 1, St. Augustin 1/1995, S. 60."

헤겔 철학에서 '경험'(Erfahrung) 또는 '감성적 확실성'(sinnliche Gewiβheit)은 인식의 토대이자 출발점이다. 만일 '경험이란 무엇인가?'라는 물음이 충분히 의미가 있으려면, 이 물음은 객관(Objekt)에 대해서만이 아니라 주관(Subjekt)에 대해서도, 따라서 객관과 주관의 연관성 또는 관계에 대해서도 물음을 던져야만 할 것이다. 이것은 주관과 객관의 관계에 대한 특별한 개념을 형성하는데, 이에 근거해서 판단과 추리가 결과로서 주어질 수 있는 것이다. 이 저술에서 다루겠지만, 이러한 개념형성을 버클리는 '귀납적으로'(induktiv), 헤겔은 '귀납적'이면서도 '변증법적으로'(dialektisch) 수행하였다. 다시 말해서, 이 두 철학자에게 귀납적 인식방법은 어쨌든 공통점이라고 할 수 있다.

그렇지만 사람들은 버클리에게 있어서 'notion'이라는 용어를 너무나 단순히 '추상 개념'이라고 칭하고 헤겔에게 있어서는 모든 개념을 너무나 가볍게 '변증법적 개념들'로 간주해버리는 것으로 그치고 만다. 사람들이 이렇게 해버리는 것은 버클리와 헤겔 철학에서 인식의 논리적 전제들과 그들의 인식론 전체에 대해 주의를 게을리한 탓이다. 버클리뿐만 아니라 헤겔도 마찬가지로 'notion' 또는 '변증법적 개념들'을 오로지 주관에만, 더 엄밀하게 말하면 주관의 행위에만 관련짓는다. 이 말은 정신적 행위가 스스로 어떤 모순적인 것, 따라서 논리적 형태로 보면 '용어상의 모순'(contradictio in terminis)인 개념들을 통해서 묘사될 수 있는 어떤 것을 지니고 있다는 사실을 의미한다.

그렇기 때문에 버클리와 헤겔이 인식에서 객관과 주관을 어떻게 다루고 있는지를 다음과 같은 주제에서 더 상세하게 논구할 필요가 있다. 첫째, 버클리와 헤겔은 객관에 관한 모든 개념을 귀납에 의해서 획득한다. 둘째, 버클리는 '모순적이고 추상적인 개념'으로서 'notion'을 정신적 능력을 표시하는 데에 사용한다. 셋째, 헤겔도 마찬가지로 모순적이고 '변증법적'인

개념들을 '주관'을 그 안에 포함하고 있는, 오로지 정신적 행위를 나타내는 개념들로서만 등장시키고 있다.

다른 철학자들과 마찬가지로 버클리와 헤겔의 인식론도 주관과 객관 간의 관계에 초점을 맞추고 있다. 그렇다면 인식론은 인식 주관과 객관을 반드시 개념으로 이끌어야 하며 동시에 자아(Ich)라는 주관과 대상(Gegenstand)이라는 객관의 관계를 파악하지 않으면 안 된다. 그런데 인식이란 언제나 객관을 파악하는 주관의 인식이다. 다시 말해서, 인식이란 주관과 객관의 구별에도 근거를 두고 있으며 주관과 객관의 통일, 즉 비(非)구별에도 근거를 두고 있다. 주관과 객관의 이와 같은 상황을 두고 사람들은 '변증법적'이라고 할 수 있다. 또한 이런 상황은 변증법적 개념들, 즉 '용어상의 모순'으로 이해되는 개념 유형을 수단으로 해서 묘사될 필요가 있다.

버클리도 그렇고 헤겔도 마찬가지로 결코 주관의 실체성을 수용하지는 않으며, 오히려 두 철학자는 의식의 행위, 즉 주관의 활동 본성을 분명하게 강조하고 있다. 인식활동에서는 의식의 바로 이런 활동 본성에 의해서 정신의 행위로서의 주관과 객관의 통일과 통일성이 개념으로 옮겨가는 것이다. 그리고 이와 같은 활동이 버클리에게서는 '지각됨'(percipi)에 있어서의 '지각함'(percipere)이며, 헤겔에게서는 '감성적 확실성'에 있어서의 '경험'이다. 이로써 버클리와 헤겔은 데카르트의 'cogito'(나는 생각한다.)라는 위대한 전통 속에 분명하게 위치하게 되는데, 이때 cogito는 정신적 실체의 불변성을 처음으로 정신적 사유과정 속에다 녹여낸 정신의 활동을 의미한다.

위와 같은 점들을 염두에 두고 본 연구는 버클리와 헤겔에 있어서의 '사물구성'에 한정하고자 한다. 버클리와 헤겔은 인식론의 출발점은 감성적 경험이라고 하는 관념론적 관점을 가지고 있다. 버클리에 따르면 사물의 존재는 사물의 지각됨에 있다.(esse est percipi) (Principles § 3 ; 『원리론』 71쪽)[01] 헤겔은 다음과 같이 강조하고 있다. "지각 자체는 언제나 개별자이며 지나가는 것(Vorübergehendes)이다. 그럼에도 불구하고 인식함(das Erkennen)은 그냥 머물러 있는 게 아니라 지각된 개별자 안에서 보편적인 것과 불변하는 것을 찾아낸다. 바로 이것이 단순한 지각으로부터 경험으로의 진행과정이다."[02] 버클리는 사물구성을 단지 정의(定義)상으로만 지각함의 정신적 행위에 소급했을 뿐이다. 사물들의 세계는 언제나 존재했던바 그대로 머물러 있다. 귀납적으로 획득된 완전히 비변증법적인 개념들에서는 그 사물들에 대해서 다룰 수가 있으며 또한 반드시 다루지 않으면 안 된다. 버클리는 바로 여기서 오컴(Ockham)과 베이컨(Bacon)의 전통에 속하는 유명론자(Nominalist)가 된다. 모든 변증법은 사물 개념에 대한 버클리의 귀납이론과 '추상 개념'에 대한 그의 비판을 이러한 인식 영역으로부터 배제하고 있다. 버클리는 정신과 정신의 행위를 고찰하고 분석할 때 변증법적 사유 수단, 즉 자신이 모순적이라고 비판한 '추상 개념들'(notions)을 사용하고 있다.

헤겔은 이런 출발점에서 시작하며 더 나아가서는 마구 엉클어져 있는 사물구성을 정신의 활동을 고찰하면서 상세하게 논하고 있다. 귀납 과정 자체는 이미 정신의 활동과 관련하여 서술되어야 하고 '변증법적' 개념들에서 설명되어야만 한다. 그런데 귀납 과정이 헤겔에게서는 사물개념들에만 해당되는 것은 아니며, 정신적 세계의 전체를 경험하는 데에까지 고

---

01 G. Berkeley, *A Treatise concerning the Principles of Human Knowledge*, In: Philosophical Works, Introduction and notes by M. R. Ayers, London 1992, § 3. (이하 본문 안에서 'Principles'로 약칭함) ; 조지 버클리 지음, 문성화 옮김, 『인간 지식의 원리론』, 대구 (계명대학교 출판부) 2010, 71쪽. (이하 본문 안에서 '『원리론』'으로 약칭함)

02 G. W. F. Hegel, *Enzyklopädie der philosophischen Wissenschaften I*, In: Hegel Werke in 20 Bänden (Theorie Werkausgabe), Bd. 8., hrsg. v. Moldenhauer und K. M. Michel, Frankfurt/M. 1970, § 38, Zusatz.

양된다. 이러한 고양은 의식의 '내면화'(Er-Innerung)에서 마침표를 찍게 되지만, 이것이 본 연구의 핵심 주제는 아니며 본 연구는 인식론에 한정하고자 한다.

# I

## 버클리와 헤겔에 있어서 인식론적 단초와 철학의 분과들

### 버클리의 관념론과 헤겔의 경험론

1. 들어가는 말
2. 핵심 분과로서 형이상학과 인식론의 관계
3. 기본 분과로서 인식론
4. 영역 분과로서 논리학과 인식론의 관계
5. 버클리와 헤겔에 있어서 인식의 단초

제1장

# 버클리와 헤겔에 있어서 인식론적 단초와 철학의 분과들

## 1. 들어가는 말

철학의 '핵심 분과'(Kerndisziplin)인 '형이상학'(Metaphysik)은 모든 학문으로 하여금 존재(das Sein)의 '진리'를 탐구할 것을 과제로 제시한다. 존재의 '인식'은 철학에 있어서 이론적 '기본 분과'(Grunddisziplin)인 '인식론'(Erkenntnistheorie)의 과제이다. 그러므로 이와 같은 의미에서 참된 인식은 형식과 내용의 일치, 즉 상(像)과 그 현실성의 일치를 말한다. 또한 '영역 분과'(Bereichsdisziplin)라고 할 수 있는 '논리학'(Logik)은 인식의 논리적 형식과 내용을 다룬다. 이러한 인식의 대상들은 사물 일반(Ding überhaupt), 즉 그것은 생명이 없는 것이기도 하고 생명이 있는 것이기도 하며 또한 정신적인 것이기도 하다. 다시 말하면, 존재 일반을 대상으로 하는 인식론은 '존재에 대한 논리적 인식작용'(das Erkennen)이다.

형이상학적 이념으로서 존재의 진리는 모든 개별자(das Einzelne)와 특수자(das Besondere)에 전제되어 있다. 그런데 객관이든 주관이든 간에 모든 것은 사실상 개별자이며 동시에 인식의 요소로서 사물이다. 그럼에도 불구하고 주관으로서의 개별자는 다른 개별자를 객관으로서, 더욱이 개별자에 내포되어 있는 보편자(das Allgemeine)를 인식하고자 한다. 왜냐하면 인식의 주관은 바로 보편자를 사유하는 '사유능력'으로서의 '인간'이기 때문이다. 그러나 개별자로서의 주관은 형이상학적 이념으로서의 보편자를 결코 사물인식과 같은 방법으로 인식할 수가 없다.

오히려 '인식의 단초'는, 칸트(Kant)나 헤겔(Hegel)이 말하고 있는 것처럼, 가장 단순하고 직접적이면서도 아무런 규정도 되어 있지 않은 사물이 아니면 안 된다. 이와 같은 객관은 감성적으로 지각 가능하거나 인식 가능하며, 주관은 인식하는 자 또는 지각하는 자이며, 따라서 정신적으로 행위하는 존재이다. 인식작용은 주관과 객관의 관계에 기인한다. 필자는 이와 관련하여 버클리(Berkeley)와 헤겔에 있어서 사물 인식을 고찰하고자 한다.

버클리와 헤겔에 있어서 인식의 토대이자 단초는 바로 '경험'이다. 그런데 이들에게 있어서는 인식의 방법이 문제가 되며, 또한 인식의 결과를 논리적으로 형식화하는 것이 문제가 되었다. 왜냐하면 이것은 '개념형성'과 결부되어 있기 때문이며, 따라서 그 결과로 발생할 수 있는 '판단'과 '추리'와도 불가분의 관계에 있기 때문이다. 버클리에 있어서 개념형성은 '귀납적'(induktiv)이며, 따라서 귀납적 인식방법을 따르기 때문에, 이것은 객관의 측면과 관계가 있다. 그렇지만 사람들은 버클리에게 있어서 논리적 체계와 인식 전체에 주의를 기울이지 않은 채 'notion'[01]이라는 개념을 너무나 가볍게 논리적 개념으로 간주해 버린다. 이것은 대상이 아니라 주관의

---

01 필자는 'notion' 개념을 뒤에 가서 고찰하고 있다.

측면에 해당되는 개념이다. 이 반면에 정신적 행위의 개념이 '모순적'이라는, 따라서 '논리적으로 거짓'이라는 이유로 해서 버클리는 자신의 인식론에서 주관의 개념형성을 제외해 버린다.

필자는 이러한 목적하에서 인식에 있어서 단초인 바의 객관과 주관이 철학의 핵심 분과로서의 형이상학을 비롯하여 여타의 여러 분과들과 어떤 관계에 있는가를 고찰할 것이고, 동시에 철학의 여러 분과들은 인식을 중심으로 하여 상호 어떤 관련을 맺고 있는가를 살펴보고자 한다. 그리고 그러한 고찰의 결과가 버클리와 헤겔철학에서 인식론적 단초로는 어떻게 작용하고 있는지를 고찰하고자 한다.

## 2. 핵심 분과로서 형이상학과 인식론의 관계

형이상학은 아리스토텔레스(Aristoteles) 이래로 모든 학문의 전제이자 동시에 근거로 간주되고 있다. 그렇지만 '도대체 형이상학이 학문으로서 가능하기나 하는지 그리고 가능하다면 형이상학이란 무엇인가?'라는 문제는 언제나 논쟁거리가 되고 있는 것도 사실이다.[02] 사정이 이런 만큼 우리는 더욱더 근원으로 되돌아가지 않으면 안 된다. 왜냐하면 우리는 '형이상학'이라는 명칭을 고전적 의미에서 단순히 '존재자로서의

---

02 "Wie ist Metaphysik als Wissenschaft möglich?"라는 물음으로 유명한 칸트의 명제는 이에 대한 좋은 예가 될 것이다. I. Kant, *Prolegomena, Zu einer jeden künftigen Metaphysik*, Hamburg 1969.

존재자'(das Seiende als Seiendes)에 관한 학문으로서만 고찰해서는 안 된다. 그 까닭은 이 명칭이 아리스토텔레스에게 있어서는 여러 학문을 분류하는 것과도 결부되어 있기 때문이다.

아리스토텔레스는 존재자에 대해서 심사숙고하는 사유방법을 다음과 같이 세 가지로, 즉 '행위'(praxis)와 '창작'(poiesis)—이 둘은 실천철학이다.—그리고 관찰 또는 '관조'(theoria)—이것은 이론철학이다.—로 분류하고 있다. 이론철학은 그에 의해서 다시 수학과 물리학, 자연학과 신학, 즉 형이상학으로 나누어진다.[03] 그런데 아리스토텔레스에 따르면 수학은 오직 움직이지 않는 것만을, 그리고 물리학은 분할 가능한 것만을 다루는 반면에, 형이상학은 이 양자를 모두 다룬다. 이에 대하여 아리스토텔레스는 다음과 같이 말하고 있다.

> 그런데 만일 어떤 영원한 것, 움직이지 않는 것, 분할 가능한 것—독립적인 것—이 존재한다면, 이것에 대한 인식은 분명히 관찰, 관조하는 학문에 속하지 않으면 안 된다.[04]

아리스토텔레스는 개별적인 존재자의 유(類, Gattung)를 원인으로 또는 '참의 원리'(Prinzip der Wahrheit)로, 요컨대 존재자로서의 존재자, 즉 존재자 그 자체로 간주하며, 이것을 대상으로 삼는 학문을 그는 "제일 철학"[05]이라

---

03 Aristoteles, *Metaphysik, philosophische Schriften*, In: 6 Bd., 5. Bd., Übersetzung v. H. Bonitz, Hamburg 1995, 1025 b f.

04 Aristoteles, *Metaphysik*, 같은 책, 1026 a.

05 "그런데 제일 철학은 분할 가능한 (독립적인) 사물들뿐만 아니라 움직이지 않는 사물들에 관해서도 다룬다. (…) 여기에 가장 적합한 학문은 존재자에 가장 적합한 유를 대상으로 가지지 않으면 안 된다." (Aristoteles, *Metaphysik*, 같은 책, 1026 a.) "이에 반해서 철학은 개별적인 것과 개별적인 것의 우연한 속성을 다루지 않으며, 오히려 개별적인

고 명명하고 있다. 한 마디로 말해서, 아리스토텔레스에게 있어서 형이상학은 영원한 존재자 그 자체의 인식을 목표로 삼는 학문이다. 그래서 그는 다음과 같이 말하고 있다.

> 하지만 우리는 진리를 원인에 대한 인식이 없이는 알 수가 없다. 원리라고 하는 것은 그 밖의 공통적인 것들이 함께 귀속하게 되는 최고의 등급을 이룬다. 따라서 나중에 등장하는 것에 대해서 진리의 원인인 것은 가장 참된 것이다. 그렇기 때문에 영원한 존재자의 원리들은 (항상) 가장 진실되지 않으면 안 된다. 왜냐하면 이 원리들 자체가 여타의 것들에 대한 원인이기 때문이다. 따라서 존재에 대한 원리의 관계는 진리에 대한 원리의 관계와 같다.[06]

이와 관련하여 우리는 인식론에서 형이상학이 그것에 대해 반성하는 바의 존재의 진리를 인식론의 이념으로 이해할 수가 있다. 이러한 이념은 인식론을 철학적 학문으로 구축한다. 이러한 한에서 인식은 절대적인 인식으로 추동력을 받는다. 그 까닭은 "진리와 인식이 서로 밀접하게 연관되어 있기 때문이며, 그래서 진리가 없이는 그 어떤 인식도 존재하지가 않기 때문이고, 이것은 반대로 진리가 인식과 아무런 관계가 없을 수 없다는 것과 같다."[07] 바로 이와 같은 이념을 인간은 이성적이고 사유하는 존재로서 철학적 방법에 따라서 다룰 수 있는 것이다.

---

것을 오직 존재자 그 자체와 관련해서만 관찰할 뿐이다." (Aristoteles, *Metaphysik*, 같은 책, 1061 b.)

06 Aristoteles, *Metaphysik*, 같은 책, 993 b

07 A. Varga, *Einführung in die Erkenntnislehre, München* / Basel 1953, S. 11.

그러나 버클리는 "형이상학과 논리학"을 가장 추상적이면서도 최고(最高)의 학문으로 간주하고 "형이상학"과 인식론의 연관성을 부정한다.[08] 왜냐하면 버클리는 인식의 대상인 'idea'를 지각에 한정하기 때문이며—"Their esse is percipi."(Principles, § 3.)—질료적 실체를 부정하기 때문이다. 그럼에도 불구하고 그는 신을 우리 이념의 원인으로 간주하며, 정신을 유일한 실체로서 고찰하고 있기 때문에, 우리는 그가 사실상 형이상학을 인식론의 근거로 수용하고 있다는 점을 이해할 수 있다.

칸트는 형이상학을 순수 이성의 '사변적' 사용과 '실천적' 사용에 따르는 형이상학으로 나누고, 사변적 사용에 따르는 형이상학을 '자연의 형이상학'으로, 실천적 사용에 따르는 형이상학을 '도덕의 형이상학'으로 명명하고 있다. 그 까닭은 "자연의 형이상학은 모든 사물의 이론적 인식에 관한 단순한 개념들—따라서 수학을 제외하고서—에서 기인하는 모든 순수한 이성 원리들을 포함하기 때문이다. 이제 사변적 이성의 형이상학은 사람들이 좁은 엄밀한 오성에서 형이상학이라고 명명하곤 하는 바로 그것이다."[09] 그러나 칸트에 있어서 이론 철학은—자연의 형이상학은—'경험'에 제한되어 있으며, 경험은 '오성'(Verstand)의 '대상'이다. 말하자면 칸트는 경험적 대상—현상(Erscheinung)—의 인식을 '자연의 형이상학'이라고 부르는 것이며, 이것은 오성의 능력에 속한다. 그렇기 때문에 칸트에게서 자연의 형이상학은 '오성의 형이상학'으로 명명되며, 반면에 '이성'(Vernunft)은 오직 '이념'(Idee)과만 관계를 갖는다.

칸트는 "감각에서는 그 어떤 일치하는 대상도 주어질 수 없는 필수적

---

08 Principles, Introduction, § 6.

09 I. Kant, *Kritik der reinen Vernunft*, Hamburg 1956, A 841 f. / B 869 f.

인 이성개념을 이념으로" 이해하고 있다.[10] 그러므로 '이념'은 '이성의 대상'이기는 하지만, 인식의 대상은 아니다. 그 까닭은 칸트에게서 이성은 오성에다 어떤 통일을 위한 방향성을 지시하기 때문이다. 말하자면 이성은 대상 인식의 능력이 결코 아니며, 경험 인식의 통일성을 파악한다. 이와 같은 근거에서, 칸트의 인식론은 오성 형이상학으로서 실제로 인간 인식 또는 인간 이성의 한계를 고찰하는 것을 목표로 한다고 할 수 있다.[11]

헤겔은 이러한 오성사유에 대해서 다음과 같이 비판한다.

> 형이상학의 대상들은 이성에 즉자 대자적으로 속하는 그리고 자체적으로 구체적인 보편자—영혼, 세계, 신—의 사유에 속하는 총체성이긴 하지만, 그러나 형이상학은 그 대상들을 표상으로부터 취하며, 완료된 상태로 주어진 주관으로서의 그 대상들을 오성 규정들을 적용할 때 기초로 삼으며, 오직 그러한 표상에서만 술어들이 적합하고 충분한지 어떤지에 대한 척도를 갖는다.[12]

그런데 헤겔에 따르면 철학적 사유는 감성적인 것을 넘어설 수 있고, 유한한 것을 넘어서 무한한 것으로 나아갈 수 있으며, 감성적인 것을 단절시키고 초감성적인 것으로 도약할 수가 있다. 이와 같이 사유하는 것이

---

10 I. Kant, *Kritik der reinen Vernunft*, 같은 책, B 383.

11 이에 대해 칸트는 다음과 같이 말하고 있다.: "형이상학이 다만 사변으로서 인식을 확장하기보다 오히려 오류를 방지하기 위하여 사용된다는 것은 형이상학의 가치를 훼손하는 일이 아니라 도리어 학계(學界)의 일반적 질서와 융화, 아니 그뿐 아니라 번영을 확보하며, 그 힘차고 알찬 사업을 일반적 행복이라는 주목적에서 이탈하지 않도록 방지하는 검찰관으로서의 직책을 이행함으로써 오히려 형이상학이 존엄성과 권위를 갖게 하는 일이다." I. Kant, *Kritik der reinen Vernunft*, 같은 책, A 851. / B 879.

12 G. W. F. Hegel, *Enzyklopädie der philosophischen Wissenschaften I*, 같은 책, § 26-36, 30.

바로 '이성의 능력'이다.

> 그렇지만 철학은 사유의 본래적인 방식이기 때문에, 이러한 사유는 이 방식을 통해서 인식작용과 개념적으로 파악하는 인식작용으로 되는 것이다.[13]

이와 같이 하여 이성은 자신의 대상을 인식하게 된다. 따라서 헤겔에 있어서 형이상학적 이념은 순수 철학의 대상으로 간주될 수가 있는 것이다. 헤겔은 이러한 대상에 대한 인식을 '학적인 인식'이라고 부른다.[14] 이와 관련하여 하르트만(N. Hartmann)은 다음과 같이 말하고 있다.

> 우리는 '인식의 형이상학'을 인식문제 자체의 영원한 형태로 뿌리를 내리고 있는 형이상학이라고 알고 있어야만 한다. 사람들이 인식의 근원적인 의미에, 즉 존재자를 파악하는 데에 고정되어 있는 한, 이러한 문제의 층층이 어찌하여 형이상학적인 문제인가 하

---

13 G. W. F. Hegel, *Enzyklopädie der philosophischen Wissenschaften I*, 같은 책, § 2.

14 G. W. F. Hegel, *Phänomenologie des Geistes*, Hamburg 1952, S. 45. (이하 'Phänomenologie'로 약칭함) ; 이러한 의미에서 헤겔은 칸트철학에 대해서 다음과 같이 비판한다.: "이원론인 칸트철학의 한 측면은 지각의 세계에 머무르며, 이 지각을 반성하는 오성의 세계에 머무를 뿐이라는 점이다. 이러한 세계는 현상 세계를 위하여 진력을 다하기는 한다. 그렇지만 이것은 단순한 제목, 즉 오직 형식적인 규정일 뿐이다. 왜냐하면 그것의 원천과, 형태 그리고 고찰방식은 늘 동일하게 머무르기 때문이다. 이에 반해서 칸트철학의 다른 측면은 스스로를 파악하는 사유의 독자성, 즉 자유의 원리이다. 이 원리는 칸트철학이 이전의 일상적인 형이상학과 함께 공통적으로 가지고 있는 것이지만, 이전의 형이상학은 내용적인 모든 것을 상실한 상태이고 다시금 내용적인 것을 창출할 능력이 없는 것이다. 여기서 이성이라고 불리는 이러한 사유는 모든 규정이 박탈되며 모든 권위가 상실된다." G. W. F. Hegel, *Enzyklopädie der philosophischen Wissenschaften I*, 같은 책, § 60.

는 것은 전혀 의심의 여지가 있을 수 없다.[15]

이에 대한 결과로 우리는 인식론적인 문제들이 형이상학적인 근거에서 문제가 된다는 점과 이 문제에 대해서 대답을 하지 않으면 안 된다는 점도 함께 부여 받게 된다. 달리 말하면, 기본 분과로서의 인식론은 언제나 핵심 분과로서의 형이상학을 전제하고 있다는 말이다.

## 3. 기본 분과로서 인식론

객관과 주관과의 관계에서 성립하는 인식은 진리 또는 존재에 대한 인식과 관계가 있다. 왜냐하면 참된 인식은 주관과 객관이 완전히 일치하는지 어떤지에 달려있기 때문이다. 이러한 문제를 취급하는 학문으로서 인식론은 인식의 본질, 제 원리, 근원, 제 조건 그리고 인식의 한계에 관한 철학으로 이해된다.

칸트에 따르면 인식은 감성(Sinnlichkeit)과 오성(Verstand)으로부터 성립한다. 감성은, 어떤 방식으로든지 자극을 받는 한, '표상'(Vorstellung)을 수용하는 것이고, 오성은 표상을 통해서 어떤 대상을 인식하는 능력이다.[16] 그런데 여기서 "만일 진리가 인식과 그 대상과의 일치에서 성립하는 것이라면, 이 대상은 다른 대상과 구별되지 않으면 안 된다. 왜냐하면 이 인식이

15 N. Hartmann, *Grundzüge einer Metaphysik der Erkenntnis*, Berlin 1965, S. 15.
16 I. Kant, *Kritik der reinen Vernunft*, 같은 책, B 74 f.

아무리 다른 대상에 타당할 수 있는 것을 포함하고 있더라도 이 인식이 관계를 가지고 있는 대상과 일치하지 않으면, 그러한 인식은 오류가 되겠기 때문이다. 그래서 진리의 일반적인 기준은 그 대상의 구별에 관계없이 모든 인식에 타당한 것일 것이다."[17] 이와 같은 인식은 '선험적'(a priori) 인식이다. 그리고 "그와 같은 인식의 근원과 범위 그리고 객관적 타당성을 규정한 학문은 초월적(transzendental) 논리학이라고 불리지 않으면 안 될 것이다."[18]

그렇지만 초월적 논리학에는 오직—이성이 아니라—오성만이 초월적 감성론에서의 감성처럼 다루어진다. 칸트에 따르면 오성은 사유하는 능력이고 판단하는 능력이다. "사유란 개념을 통해서 인식을 하는 작용이다."[19] 이 개념들은 오직 오성을 통해서만 주어지고 감성적 대상과 관계를 갖게 된다. 그 까닭은 칸트가 초감성적 대상과 관련이 있는 초월적 변증론에서 이성을 다루고 있기 때문이다. 이제 칸트에게서 '경험의 한계'는 말하자면 '인식의 한계'를 말하며, 이성과 오성을 구별하는 것은 형이상학과 인식론의 대상영역을 구별하는 것을 의미한다.

만일 그렇다면 인식론에서 대상영역을 구별하는 것은—예를 들어, 칸트에게서는 외부 세계로서의 객관인 사물 자체와 내부 세계로서의 객관인 현상의 구별—한편으로는 현실에서의 인식 가능성의 한계가 존재한다는 것을 의미하고, 다른 한편으로는 우리가 핵심 분과로서의 형이상학을 철학 체계 안에서 전제하지 않으면 안 된다는 것을 의미한다. 또한 칸트에게서 인식론이 '논리학'과 밀접하게 관련되어 있다는 사실은 오성으로

17 I. Kant, *Kritik der reinen Vernunft*, 같은 책, B 83.
18 I. Kant, *Kritik der reinen Vernunft*, 같은 책, B 81.
19 I. Kant, *Kritik der reinen Vernunft*, 같은 책, B 94.

부터 이성으로 이행하는 것을 의미한다. 참된 인식은 형식과 내용의 일치, 즉 상(像)과 현실의 일치에서 성립하고, 논리학은 인식의 논리적 형식과 내용을 다루기 때문에, 이성은 변증법적 제 모순으로 빠져 들어가며, 따라서 논리적 거짓(Falschheit)으로 빠져 들어간다—그래서 칸트는 초월적 분석론을 '진리의 논리학'(Logik der Wahrheit)으로 그리고 이성이 '사물 자체'(Ding an sich)를 인식하고자 할 경우 초월적 변증론을 '가상의 논리학'(Logik des Scheins)으로 명명한다. 그러므로 우리는 칸트가 형이상학과 인식론 간의 한계를 밝히고 인식론과 논리학의 연관성을 분명히 하고 있다는 것을 이해할 수가 있다.

하지만 헤겔은 철학의 여러 분과들, 요컨대 형이상학과 인식론 그리고 논리학을 통일시킬 의도를 가지고 다음과 같이 말하고 있다.

> 현상이란 생성과 소멸의 과정이 반복되는 것을 뜻하지만, 단지 이 과정 자체만은 결코 생성되거나 소멸되는 일이 없이 즉자적으로 존재할 뿐 아니라, 더 나아가서 그것은 현실성과 진리의 활력적인 운동을 이루는 것이기도 하다. (…) 물론 이와 같이 만취된 상태에 비길 수 있는 진리의 운동과정 속에는 정신의 개별적 형태나 규정된 어떤 사상도 존립할 수 없겠지만, 그러나 역시 이들은 긍정적이며 필연적인 계기임과 동시에 또한 못지않게 부정적이며 일시적인 계기이기도 하다. — 운동의 전체적 양상을 완전한 평온이 유지된 상태로 바꾸어 생각할 때 그 속에서 구별을 지니며 특수한 현존재로 나타나는 것은 바로 자기를 기억하고 보존하면서 동시에 그의 현존재가 곧 자기 자신에 관한 지(Wissen)를 뜻하며 다시 이 지는 직접적인 현존재에 해당되는 것이기도 하다. 이제 이상과 같은 운동이 진행되어 가는 방법, 즉 학이 전개되어 가

는 과정과 관련하여 미리 여러 가지 점에 대해 지적해 두는 것이 필요할 듯이 보인다. 그러나 이러한 방법의 개념은 이미 지금까지 이야기된 내용 속에 포함되어 있을뿐더러 그에 적합한 체계적 서술은 논리학에 속하거나 아니면 오히려 그러한 서술 자체가 곧 논리학이라고 할 수도 있겠다. (Phänomenologie, S. 39 f.; 『정신현상학 1』, 101–102쪽)[20]

칸트의 인식론은 인식의 대상뿐만 아니라 인식의 능력도 제한시켜 버린 결과를 낳았다. 이것은 또한 사유를 한정시킨 것을 의미하기도 한다. 헤겔에게서는 인식의 능력이 중요할 뿐이다. 왜냐하면 그에게 있어서 인식활동이라고 하는 것은 사변적으로 사유하는 것으로서 무엇인가를 규정하면서 동시에 스스로 규정된 사유를 의미하기 때문이다.[21] 그러므로 헤겔에게서 '사변적인 것'(das Spekulative)은 전체를 부분 속에 반영하고 개별자를 전체 속에 반영하는 방법이다. 이러한 의미에서 우리는 헤겔이 형이상학의 대상을—위에서 아리스토텔레스에 있어서 움직이지 않는 것과 움직이는 것에 대한 형이상학으로 고찰된 것처럼—보편자, 즉 전체로서 파악하고, 오성의 대상을 현상, 즉 개별자로서, 다시 말해서 전체 속에서의 긍정적이고 필연적인 계기로서 파악하고 있다는 점을 수용할 수 있다. 말하자면

---

20 G. W. F. Hegel 지음, 임석진 옮김, 『정신현상학 1』, 분도출판사 1983. (이하 본문 안에서 '『정신현상학』'으로 약칭함)

21 G. W. F. Hegel, *Enzyklopädie der philosophischen Wissenschaften I*, 같은 책, § 48.; 또한 이에 대해서 헤겔은 "이와 같은 변증법적인 것에는, 그것이 여기서 받아들여지고 있는 것처럼, 그리고 이와 더불어 대립적인 것을 통일성 속에서 파악하는 것에는 또는 부정적인 것에서 긍정적인 것을 파악하는 것에는 사변적인 것인 들어 있다. 이것이 가장 중요한 것이기는 하지만, 그러나 아직은 훈련되지 않고 자유롭지도 못한 사유의 힘에는 가장 어려운 측면이기도 하다."고 말하고 있다. G. W. F. Hegel, Wissenschaft der Logik I, Gesammelte Werke, Bd. 11., Hamburg 1978, S. 27.

이것은 "학적인 인식활동"[22]이며, 이 인식활동을 서술하는 것 자체가 헤겔에게서는 '논리학'이다. 우리가 만일 이러한 관점에서 출발한다면, 사변적인 것을 가장 중요한 측면으로 가지는 이성이 학적인 인식활동을 함으로써 철학의 여러 분과들을 통일시키는 과정이 바로 이성의 '기억'(Er-Innerung)으로서 이해된다는 것을 알 수가 있다.

> 이제 사변적인 것은 이성적인 것(더욱이 긍정적-이성적인 것)과 결코 다르지 않으며, 이런 한에서 이들은 동일한 것으로 사유된다.[23]

여기에는 '모순'을—따라서 논리적 거짓을—진리의 계기로서 수용하는 변증법적 사유가 포함되어 있으며, 그래서 이성은 '변증법적-사변적인 이성'이 되는 것이다. 그러므로 헤겔은 이성을 인식능력으로서 수용한다.

> 이성은 특수자를 보편자 안에서 여러 개념을 통해서 제 원리로부터 인식하는 능력이지만, 오성은 그렇지가 않다. 오성의 특수자는 직관(Anschauung)을 통해서 인식되지만, 여러 범주조차도 어떤 특수자는 아니다. 그런데 이성의 원리 일반은 보편자이며, 무제약적인 것과 무한한 것을 자신의 대상으로 삼는 사유이다. 이성의

---

22 이에 대하여 헤겔은 다음과 같이 말하고 있다.: "학적 인식(das wissenschaftliche Erkennen)이란 참으로 자신을 대상의 생명성에 의탁하거나 또 다른 말로 하면 바로 그 대상을 규제하는 내적 필연성을 과감히 자기 품속에 안아 들이면서 이를 분명히 언표하도록 요구한다. (…) 그런데 이 학적 인식은 물질, 소재 속에 몰입하여 바로 그 물질의 운동에 편승하면서도 끝내 이것은 자기 자신에게로 복귀하기에 이른다." (Phänomenologie, S. 45.; 『정신현상학 1』, 109쪽)

23 G. W. F. Hegel, *Enzyklopädie der philosophischen Wissenschaften I*, 같은 책, § 82, Zusatz.

> 산물은 이념 일반이며, 칸트는 무제약적인 것과 무한한 것을 이념으로서 이해한다. (…) 오성은 유한한 제 관계에 있는 사유이며, 칸트에 따르면 이성은 무제약적인 것과 무한한 것을 대상으로 가지고 있는 사유이다. (…) 그런데 이러한 무제약적인 것은 구체적으로 파악되지 않으면 안 된다. (…) 이성은 무제약적인 것과 무한한 것을 인식해야만 한다.[24]

주지하다시피, 칸트 인식론의 형이상학적 근거는 '초월적 통각'(transzendentale Apperzeption), 즉 '초월적 의식'이다. 이러한 이유로 앎은 '논리적으로'—칸트적인 의미에서는 형식적·내용적으로—반드시 '참'이어야 한다. 그렇기 때문에 칸트에게서 진리는 현실적이고 개별적인 세계와, 더욱 엄밀한 의미에서는 개별성들 사이의 제 연관성과 관계를 맺고 있다. 그러나 칸트는 자신의 인식론에서 인간의 인식능력을 넘어서는 '절대자'에 대해서는 아무런 결정을 하지 않은 채 남겨두고 있다. 그래서 칸트는 "실재성은 순수 오성 개념 안에서 수용성 일반과 부합하는 어떤 것이며, 따라서 이것에 대한 개념 그 자체는 (시간 안에서) 어떤 존재를 지시하는 것이고, 이것에 대한 개념을 부정하는 것은 (시간 안에서) 어떤 비존재(Nichtsein)를 표상하는 것이다."라고 말한다.[25]

---

24 G. W. F. Hegel, *Vorlesungen über die Geschichte der Philosophie III*, In: Hegel Werke in 20 Bänden (Theorie Werkausgabe), Bd. 20., hrsg. v. Moldenhauer und K. M. Michel, Frankfurt/M. 1971, S. 351 f.

25 I. Kant, *Kritik der reinen Vernunft*, 같은 책, B 182.; 우리는 이에 덧붙여 칸트의 다음과 같은 말을 주목할 필요가 있다.: "그러므로 오성과 판단력은 그 객관적 타당의, 따라서 진정한 사용의 규준을 초월적 논리학 속에 가지고 있으며, 따라서 초월적 논리학의 분석적인 부분에 속한다. 그러나 이성이 대상에 대하여 선험적으로 어떤 단정을 내리고 인식을 가능한 경험의 한계를 넘어서 확장하려고 하는 기도는 완전히 변증적이어서, 그 가상적인 주장이 분석론 중에 포함되어야 할 규준에 전혀 맞지 않는다." (I. Kant, *Kritik*

이에 반해서, 변증법적 과정에 따라서 헤겔은 즉자 대자적으로 존재하는 정신을 '절대자'로 이해한다. 즉, 헤겔은, 위에서 살펴본 것처럼, 칸트에게서의 '부정성'을 실재성의 계기로 수용한다. 따라서 헤겔은 철학적 인식 활동을 다음과 같이 이해하고 있다.

> 이와 반대로 칸트에 따르면, 사유 자체의 본성에는 사유가 무한자를 인식하고자 할 경우에 제 모순에—이율배반(Antinomie)에—빠지게 되는 것이 놓여 있다. (…) 이율배반을 제시하는 것은 철학적 인식의 매우 중요한 요구로서 고찰될 수 있으며, 이를 통해서 오성 형이상학의 경직된 독단주의가 제거되고 사유의 변증법적 운동이 제시 되었다. 그러나 동시에 우리가 관찰해야 하는 점은 칸트가 여기서 물자체의 인식 불가능성이라고 하는, 단순히 부정적인 결과에만 머물러 버리고 이율배반의 참되고 긍정적인 의미의 인식에로는 나아가지 못했다는 점이다. 이율배반의 참된 긍정적인 의미는 다음과 같은 점에 있다. 모든 현실적인 것은 대립된 규정들을 자신 속에 포함하고 있으며, 이와 함께 인식활동과, 더욱이 대상에 대한 개념적 파악활동(das Begreifen)은 대립된 규정들의 구체적 통일로서 의식된다고 불리는 점이다.[26]

이에 관해서는 무엇보다도, 참되고 긍정적인 의미의 인식은 이율배반을

---

*der reinen Vernunft*, 같은 책, B. 171 f.) 헤겔은 이것이 칸트 변증론의 '부정적 측면'이라고 비판한다.

26 G. W. F. Hegel, *Enzyklopädie der philosophischen Wissenschaften I*, 같은 책, § 48, Zusatz.

통해서, 즉 변증법적 모순을 통해서 추진된다고 하는 점을 받아들이는 것이다. 만일 학적인 인식활동에서 사유의 변증법적 운동이 모순을 인식의 참되고 긍정적인 계기로서 수용하게 된다면, 철학의 기본 분과로서의 '인식론'은 영역 분과로서의 '논리학'과 필연적인 연관성에서 다루어지지 않으면 안 될 것이다. 왜냐하면 "그러나 사람들이 생각하듯이 논리학은 모순이 없지도 않으며, 참과 거짓 사이에 제3자를 회피하는 것으로 논증하는 이론도 결코 아니다. 오히려 논리학은 모순 자체가 무엇인가를, 모순이 어떻게 성립하는가를, 사람들이 모순을 어떻게 받아들이고 논증하는가를 '…' 그리고 당연히 사람들이 어떻게 모순을 회피하는가를 가르치는 이론"이기 때문이다.[27] 이를 근거로 해서 우선 다음과 같은 질문이 제기될 수 있겠다. 도대체 변증법이란 무엇인가? 변증법은 하나의 인식론적 방법인가? 변증법은 논리학인가? 그렇다면 변증법은 논리학과 어떤 관계에 있는가? 이와 같은 문제들은 인식론에서 기인하며, 영역 분과로서의 논리학과 피할 수 없는 관계에 있다.

## 4. 영역 분과로서 논리학과 인식론의 관계

사람들이 인식에 관해서 말한다는 것 자체는 인식의 어떤 '내용'을 의미하며, 따라서 여기서는 인식의 '진리가치'가 문제가 된다.

---

27 L. Geldsetzer, *Logik*, Aalen 1987, S. 67. ; Lutz Geldsetzer 지음, 문성화 옮김, 『논리학』, 계명대학교출판부 2002, 82쪽.

이러한 진리가치는 현실에서 언어의 형식과 더불어 이야기되거나 기술된다. 그리고 이렇게 언급되고 기술된 것은 인식의 내용을 이루기도 한다. 이와 같은 사실은 사유 일반으로부터 출발하는 '논리학'의 영향하에 있다. 그 까닭은 논리학이 전통적으로 사유 일반의 법칙들에 관한 학문으로 간주되고 있기 때문이며, 인식론에서는 사유의 형식과 내용이 의미 있는 것으로 언급되고 기술되는 것을 논리적 형식에 맞게 나타내지 않으면 안 되기 때문이다. 그러므로 "여기에 대해서 우리는 논리학에서 말을 하고 글로 쓴다."[28] 따라서 우리는 논리학을 '진리의 인식에 관한 이론'이라고 명명한다.

이에 따라서 보면 '인식'에서는 '참'과 '거짓'이 문제가 된다. 그렇지만 주지하다시피, 전통 논리학은 주장하는 명제의 논리적 근거들에 관하여, 따라서 사유의 순수 형식들에 관하여 다루어 왔다. 그런데 사유의 순수 형식만 문제 삼는다면, 무언가를 주장하면서도 그 주장에 담겨 있는 '현실'이 도외시되는 결과를 낳는다. 그런데 인식론은 현실을 자신의 대상으로 가지고 있으며, 논리학의 '진리가치'는 실제로 현실에서 제시된다. 다시 말해서, 현실은 논리학에서 '존재론적'으로 전제된다는 말이다.

이러한 목적 때문에 논리학 자체가 인식론이 되기도 해야 하며, 반대로 인식론도 논리학이 되어야 한다. 말하자면 논리학은 '인식의 논리학'(Logik der Erkenntnis)이 되지 않으면 안 된다. 전통 논리학의 원리들에는 동일률, 모순율 그리고 제3의 배중률이 있다. "이 원리가 의미하는 것은 주장된

---

28 L. Geldsetzer, *Logik*, 같은 책, S. 10. ; Lutz Geldsetzer 지음, 문성화 옮김, 『논리학』, 같은 책, 20 쪽. ; "참과 거짓을 구별하고 표시하는 것은 전통적으로 논리학의 주목적으로 간주된다. 바로 이러한 목적 때문에 논리학은 언어적인 재료로부터 참과 거짓이라는 논리적 형식을 서술하고자 노력해 왔다." L. Geldsetzer, *Logik*, 같은 책, S. 49. ; Lutz Geldsetzer 지음, 문성화 옮김, 『논리학』, 같은 책, 62쪽.

모든 것이 참이거나 거짓이라는 것이며, 제3의 것은 허락되어서는 안 된다는 것이다. 만일 우리가 이제 논리적 표현 형식을 선택한다면, 즉 어떤 주장된 것이 (경험적으로) 참 또는 거짓인지, 또는 한 주장의 어떤 부분이 참 또는 거짓인지에 대해서 완전히 개방되어 있는 표현 형식을 선택한다면, 이와 더불어 논리적 진리가 발생한다."[29] 만일 우리가 이와 같은 관점에서 출발한다면, 우리는 인식론과 매우 밀접하게 연관되어 있는, 다음과 같은 '논리학의 참된 제 원리'(die eigentlichen Prinzipien der Logik)를 수용하고자 한다.: "참의 원리, 거짓의 원리, 참-거짓의 원리."[30]

그러나 언제나 문제가 되는 것은 '현실'(Wirklichkeit)이며, 이것은 논리학의 존재론적 전제이다. 현실에서 사유는 인식의 주관으로서 그리고 현실적인 것은 인식의 객관으로서 함께 작용하기 때문에, 소위 변증법론자들(Dialektiker)은 현실 자체를 모순에 가득 찬 것으로 간주하며, 따라서 그들은 현실성을 '모순율'—따라서 논리적 거짓[31]—에 근거해서 설명한다. 이러

---

29 L. Geldsetzer, *Logik*, 같은 책, S. 50. ; Lutz Geldsetzer 지음, 문성화 옮김, 『논리학』, 같은 책, 63쪽.: "가장 쉬운 예로는, 부정이 진리가치를 전도시키는 것을 동시에 전제할 경우에 부정의 도움으로 '오늘 비가 오거나 또는 오지 않는다.'라는 예가 구성될 수 있다. 이러한 논리적으로 참인 주장은 선택적 접속사, 즉 '또는'(oder)이라는 접속사가 종합적으로 참이면서 거짓인 명제를 분석적으로 참인 것으로서 간주되는 진술에 결합시키는 것을 허락하기 때문에 참이다. 그러나 만일 예에 있어서 '비가 온다.'라는 부분이 참이라면 '비가 오지 않는다.'라는 다른 부분은 거짓임에 틀림없으며, 그 반대도 마찬가지이다." L. Geldsetzer, *Logik*, 같은 책, S. 50. ; Lutz Geldsetzer 지음, 문성화 옮김, 『논리학』, 같은 책, 63쪽.

30 L. Geldsetzer, Logik, 같은 책, 참조.

31 "모순은 어떤 것이 동시에, 동일한 관점에서 주장되고 부정되는 곳에서 성립한다. 그런 한에 있어서 논리학자들과 변증법론자들은 일치할 것이다. 그들은 모순에 가치를 부여하는 점에서 대립되는 견해를 갖고 있다. 논리학자들에게 모순은 모범적인 거짓을 묘사하며 변증법론자들에게는 바로 모범적인 진리를 묘사한다. 이러한 의견 대립은 존재론적인 귀결, 즉 진리에 대해서 논리학을 적용하는 데에 관한 귀결을 갖는다. 논리학자들은 보편적으로 논리적 거짓, 따라서 모순이 결코 현실에 관계하는 것이 아니므로, 모순에 있어서는 현실에 대해서 언급될 수가 없고, 이것은 다만 모순이 없는 명제로서만 가능하다는

한 근거에서 우리는 인식론과 논리학의 연관성에서 '변증법'을 배제할 수 가 없다.

'고대'에는 변증법이 대화를 함에 있어서 대립되는 견해들을 극복하고 진리에 도달하게 하는 방법으로 이해되었다. 이러한 목적 때문에 변증법은 자체 내에 논리적 규칙들을 포함해야만 되며, 이런 한에서 "변증법은 전통 논리학에 의해서 강력하게 뒷받침 받게 되며", 그렇기 때문에 변증법은 "변증법적 논리학으로서 모순과 관계한다."[32] 그런데 모순은 실제로 참과 거짓을 동시에 포함하고 있는 것이다. 이것을 아리스토텔레스는 '가상 명제'라고 불렀으며, 이에 대해 다음과 같이 말하고 있다.

> 변증법적 추론은 가상 명제들로부터 도출되는 추론과 같다. (…) 하지만 가상 명제들은 모든 사람들에게나 대부분의 사람들에게 또는 현명한 사람들에게 참인 것으로 보인다. 그리고 또한 현명한 사람들에 의해서 다시금 모든 사람들에게나 대부분의 사람들에게 아니면 가장 유명한 사람들에게나 가장 명망 있는 사람들에게도 참인 것으로 보이게 된다.[33]

이런 한에서 변증법적 추론은 아직은 참된 인식에 도달하지 못한 것이

---

견해를 갖고 있다. 반대로 변증법론자들은 현실 자체가 모순이라는 것과, 바로 그렇기 때문에 현실은 모순적인 진술에 의해서 파악되고 묘사되어야만 된다는 견해를 갖고 있다." L. Geldsetzer, *Logik*, 같은 책, S. 65. ; Lutz Geldsetzer 지음, 문성화 옮김, 『논리학』, 같은 책, 80쪽.

32 L. Geldsetzer, *Logik*, 같은 책, S. 14. ; Lutz Geldsetzer 지음, 문성화 옮김, 『논리학』, 같은 책, 25쪽.

33 Aristoteles, *Topik, philosophische Schriften*, In: 6 Bd., 2. Bd., Übersetzung v. E. Rolfes, Hamburg 1995, 100 a f.

며, 따라서 항상 문제가 있는 것이다. 그렇기 때문에 아리스토텔레스는 다음과 같이 비판하고 있다.

> 그러나 이제 변증법론자는 그 어떤 특정한 유(Gattung)와 관계를 가져서도 안 되며, 무엇인가를 증명해서도 안 되고, (형이상학자처럼) 보편적 지식을 가진 사람도 아니니다.[34]

바로 이와 같은 목적 때문에 아리스토텔레스는 변증법을 참된 인식에 이르는 과정에서 모순을—따라서 거짓을—배제하고 진리의 가치를 시험하는 기술 또는 방법으로 간주하는 것이다. 그러므로 아리스토텔레스에 따르면, 변증법은

> 철학적 학문을 위하여 유용하다. 왜냐하면 만일 우리가 양 쪽 측면을 심사숙고 하도록 고무할 수 있다면, 우리는 여기와 저기에 있는 것이 참인지 거짓인지를 쉽게 인식하게 될 것이다. (…) 사람들은 가상 명제들의 도움을 받아서 그때그때마다의 대상을 넘어서 사태에 도달하지 않으면 안 된다. 그러나 이것은 본래적이기는 하지만 여전히 사태에 도달하게 하는 변증법의 특별한 업적이다. 변증법은 창작의 기술이며, 그렇기 때문에 변증법은 모든 학문의

34 Aristoteles, *Topik*, 같은 책, 172 a. ; 아리스토텔레스는 『형이상학』에서는 다음과 같이 비판하고 있다.: "그러나 변증법과 소피스트 철학(Sophistik)이 존재자의 속성과 관계하기는 하지만, 그것이 존재자도 아니고, 존재자 자체도 아니다. 그러므로 철학자가 존재자라고 불리는 바의 대상들을 반드시 다루어야만 한다는 점은 늘 남겨진다." Aristoteles, *Metaphysik*, 같은 책, 1061 b.

제 원리에 이르는 길을 지배한다.[35]

이러한 관점은 칸트의 변증론과 매우 유사하다. 칸트에 있어서 변증법은 이중의 의미를 가지고 있다. 한편으로 그것은 이성으로 하여금 모순에 빠져 들게 하는 이성의 태도이며, 다른 한편으로는 이러한 모순들을 발견하게 하는 태도이다. 그래서 칸트는 '변증법적 가상'이라고 비판하는 것이다.[36] 칸트에 따르면 이러한 가상은 이성 자체로부터 기인하는 모순이며, 따라서 이성은 스스로 모순을 포함하고 있다. 그 까닭은 무제약자라는 이성의 이념이 규제적으로 사용되지 않고 인식을 구성하는 데에 사용될 경우에 이성이 그 자체적으로 변증법적으로 되기 때문이다.[37] 칸트에 있어서 이성은 무제약자를 대상으로 가지기는 하지만, 그러나 이 대상을 자신의 대상으로 인식할 수가 없다. 그러므로 그에게서 변증법은 인식의 한계를 규정하는 이성의 태도이다.

헤겔에 따르면 바로 여기에 오성과 이성의 구별이 존재한다.[38] 이에 대해서 헤겔은 다음과 같이 비판한다.:

---

35 Aristoteles, *Topik*, 같은 책, 101 a. f.

36 I. Kant, *Kritik der reinen Vernunft*, 같은 책, B 86, 참조.

37 I. Kant, *Kritik der reinen Vernunft*, 같은 책, B 672, 참조.

38 G. W. F. Hegel, *Enzyklopädie der philosophischen Wissenschaften I*, 같은 책, § 45, Zusatz. ; 칸트는 다음과 같이 말하고 있다.: "그와 반대로 오성개념의 객관적 실재성은 결국 오성개념이 모든 경험의 지성적 형식이 되는 것이기 때문에, 그 적용은 언제든지 경험 중에서 나타날 수 있는 점에 근거를 두고 있는 것이다. 그러나 이성개념이라는 명칭은 이 개념이 경험의 범위 내에 제한되지 않기를 바란다는 것을 덧붙여 표시하고 있는 것이다. (…) 오성개념이 이해(Verstehen)를 (지각의) 위하여 사용되듯이, 이성개념은 개념적 파악(das Begreifen)을 위하여 사용된다." I. Kant, *Kritik der reinen Vernunft*, 같은 책, B 367.

> 그와 같이 일반화된 이성에 관한 관념을 낳게 된 근거란 바로 오성의 제 규정이 필연적으로 자기 자신과의 모순을 빚는다는 데 대한 통찰에서 찾을 수가 있는 것이다. (…) 바로 이와 같이 반성적인 규정의 단계를 넘어서서 그 제 규정 사이에 빚어지는 갈등, 모순의 진의(眞義)를 통찰하는 것이야말로 참다운 이성 개념에 다다르기 위한 거대한 부정의 발걸음을 내디디는 것이 된다. (…) 모순이야말로 오히려 이성으로 하여금 오성의 제한을 벗어나면서 동시에 바로 이 제한을 해소시키는 것이다.[39]

더욱이 헤겔은 칸트의 변증론—가상의 논리학—에서의 이러한 제 모순—이율배반—을 자신의 변증법의 가장 중요한 계기로 받아들인다. 그렇기 때문에 헤겔의 변증법을 이해하는 일은 그의 철학을 이해하는 것이고 그의 철학함의 방법을 이해하는 것이다. 그러나 헤겔에게서 변증법은 형식적 방법으로서가 아니라 사태의 과정으로서, 게다가 "사태 자체의 경험"(Erfahrung der Sache selbst)(Phänomenologie, S. 12.)으로서 파악된다. 그것은 헤겔 철학의 변증법적-절차적 발전에서 묘사된다. 헤겔은 이러한 발전을 '학문의 방법'이라고 명명하였으며, 이 발전을 서술하는 것이 '논리학'이라고 명명한 것이다.(Phänomenologie, S. 40. 참조)

헤겔에 따르면 참된 변증법은 사물과 유한자 일반의 고유하고 참된 본성이며, 또한 이것을 넘어서기도 한다. 변증법은 유한한 규정들을 외적으로 극복하는 것이 아니라, 선행하는 것의 통일성을 이중적인 부정을 통해서 개념적으로 파악하는 것이다. 이러한 개념적 파악이 바로 제 모순

---

39 G. W. F. Hegel, *Wissenschaft der Logik I*, 같은 책, S. 17 f. ; F. 헤겔 저, 임석진 역, 『대논리학(I)』, 서울 (지학사) 1988, 30-31쪽.

을 수용하는 변증법적 '지양'(das Aufheben)이다. 그러므로 변증법의 방법이 스스로의 부정성을 통해서 규정되는 것만큼, 칸트에게서와 같은 그러한 방법은 서로 대립하는 것들의 통일성으로부터 그리고 부정적인 것 안에 있는 긍정적인 것으로부터 배제된다. 긍정적인 것으로 진보의 발걸음을 내딛는다는 것은 변증법을 비로소 '사변적 변증법'으로 나타내는 것과 같다. 이와 같은 진보의 발걸음을 서술하는 방법이 바로 '개념의 운동'(Bewegung des Begriffs)이며, 따라서 결코 내용의 외적인 형식이 아니다. 그러므로 방법의 단초는 직접적인 것—순수 존재 또는 감성적 확실성—이며, 단순한 즉자태로서 이것은 자신의 진행 과정을 자기 자신의 부정성으로서 이미 자신 속에 내포하고 있다.

## 5. 버클리와 헤겔에 있어서 인식의 단초

위에서 살펴본 것처럼, 인식론은 주관과 객관의 관계를 개념적으로 파악하는 논리적-변증법적 사유로서 존재의 진리를, 즉 존재의 인식을 목표로 한다. 그렇다면 인식론은 인식의 주관과 객관에 대해 반드시 물음을 던져야 한다. 왜냐하면 인식의 주관은 '자아'(das Ich)이고 인식은 생동적인 주관의 개념을, 더욱이 '의식'을 자아라는 주관과 대상이라는 객관의 관계로서 개념적으로 파악하고자 시도하기 때문이다. 하지만 헤겔에 따르면 그와 같은 주관의 존재는 또한 사물로서도 이해되며, 따라서 인식의 대상에 속하기도 한다. 자아로서의 이와 같은 주관이 바로 철학의 단초를 이루며, 게다가 인식의 단초를 이룬다.

이에 반해서, 헤겔에 따르면, 객관은 직접적이고 즉자적으로 존재하는 통일체일 뿐이다. 하지만 객관은 인식을 완성시키기 위하여 주관과는 분리될 수가 없다. 왜냐하면 객관은 의식 속에서 아직 독립적으로 존재하는 그 어떤 사유규정도 가지고 있지 않기 때문이다. 그럼에도 객관이 만일 직접적인 통일성을 지닌다면, 즉 직접적인 존재라면, 그렇다면 우리는 이러한 존재를 인식의 단초로서 탐구하지 않으면 안 될 것이다. 말하자면 주관과 객관은 헤겔의 인식론에서 '유한자의 범주'로서 등장하며, '변증법적 매개'(Vermittlung)로서의 경험 안에서는 보편자로서 귀납되어 있다. 다시 말해서, '경험'은 주관과 객관을 추론하는 것으로서 '귀납'(Induktion)이라는 말이며, 감성적 인식과 외적 세계의 단초가 된다는 말이다. 감성적 확신에서 "경험은 사람들이 주관-객관 또는 객관-주관이라고 마땅히 명명해야만 하는 통일성이다. 헤겔이 경험을 고찰함에 있어서 여기(Hier)와 지금(Jetzt) 그리고 비(非) 여기(Nicht-Hier)와 비(非) 지금(Nicht-Jetzt)에 대해서 상세하게 서술할 때, 논리적으로 철저하고도 올바르게 이미 우리를 위하여(für uns) 지각과 기억(Erinnerung)에 관하여 알게 하는 종속적인 특징과 관련해서, 나중에 가서 비로소 귀납될 의식의 개념을 받아들인다. 바로 이러한 것이 모든 경험에 있어서 종속적인 특징을 이룬다는 사실은 당연하다."[40] 그러므로 헤겔에 있어서 학에 이르는 길을 내용상으로 보면 "의식의 경험의 학"(Wissenschaft der Erfahrung des Bewuβtseins)(Phänomenologie, S. 74.)인 것이다.

이제 우리는 헤겔 인식론의 출발점에 서 있다. 헤겔에 따르면 진리가 그 안에 존재하는 인식은 학적인 체계일 수가 있으며, 이러한 체계가 바로 인식의 전체로서 원리인 것이다. 이와 같은 원리는 "범주적 개념으로

---

40 L. Geldsetzer, *Über das logische Prozedere in Hegels Phänomenologie des Geistes*, 같은 책, S. 60.

서 최종적으로는 이념에 속한다. 이 이념은 칸트가 모순적이긴 하지만 개념이라고 한 바로 그것이다. (…) 주지하다시피 피히테는 다시금 학문론적으로(wissenschaftstheoretisch) 매우 중요한 모든 것을 자아의 근원적 실행(Urtathandlung)의 형이상학적 원리로부터 연역하였다. 셸링은 자신의 측면에서 동일철학(Identitätsphilosophie)에서 귀납론적으로 나아갔다. 이로써 헤겔은 자신의 직접적인 선행자들에게서 귀납적인 것뿐만 아니라 연역적 과정을 위한 전형을 가지게 되었다. 그리고 헤겔이 『정신현상학』의 논리적 구조의 이해를 위하여 그 두 방법을 이용했다는 사실은 본질적이다."[41]

헤겔은 참된 인식에 이르는 이와 같은 길을 감성적 의식과 더불어, 즉 감성적 확신과 더불어 시작한다. 헤겔은 의식을 대상의식과 자기의식으로 나누고, "의식이 자기 자신에게서, 그리고 자신의 지(Wissen)에서 뿐만 아니라 자신의 대상에서 행하는 변증법적 운동을, 의식에게 새로운 참된 대상이 산출되는 한에서, 경험"이라고 명명하고 있다.(Phänomenologie, S. 73.) 다시 말해서, 참된 인식에 이르는 길은 이와 같은 인식활동의 길이고, 진리의 원천이며 동시에 변증법적 매개이다.

만일 인식이 객관과 주관의 관계에서 기인한다면, 사물과 자아의 변증법적 통일인 바의 '경험'이 문제가 된다. 우리는 이러한 경험(Erfahrung)이라는 개념을 경험론(Empirismus)에서, 특히 버클리에게서 탐구하고 비교할 수가 있다. 그 까닭은 경험론이 모든 인식을 경험으로부터 도출하며, 따라서 경험론은 모든 학문을 오직 경험에만 근거 지우고자 하기 때문이다.

버클리와 헤겔에 있어서 '감성적 경험'은 인식론의 출발점을 이루고 있다. 버클리에게 있어서 사물의 존재는 오직 그 지각되는 과정 속에 있다

---

41 L. Geldsetzer, *Über das logische Prozedere in Hegels Phänomenologie des Geistes*, 같은 책, S. 47.

(esse est percipi).(Principles, § 3.) 헤겔은 다음과 같이 고찰하고 있다.

> 지각 그 자체는 언제나 개별자이고 이행(移行)하는 것이다. 그럼에도 동시에 인식작용은 머물러 있는 것이 아니며, 오히려 인식작용은 지각된 개별자 속에서 보편자와 지속적인 것을 찾아내는 것이다. 그리고 이것은 단순한 지각으로부터 경험으로 나아가는 것이다.[42]

감성적 인식 내지는 사물인식에서의 이와 같은 관점은 사실상 버클리와 헤겔에게 공통되는 것이다. 왜냐하면 그들에게 '지각(Wahrnehmung)은 감성적 경험에 다름 아니기 때문이고, 대상과 주관의 통일과 결부되어 있기 때문이며, 개념형성 내지는 보편자의 형성과 결부되어 있기 때문이다.

---

42 G. W. F. Hegel, *Enzyklopädie der philosophischen Wissenschaften I*, 같은 책, § 38, Zusatz.

# Ⅱ

## 버클리 인식론의 토대 – 버클리의 관념론

1. 버클리 인식론의 출발점

2. 인식의 토대로서 감성적 관념들

3. 인식 주관으로서 정신

4. 로크의 보편적 추상이론에 대한 버클리의 비판

5. 버클리에게서 'Notion'의 의미

6. 버클리에서 헤겔로

제2장

# 버클리 인식론의 토대 - 버클리의 관념론

## 1. 버클리 인식론의 출발점

회의주의(Skeptizismus)와 불가지론(Agnostizismus)에 반대해서, 우리는 감성적 사물의 존재와 본질을 실제로 그리고 완전히 인식할 수 있다고 주장하는 버클리의 인식론은 전적으로 경험에 토대를 두고 있으며, 또한 인식의 본질과 한계에 관심을 두고 있었다. 다시 말해서, 그의 인식론은 경험 가능한 감각적 토대로부터 출발한다. 그렇기 때문에 버클리의 인식방법은 개별자 또는 특수자로부터 보편자로 나아가는 '귀납적' 방법일 수밖에 없다.

이러한 의도가 주교(主敎)로서의 버클리에게 있어서 신과 영혼의 불멸성에 근거를 두고 있기는 하지만, 그에게서 인식의 철학적 토대는 이와 같은 사실을 증명하기 위해서는 필수적인 것이었다. 왜냐하면 불멸하는 영혼은 넓은 의미에서 인식의 주체이기 때문이며, 만일 인식의 주체가 신에 의해서 보증되는 객관들에 관하여 아무것도 인식할 수가 없는 그 무엇이 존재한다면, 그렇다면 그와 같은 인식은 불완전한 인식일 뿐만 아니라 '신의 존재'도 증명되지가 않기 때문이다.

이러한 목적을 위해서 버클리는 인식을 고찰함에 있어서 '형이상학'을 제외하고 있으며, 이와 관련하여 보면 우리는 그의 인식론이 철저하게 경험적 토대에서 시작함을 알 수 있다. 다시 말해서 버클리의 인식론은 경험 가능한 '감각주의적'(sensualistisch) 토대에서 출발한다. 그렇기 때문에 그의 인식 방법은 개별자 내지는 특수자로부터 보편자를 찾아가는 '귀납적'(induktiv) 방법이다. 버클리는 감성적 인식에서는 보편자로부터 출발하여 특수자로 나아가는 연역적 방법은 결코 선택하지 않으며, 오히려 그는 자신의 인식론적 고찰에서 비가시적인 개념들을 채택하지 않고 있다. 이러한 근거에서 그는 사변적 형이상학에 대해서 비판을 가하고 있으며, 나아가서 그는 현실적인 행위에 근거를 두지 않는 '사변철학'은 회의주의 또는 무신론이 된다고 생각하였다.

위에서 살펴본 것처럼, 버클리는 사물의 내면적이고 경험이 불가능한 본질로부터 비경험적 '사변'(Spekulation)을 근절시키는 것과 사물의 참된 본질로부터 회의주의를 근절시키는 데에 관심을 두고 있었다. 그렇기 때문에 버클리에 따르면, 우리가 우리의 감각을 통해서 지각할 수 없는 것은 아무것도 없다. 그런데 인식의 대상들이란 우리의 감각기관을 통해서 지각되는, 따라서 우리의 정신에 각인되는 구체적 사물들이다. 버클리의 말을 들어보자.

> 나는 내가 **새로운 견해들**(new notions)을 수립했노라고 주장하지 않네. 나의 수고는 다만 지금까지 평범한 사람들과 철학자들이 각각 그 한 부분씩만 소유하고 있던 진리를 통합하고 보다 더 밝은 빛 가운데로 내놓는 데에만 쏠려 있었네. 전자들은 **자신들이 직**

접적으로 지각하는 사물들이 실재적 사물들이라(those things they immediately perceive are the real things)는 견해를 품고 있고, 후자들은 직접적으로 지각된 사물들은 오로지 정신 속에만 존재하는 관념들이라(the things immediately perceived, are ideas which exist only in the mind)는 견해를 견지하고 있었기 때문이네. 내가 내놓고 있는 것의 골자는 사실 이 두 명제들을 한데 묶은 것이네.[01]

그러므로 그와 같은 대상들은 관념들(ideas)로서 인식 주관으로서의 지각하는 정신(mind)이 없이는 존재하지 못한다. 이 말의 의미는 감성적 경험과 더불어 시작하는 버클리의 인식론이 유심론적 존재론(spiritualistische Ontologie)과 관련이 있다는 뜻이다. 인식방법으로서의 '귀납법'은 그러한 관념들로부터 어떻게 더 많은 보편적 개념들이 주어지게 되는지를 나타내 보여준다. 우리는 이런 근거에서 버클리를 한편으로는 '인식론적 관념론 철학자'(erkenntnistheoretischer Idealist)로서 그리고 인식방법 면에서는 '귀납주의자'(Induktivist)로서 고찰하지 않으면 안 된다.

버클리의 기본 사상은 인식 불가능한 '물질적 실체'와 로크(Locke)의 '보편적 추상이론'(general abstract theory)에 대한 비판과 결부되어 있다. 버클리의 사상에 따르면, 우리는 우리의 감각기관을 통해서 경험할 수 없거나 지각할 수 없는 것에 관한 규칙적이고 논리적인 개념을 형성할 수는 없다. 이것의 의미는 우선 주관으로부터 독립적으로 전제된 실체, 즉 '사물 자체'(Ding an sich)에 관한 어떤 개념도 형성할 수 없다는 사상과 연관된다. 그

---

01 G. Berkeley, *Three Dialogue between Hylas and Philonous*, In: Philosophical Works, Introduction and notes by M. R. Ayers, London 1992, p. 207. ; 조지 버클리 지음, 한석환 옮김, 『하일라스와 필로누스가 나눈 대화 세 마당』, 서울 (숭실대학교 출판부) 2008, 259쪽.

렇지만 버클리에 따르면, 그러한 사물이란 인식하는 자 또는 지각하는 자로서의 정신(mind) 자체이다. 우리는 이에 관하여 오로지 'notion'만, 따라서 '추상적 개념'만 가지고 있으며, 이런 개념이란 '비가시적'(unanschaulich)이고 '모순적'임에 틀림없다고 버클리는 주장한다.[02]

다시 말해서, 버클리에 따르면 우리는 우리의 감각을 통해서 경험될 수 없거나 지각될 수 없는 것에 관한 '개념'을 결코 형성할 수가 없다. 버클리는 우리가 'notion'에 대해서 결코 어떤 개념을 가질 수 있는 것이 아니며, 정신적 행위에 대한 학문적이고 언어적인 표시만을 단적으로 가질 수 있을 뿐이라고 하였다. 만일 우리가 단어의 의미와 올바른 사용에 대해서 매우 세심한 주의를 기울이는 버클리의 관점에서 출발한다면, 'notion'이 그의 인식론에서 유일한 예외라는 것을 알 수 있을 것이다. 그래서 버클리는 예를 들어, 사람들이 '존재한다'(existieren, exist)라는 용어의 문맥적 의미(Sinn)와 단어적 의미(Bedeutung)를 정확하고 올바르게 분석할 것을 주장한다. 우리가 '감성적 사물들이 존재한다'고 말하는 경우, '사물의 존재는 지각되는 과정 속에 있다'(Esse est percipi.)는 것은 '존재한다'라는 용어를 정확하게 분석한 결과이다. 이로부터 우리는 다음과 같은 결론을 얻을 수 있다. 즉, 버클리에게서 인식은 철저하게 감성적 경험에 근거를 두지 않으면 안 되며, 인식을 위한 진술과 개념들은 감각주의적 토대를 갖지 않으면 안 된다.

---

02 즉 버클리에 따르면 인식의 대상들은 감성적 개별자들이기 때문에, 즉 인식의 원리가 감성적 경험에 근거하고 있기 때문에, 이와 같은 인식을 통해서 형성된 개념들은 '가시적인'(anschaulich) 개념들임에 틀림없다. 그런데도 로크에게서의 '실체'(Substanz) 개념이나 추상 관념은, 버클리의 관점에 보면, 귀납적 인식방법을 통해서 형성된 경험가능한 모든 대상들에 관한 개념이며, 따라서 로크에게서 모든 개념은 가시적 개념들이다.

## 2. 인식의 토대로서 감성적 관념들

버클리의 인식론은 데카르트(Descartes)와 로크[03]의 이론과 대결하면서 전개되고 있으며 흄(Hume)[04]을 넘어서 독일 관념론(deutscher Idealismus)과 결부되어 있다. 무엇보다도 버클리는 인식의 엄밀한 원리를 확실하게 하기 위하여 데카르트에 대해 분명하게 비판한다.

> 그러나 우리가 보다 높은 원리의 빛을 따르기 위해서, 그리고 사물의 본성에 대해서 이성적으로 추론하고 심사숙고하며 반성하기 위해서 우리 자신이 감각과 자연적 충동으로부터 떠나버리자마자, 우리의 마음속에서는 우리가 이전에는 완전하게 파악한 것

---

03 "버클리는 세계를 구성하는 사물들에 대해 우리가 경험하는 것 이상의 어떤 것이 존재한다는 가정은 무의미하며 자기 모순이기조차 하다고 주장함으로써 비경험적 사변과 회의론 양자를 근절시키고자 한다. 합리론자에 동조해서 그는 형이상학적 회의론을 지지하는 어떠한 타당한 근거도 없으며, 우리는 사물의 본질을 아는 데에 필요한 모든 것을 알 수 있다고 주장한다. 반면에 로크에 동조해서 우리의 감각이 제공해 주는 것 말고는 사물에 대해 아무 것도 알 수 없다고 주장한다." R. Schacht, *Classical Modern Philosophers – Descartes to Kant*, London / Boston / Melbourne and Henley 1984, p. 142 f. ; 정영기·최희봉 옮김, 『근대철학사 — 데카르트에서 칸트까지』, 서울 (서광사) 1993, 188쪽. ; 그리고 "W. Breidert, *George Berkeley - Wahrnehmung und Wirklichkeit, In: Grundprobleme der großen Philosophen – Philosophie der Neuzeit*, hrsg. v. J. Speck, Göttingen 1979, S. 212 ff."를 참고할 것.

04 이에 대한 에이어(Ayer)의 견해는 다음과 같다.: "흄은 또한 로크의 제1성질에 대한 관념과 제2성질에 대한 관념의 구분을 제거하고 있다는 점에서 버클리와 일치하고 있다. 그리고 《인간 오성에 관한 연구》에서는 '제1성질에 대한 관념은 추상 작용에 의해 얻어진다.'는 의견을 '만약 우리가 그 의견을 면밀히 검토해 본다면, 우리는 그 의견이 불분명하고 불합리하다는 것을 발견할 것이다.'(E 154)라고 하여 폐기함으로써 그는 자신의 회의적인 논의가 버클리의 견해에 편승하고 있음을 인정하고 있다." A. J. Ayer, *Hume*, Oxford / Melbourne / Toronto 1980, pp. 19-20. ; A. J. 에이어 지음, 서정선 옮김, 『흄의 철학』, 서울 (서광사) 1987, 35-36쪽.

으로 보였던 사물에 관해서 수 천 번의 회의가 일어나기 시작한 다. (Principles, Introduction, § 1 ; 『원리론』, 서문, 10–11쪽)

데카르트는 자기 철학의 출발점으로서 '방법적 회의'(methodischer Zweifel)에 대해서 다음과 같이 말하고 있다.

나는 하늘, 공기, 땅, 색깔, 형태, 소리 그리고 모든 외부 사물들은 악한 정령(ein böser Geist)이 내가 쉽게 믿는 마음을 움켜쥐기 위하여 꿈을 통해서 나를 기만하는 행위 이외에 다른 어떤 것이 아니라고 믿으려 한다. 그래서 나 자신을 손도, 눈도, 육체도, 피도 가지고 있지 않은 존재로, 즉 그 어떤 감각기관도 가지고 있지 않은 존재라고 간주하려 한다. 오히려 그 모든 것을 속아서 소유하고 있는 것으로 여기려 한다.[05]

데카르트가 회의주의자는 아니라는 사실은 분명하다. 하지만 버클리가 비판하는 것처럼, 데카르트 철학의 출발점이 철학적 방법으로서의 '회의'(Zweifel)이기 때문에, 우리는 회의방법에 대해서도 의심해볼 수 있으며 다음과 같은 물음을 진지하게 제기할 수가 있다. "급진적인 의심을 수단으로 삼아서 자기 이전의 모든 사유의 연속성을 단절시켜버리고 무(無)로부터 어떤 새로운 것을 시작하는 것이 인간에게 가능한가?"[06] 따라서 로크처럼 버클리는 경험을 사유 가능성의 출발점으로 받아들이며 그에게 있어 인식은 객관을 완벽하게 탐구함으로써 확실성에 도달할 수가 있었던 것

---

05 R. Descartes, *Meditationen*, hrsg. v. L. Gäbe, Hamburg 1960, S. 19 f.

06 H. J. Störig, *Kleine Weltgeschichte der Philosophie 1*, 11. Aufl., Stuttgart 1961, S. 325.

이다. 바로 이러한 탐구를 통해 버클리는 회의주의를 반박하고 사전에 전제된 내적이고 경험 불가능한 사물의 본질과 관련이 있는 사변(Spekulation)에 대해서 반박했던 것이다. 왜 그런가 하면 버클리는 인식활동을 방해하는 근원을 탐구할 때 그것이 잘못된 기본 전제 안에 있음을 알고 탐구했기 때문이다. 이런 점에서 버클리는 우상론(Idolenlehre)을 매우 진지하게 연구한, 베이컨(F. Bacon)의 제자라고 할 수 있는데, 우상론이 당시에는 완전히 새로운 토대 위에서 받아들여진 것이다.

> 특히 이때, 진리를 구하는데 있어서 정신을 제지하고 혼란에 빠뜨리는 방해물(Lets)과 어려움은 대상의 불명료함과 복잡함에, 또는 오성의 본래적 결함에 그 근원을 가지고 있는 것이 아니라, 오히려 [사람들이] 강요해 왔고 피할 수 있었던 잘못된 원리에 [그 이유가] 있다고 하는 점이 [충분히] 추측될 수 있다. (Principles, Introduction, § 4 ; 『원리론』, 서문, 15쪽)

로크와 같은 경험론자인 버클리는 직접적인 경험을 통해서 감각기관의 지각으로부터 도출되지 않는 그 어떤 것도 우리가 사물에 관하여 알 수 있는 것은 없다고 주장한다. 버클리는 인식에서 주관과 객관의 동일성을 전제하고 있으며 인식의 참된 원리들을 경험에서 구하는데, 이때의 '경험'이란 사람들이 주관과 객관이라고 칭하면서도 주관과 객관을 구별하기도 하고 이들의 통일을 이루기도 하는 활동을 일컫는다. 그렇지만 감각기관의 경험이란 정신을 움직이게 하는 모든 것은 아니다. "이때 경험 개념은 단순히 수동적으로 정의되는 것이 아니라, 인간의 정신과 인간의 본성이

행하는 여러 가지 작업 또는 원리들을 포함하고 있다."[07]

버클리는 현실에 존재하는 사물들을 분석하고 다음과 같이 분류하고 있다.:

> 인간 지식의 대상(the objects of human knowledge)을 일별하는 사람에게 분명한 사실은, 그 대상들이 부분적으로는 현재의 감각에 각인된 관념들이거나, 아니면 마음의 열정이나 작용의 결과로서 지각되는 관념들이거나, 마지막으로 기억(memory)이나 상상(imagination)의 도움에 의해, 즉 앞서 말한 방식으로 처음에 지각된 것들을 복합하거나 분리함으로써 또는 단순히 그것들을 대표함으로써 형성된 관념들이라는 점이다. (Principles, § 1 ; 『원리론』, 67쪽)[08]

'관념'(idea)이라는 개념은 버클리의 위와 같은 규정으로 인해 데카르트와 로크가 생각하고 있는 것과는 완전히 다른 의미를 갖게 되었다. 여기서

---

07 R. A. Mall, *Der operative Begriff des Geistes - Locke, Berkeley, Hume*, Freiburg / München 1984, S. 21 f. ; 한편 헤겔은 다음과 같이 말하고 있다.: "인간이 사상(Gedanke)에 이르고자 할 때는 경험에서 시작하는 것이 옳다. 단순히 감성적인 것뿐만 아니라 나의 정신을 규정하고 운동하는 모든 것은 경험된다. 다시 말해서, 나는 그 모든 것 자체이자 동시에 그것을 가지고 있는 것이 틀림없으며, 내가 가지고 있는 것과 바로 나 자신에 대한 의식이 경험이다." G. W. F. Hegel, *Vorlesungen über die Geschichte der Philosophie III*, 같은 책, S. 213.

08 "버클리가 관념이라는 표현을 수용하는 데에는 자신에 앞선 역사적 전형들에 순응하면서 출발한다는 사실은 분명하다. 데카르트는 이미 이 표현을 주관의 인식요소들을 특징짓기 위해서 사용하였다. 그러면서 그는 생득관념(ideae innatae), 인위관념(ideae a me ipso factae), 외래관념(ideae adventitiae)을 각각 구별하였다. 버클리는 이것을 철저하게 분석하면서, 비록 데카르트와는 완전히 다른 해석을 내놓고 있기는 하지만, 자신도 처음부터 꼭 같이 세 가지로 구별하고 있다." J. P. Rauschenberger, *Über das Problem der Einheit und des Sinnes von Erscheinung bei Berkeley*, Dissertation, Basel 1959, S, 17.

우리는 버클리가 사물을 관념(idea)이라고 명명하는 데에 주의하고자 한다.

> 버클리는 의심할 바 없이 지각의 직접적인 대상에 '관념'이라는 용어를 사용하는 것을 로크에게서 가져 왔다. 그러나 이것이 관념은 버클리의 철학에서도 로크의 철학에서 하는 것과 동일한 기능을 하거나 동일한 지위를 갖는다는 것을 의미하지는 않는다. 적어도 일반적으로 로크가 말하는 방식에 따르면, 그에게서 관념은 비록 그것이 지식의 직접적인 대상은 아닐지라도 우리 마음에 의존하지 않는 외부의 사물을 대표한다는 의미에서 마음과 사물의 매개물로서 작용한다. 버클리에게서는 관념은 매개물이 아니다. 그것은 감각적 사물 자체인 것이다.[09]

그러므로 우리는 버클리에게서 감각관념들(ideas imprinted on the sense)을 인식의 객관으로, 정신(mind)을 인식의 주관으로 그리고 기억과 상상력을 인식의 매개[10]로서 파악할 수가 있다. 감각관념들은 우리의 감각에 의해서 어떤 특정한 사물로 간주된다. 즉, 이러한 사물은, 예를 들어 '사과'라는 명칭으로 표시되는 것이다.(Principles, § 1.) 요컨대 '사과'라는 명칭은 어떤 특정한 관념을 우리에게 제공해 준다. 그 까닭은 버클리에 따르면 어떤 하나의 단어는 오로지 특정한 관념과 결합될 경우에만 의미가 있기 때문이다. 그렇기 때문에 그에게 있어서 관념은 경험적 사물들과 상응할 수 있

---

09 F. Copleston, *A History of Philosophy*, vol. V., Hobbes to Hume, London 1976, pp. 228-229. ; F. 코플스톤 지음, 이재영 옮김, 『영국경험론』, 서울 (서광사) 1991, 303쪽.

10 여기서의 '매개'는 변증법적 의미가 아니다.

으며, "관념은 언어적 개념(concepts)이 아니라 그림과 같은 지각적 이미지(images)라고 그는 이해한다."[11] 버클리는 다음과 같이 말하고 있다.

> 책을 읽을 때, 나는 직접적으로 철자(the letters)를 지각한다. 하지만 간접적으로 철자를 매개로 해서는 나의 정신에 신, 덕, 진리 등의 개념들이 주어진다. 이제 철자들이 참으로 감성적 사물들이라는 점은 의심할 바 없으며 또는 철자들이 감각을 통해서 지각될 수 있다는 점도 의심할 바 없다. 하지만 나는 너도 역시 감각을 통해서 주어진 사물들 자체를 주시하는지 어떤지를 알고 싶다.[12]

여기서 우리는 '철자'를 우리의 감각을 통해서 지각된 감성적 사물로서, 더욱이 우리의 정신에 주어진 감각관념으로서 이해할 수가 있다.[13] 이로써 버클리는 '철자'를 'notion'과 구별한다. 따라서 여기서는 버클리가 'idea'(관념)라는 단어의 의미를 어떻게 정의하고 있는가를 고찰해야 하는 일이 필수적이다. 버클리는 '관념'(idea)과 '사물'(thing)을 다음과 같이 서로 구별하고 있다.

---

11 R. Schacht, *Classical Modern Philosophers*, 같은 책, p. 149. ; 정영기·최희봉 옮김, 『근대철학사 — 데카르트에서 칸트까지』, 같은 책, 196쪽.

12 G. Berkeley, *Three Dialogues between Hylas and Philonous*, 같은 책, p. 137.

13 "그는 로크를 따라 다음과 같이 주장한다. 즉, 우리가 직접적으로 또는 즉각적으로 지각하는 모든 것이 관념이며, 이것은 우리의 관념을 일으키는 그 어느 것과도 대조되는 것이다. 선천적(innate) 관념은 없으며 우리의 모든 관념은 지각 경험에서 유래한다. 또한 우리의 지식은 우리가 가지고 있는 관념들의 작용임에 틀림없으므로 우리의 모든 지식은 우리가 경험을 통해 얻는 관념들에 귀속되거나 또는 이것들에서 유래한다." R. Schacht, *Classical Modern Philosophers*, 같은 책, p. 146. ; 정영기·최희봉 옮김, 『근대철학사 — 데카르트에서 칸트까지』, 같은 책, 193쪽.

만일 내가 왜 **관념**이라는 낱말을 사용하고, 이것을 언어사용과 관련하여 **사물**이라고 부르기를 원치 않는지 질문을 받는다면, 나는 두 가지 이유로 그렇게 한다고 대답한다. 첫째, **사물**이라는 용어는 **관념**에 비해 일반적으로 정신의 외부에 존재하는 무엇을 나타낸다고 생각되기 때문이다. 둘째, **사물**은 관념들뿐만 아니라 정신들 또는 사유하는 사물들을 포함하므로 **관념**보다는 더 포괄적인 의미를 갖기 때문이다. 그러므로 감각기관의 대상들은 오직 정신 속에만 존재하며, 더욱이 사유하는 능력이 없고 비활동적이므로, 나는 그러한 특성들을 지니는 **관념**이라는 낱말에 의해 그것들을 나타내려고 선택했다. (Principles, § 39 ; 『원리론』, 125–127쪽)[14]

이 말은 세계가 그 자체적으로 존재할 수 있는 게 아니라 오로지 인식하는 주관과 관련해서만 존재할 수 있다는 의미이다. 이 결과로 모든 관념은 정신의 외부에 존재할 수가 없고 오직 사유하지 않는 사물들과만 관계한다는 사실이 도출된다. 하지만 만일 그렇다면, 사유하지 않는 관념들은 감각의 직접적인 객관들이다. 물론 버클리는 이러한 객관들이 실제로 존재한다는 것을 결코 의심하지 않았다. "만일 영어에 독일어의 직관(Anschauung)에 해당하는 단어가 있다면, 그렇다면 버클리는 표상(ideas)이라

---

14 "로크는 데카르트에게서의 '관념'이라는 개념을 자신의 인식론에서 의식내용들을 본질적으로 채택하는 데에 경험적인 주도 개념으로 받아들인다. 그렇지만 버클리는 로크가 여전히 적극적으로 채택하고 있는 사물개념의 전체 내용과 범위에 대해 날카롭게 비판하면서 물질적 외부세계로서의 실체를 수용하기를 가장 결정적으로 거부하였다. 그렇기 때문에 우리는 관념(idea)을 표상이라기보다는 차라리 이념(Idee)이라는 표현을 가지고 나타내려고 한다." W. Halbfass, *Historisches Wörterbuch der Philosophie*, Bd. 4., hrsg. v. J. Ritter und K. Gründer, Basel / Stuttgart 1976, S. 110 f. ; 그리고 R. Schacht, *Classical Modern Philosophers*, 같은 책, p. 146. 참조.

는 단어를 추측컨대 직관적이라고 명명했을 것이다. 그러나 표상(ideas)이라는 단어는 무엇에 관한 표상(Vorstellung von etwas)이라는 의미로 자리를 잡고 있다."[15] 하지만 버클리는 '존재한다'(exist)라는 표현의 의미를 분석하고 "존재(Sein, Existenz)와 지각됨(Wahrgenommenwerden)이라는 표현이 같은 의미라고 하는 결과에 이른다."[16] 이것이 버클리에게서는 'Esse = Percipi'라는 형식으로 나타난다.

> 나는 내가 받치고 글을 쓰고 있는 책상이 존재한다고 말하며, 이것은 내가 그것을 보고 느낀다는 것이다. 그리고 만일 내가 서재(書齋) 바깥에 있었다면 나는 그것이 존재했다고 말해야 하는데, 그것은 만일 내가 서재 안에 있었다면 그것을 지각할 수 있을 것이라거나, 또는 어떤 다른 정신이 실제로 그것을 지각한다는 것을 의미한다. (Principles, § 3 ; 『원리론』, 69–71쪽)
>
> (……) 세계의 거대한 체계를 구성하는 모든 물체들은 정신이 없이는 그 어떤 현존성도 갖지 못한다는 것이다. (Principles, § 6 ; 『원리론』, 75쪽)

감각기관과 의식은 인식의 주관에 속하며 인식활동에서는 서로 떨어질 수 없게 결합되어 있다. 그러므로 인식의 객관과 주관은 인식활동에서 하나로 통일된다. 객관으로서의 사물들은 현실적인 사물이기는 하지만, 그

---

15 A. Hecht, *George Berkeleys Lehre von der Abstraktion - Ein Beitrag zum Nachweis der systembildenden Bedeutung logischer Theorien*, Dissertation, Leipzig 1926, S. 17.

16 A. Kulenkampff, *George Berkeley*, München 1987, S. 101.

러나 감각기관에 의해 지각된 관념들로서 그 사물들은 정신 외부에 독립적으로 존재하는 게 아니라 오로지 사물을 지각하거나 인식하는 정신 안에만 존재할 수 있을 뿐이다. 따라서 버클리에 따르면, 'esse'(사물들의 존재)는 'percipi'(지각되는 것), 즉 'esse est percipi'이다.(Principles, § 3; 『원리론』, 69–71쪽)[17] 이 명제는 논리적 계사(繫辭)판단, 즉 연계판단(kopulatives Urteil)이 결코 아니며 오히려 등가(等價) 판단이다.

만일 이 근본 명제가 판단이라고 한다면, 위의 명제에서 'est'는 당연히 계사여야만 될 것이고, 따라서 'esse est percipi'라는 표현은 하나의 참된 연계판단—예를 들면, S는 P이다. 또는 AB는 A이다. 또는 모든 동물은 생물이다.—이 될 것이다. "이 판단의 진리는 'A'라는 내포가 유(Gattung)—술어—에 그리고 종(Arten)—주어—에 있어서 일치(identisch)한다는 데에 근거를 둔다. 그러나 주어개념과 술어개념들의 모든 내포가 동일한 것은 결코 아니며, 따라서 이러한 연계판단은 결코 정의가 아니다."[18] 그리고 여기서 'est'는 결코 계사가 아니다. 'esse est percipi'라는 표현은 오히려 "정의(Definition)를 행할 때 스스로의 논리적 평행선을 갖는다. 정의란 원칙적으로 하나의 동일한 개념-가치를, 즉 의미(Sinn und Bedeutung)를 여러

---

17 이에 대해서는 헤겔의 말도 참고할 필요가 있다.: "우리가 사물이라고 칭하는 모든 존재는 그 존재가 지각되는 것이다. 우리가 아는 것은 우리가 규정하는 것이다. 인간 인식의 모든 대상은 관념이다." G. W. F. Hegel, *Vorlesungen über die Geschichte der Philosophie III*, 같은 책, S. 271. ; 이에 대해 코플스톤은 "버클리에 따르면 누구든지 만약 그가 '존재한다'는 용어가 감각적 사물들에 적용될 때의 의미에 주의한다면, 이 사물들은 지각되는 것과 독립해서 존재하지 않으며 또 존재할 수 없다는 사실을 알 수 있다."는 점을 설명하고 있다. F. Copleston, *A History of Philosophy*, 같은 책, pp. 219. ; F. 코플스톤 지음, 이재영 옮김, 『영국경험론』, 같은 책, 290쪽.

18 L. Geldsetzer, *Logik*, 같은 책, S. 130.; Lutz Geldsetzer 지음, 문성화 옮김, 『논리학』, 같은 책, 151쪽.

가지 표현을 통해서 묘사하는 데에 성립한다."[19] 그렇기 때문에 'esse'와 'percipi' 사이에는 단지 언어적 차이만 존재할 뿐이며, 이것들은 등가관계(Äquivalenzrelation)에 있다.

더 엄밀하게 말하면, 어떤 개념을 서로 정의하는 것, 즉 서로 상반되는 두 가지 개념을 함께 정의하는 것이 중요하다는 뜻이다. 정의(定義)란 원칙적으로 동일한 개념 가치, 즉 그 개념의 의미를 여러 표현을 통해서 묘사하는 것에서 성립한다. 그래서 사람들은 '존재는 지각됨이다.'(esse est percipi.)이라는 표현을 다음과 같이 이해하지 않으면 안 된다. 1. '존재'(esse)는 '지각됨'(percipi)으로 정의되며 반대의 경우도 마찬가지이다. 2. 사람들은 언어적으로 '존재, 즉 지각됨'으로 표현하게 되며 반대의 경우도 마찬가지이다. 3. 사람들은 '수학적으로'는 '존재 = 지각됨'으로 형식화할 수 있다.[20] 그렇기 때문에 '존재'와 '지각됨' 사이에는 단지 언어적 차이만 존재할 뿐이며 그 표시는 등가관계를 나타낸다.

버클리는 '존재'와 '관념'에 관한 다른 모든 정의가 모순적인 개념들임을 밝히고 있다.

그러면 이제 관념이 지각하지 못하는 사물 안에 존재한다는 것

---

19 L. Geldsetzer, *Logik*, 같은 책, S. 130.; Lutz Geldsetzer 지음, 문성화 옮김, 『논리학』, 같은 책, 150-151쪽.

20 이에 대해서는 "L. Geldsetzer, *Logik*, 같은 책, S. 38 f. und 129 ff."를 참조할 것. ; 같은 방식으로 버클리는 데카르트에게서의 "Cogito ergo sum은 동의이어(同意異語)의 반복이지 정신적 제안이 아니"라고 고찰하고 있다. G. Berkeley, *Philosophical Commentaries*, In: Philosophical Works, Introduction and notes by M. R. Ayers, London 1992, 738번. ; 위의 내용을 또 다르게 다음과 같이 표현할 수 있다. 첫째, 'esse'는 'percipi'로서 정의되며, 둘째, '언어적'으로 정확하게 표현하면 'esse, 즉 percipi'이고, 셋째, 우리는 또한 '수학적'으로 형식화해서 'esse = percipi'로 나타낼 수가 있다.

은 명백한 모순이다. 왜냐하면 관념을 갖는다는 것은 지각한다는 것과 완전히 동일하기 때문이다. (Principles, § 7 ; 『원리론』, 77쪽)

여기서 '만일 사물을 지각하는 사람이 아무도 없다면, 그런데도 사물은 여전히 존재하는가?'라는 물음이 제기된다. 이에 대해 버클리는 "그 자체적으로 또는 정신의 외부에 있는 감성적 대상의 절대적 현존"(absolute Existence of sensible Objects in themselves, or without the Mind), 다시 말해서 물질이나 물질적 실체를 부정한다. (Principles, § 24, 35 ; 『원리론』, 103쪽과 111쪽)[21] 사물들이 인식에 독립적이라는 주장은 모순인 것처럼 보인다. 이것은 버클리의 주요 논점이 아니다. 그렇지만 버클리는 자신의 사상에 반대해서 제기될 수 있는 반론을 미리 내다보고 다음과 같이 대답하고 있다.

그러나 견고하고 형태를 갖추고 있으면서 움직이는 실체, 즉 우리가 물체에 대해서 가지고 있는 관념에 상응하는 실체들이 비록 정신의 외부에 존재하는 것이 가능할지라도, 우리가 이것을 아는 것도 가능해야하지 않는가? 우리는 그것을 감각기관을 통해서 또는 이성추리를 통해서 인식하지 않으면 안 될 것이다. 우리는 감각기관을 통해서 오직 감각의 지식만을 가질 뿐이며, 관념 또는

---

21 이에 대해 칸트는 "버클리의 교조적(독단적) 관념으로, 그것은 공간을, 불가분의 조건으로서 공간이 그에 부착해 있는 모든 사물과 함께, 그 자체로는 불가능한 것으로, 그렇기 때문에 공간상의 사물들 또한 순전한 상상물로 설명하는 이론이다. (……) 교조적 관념론자는 물질(물체)의 현존을 부인하는 자이겠고, 회의적 관념론자는 물질의 현존을 증명한다는 것을 불가능한 것으로 여겨, 그것을 의심하는 자이다. 전자가 관념론자일 수 있는 것은 오직 그가 물질 일반의 가능성에 모순을 발견한다고 믿기 때문"이라고 비판한다. I. Kant, *Kritik der reinen Vernunft*, 같은 책, B 274, A 377. ; 임마누엘 칸트 지음, 백종현 옮김, 『순수이성비판』, 서울 (아카넷) 2006, 457쪽과 587쪽.

직접적으로 감각기관에 의해서 지각되는 사물들은 당신들이 원하는 바대로 부르는 것이다. 그러나 사물들이 정신의 외부에 또는 지각되지 않은 채로 존재하고, 지각되는 것과 동일하다고 하는 것을 감각기관이 우리에게 알려주지는 않는다. (Principles, § 18 ; 『원리론』, 91–93쪽)[22]

버클리는 '물질'(matter)의 독립적인 존재를 인정하지 않는다. 왜냐하면 모든 사물의 존재는 오로지 지각됨에서만 존재할 수 있으며, 따라서 이러한 물질의 독립적 존재에 대한 주제는 설명될 수 없거나 아니면 불필요한 가설에 불과할 것이기 때문이다. 이러한 가설을 버클리는 말하자면 '오컴의 면도날'(Ockhams Rasiermesser)로 잘라내 버린다.

그러므로 외적 물체의 [존재를] 가정하는 일이 우리의 관념형성을 설명하는 데에 필요하지 않다는 것은 명백하다. (Principles, § 18 ; 『원리론』, 93쪽)[23]

비록 외적 물체들이 존재한다고 할지라도 우리는 그것을 지각하거나

---

22 이 주장은 로크의 '실체'개념에 대한 버클리의 다음과 같은 비판과도 연결된다.: "만일 당신이 의미하는 물질이라는 낱말이 미지의 성질들을 [지지하는] 미지의 지지자에 불과하다면, 그것은 전혀 우리에게 중요하지 않기 때문에 그러한 사물이 존재하는지 아닌지의 여부는 아무런 문제도 되지 않는다. 그리고 나는 우리가 무엇을 알지 못하고 왜 알지 못하는가에 대한 논쟁에서 아무런 유익함도 발견하지 못한다."(Principles, § 77 ; 『원리론』, 191쪽)

23 이에 대해 워녹은 다음과 같이 말하고 있다.: "그러나 물질 또는 외적 실체의 존재가 버클리가 부정하는 유일한 것은 아니라는 점에 대해 이의를 제기할 수도 있다. 또한 그는 지각되지 않았는 그 어떤 존재를 우리가 지각한다고 하는 것도 부정한다. 버클리가 취하는 것은 'esse is percipi'이다." C. J. Warnock, *Berkeley*, Indiana 1983, p. 112.

인식할 수 없다.[24] 그런데 우리가 물질적 실체로 인해서 대상 영역을 완전하게 알 수 없다고 한다면, 이것은 결코 참된 인식일 수가 없다. 참된 인식에는 인식론적 주관과 객관이 전제되어 있으며, 버클리에게서 참된 인식이란 주관과 객관의 통일을 전제하고 있기 때문에, 사유하고 지각하는 존재로서의 주관은 객관을 완전하게 인식 또는 지각할 수 있음에 틀림이 없다. 그렇기 때문에 사람들은 감성적 인식의 대상 영역을 '외부 세계'와 '내부 세계'라는 두 개의 영역으로 나눌 수가 없다. 이와 같은 구분에 빌미를 줄 수 있는 것은 사람들이 지각하는 한에서만 기억할 수 있다는 사실뿐이다. 그래서 사람들은 '기억한 관념'을 '내적인 것'으로 그리고 직접 지각한 것을 외적인 것으로 간주하게 되는 것이다.

이와 같은 언어사용을 버클리 스스로도 유지하고 있다. (이에 대해서는 뒤에 가서 살펴볼 것이다.) 그러므로 버클리는 인식의 대상들을 '관념'이라고 부르는 것이고, 더욱이 우리의 감관에 각인된 관념이다. 또한 그는 지각(활동)을 주관 속에서 관념을 인식하는 것이라고 말한다. 다시 말해서 인식은 주관과 객관의 관계에서 성립하기 때문에, 버클리에 따르면 감성적 사물들의 실제적 존재는 이미 지각(활동) 속에 또는 지각되는 작용에서 존재한다.

여기서 버클리에게서의 '실제적 존재'개념을 더 엄밀하게 분석해볼 필요가 있다. 버클리는 '존재'개념이 지각된 것 또는 지각활동 이외에 다른 무엇을 나타내는 게 아니라는 점을 제시하고 있다.(Existere is percipi or

---

24 버클리는 자신이 마치 칸트의 '사물 자체'(Ding an sich)에 대해 비판하는 것처럼 다음과 같이 말하고 있다.: "만일 외적 물체들이 존재한다면 우리는 그것을 인식할 수 없을 것이며, 그것이 존재하지 않는다면 우리는 그 존재에 대해서 지금과 동일한 근거를 가지고 생각할 것이다. 아무도 그 가능성을 부정할 수 없는 지성(Intelligence)은 외적 물체의 협력이 없이도 당신이 가지고 있는 일련의 감각 또는 관념과 같은 것에 의해 영향을 받는다는 것을 생각하라. [더욱이] 지성은 정신 속에서 동일한 질서로 활력을 가지고 각인되어 있다." (Principles, § 20 ; 『원리론』, 97쪽)

percipere.)[25] 그 밖의 실재론자들의 견해에 따르면 객관들은 주관으로부터 완전히 독립적으로 존재하며, 주관이 객관들을 지각하건 말건 아무런 상관이 없다. 이와 같은 견해는 주관과 객관의 분리를 전제하지 않으면 안 된다. 하지만 만일 사람들이 그러한 견해를 엄밀하게 검토해보기만 하면, 지각 안에서 주관과 객관이 완전히 같아진다는 견해에 틀림없이 동의하게 될 것이다. 그 까닭은 만일 우리가 지각을 제거해버릴 수 있다면, 보인 것도 들린 것도 본 자도 들은 자도 존재할 수가 없을 것이기 때문이다. 그러므로 감성적 인식에서 지각은 주관과 객관의 존재를 위한 필연적 토대이다. '지각됨'이란 객관들, 즉 사유하지 않는 사물들을 구성하는(constitute) 것이다. 다시 말해서, 우리는 여기서 지각됨은 사유하지 못하는 사물들, 즉 객관들을 구성하는 것으로 이해하며[26], 지각은 주관, 즉 자아를 구성하는 것으로 이해하고자 한다.[27] 그리고 지각활동은 주관, 즉 자아를 구성

---

25 G. Berkeley, *Philosophical Commentaries*, 같은 책, 429번.

26 "따라서 실제적으로 존재한다는 것은 어떤 의식적 존재에 의해서 지각될 수 있는 것을 일컫는다. 어떤 것에 관한 실제적 존재는 어떤 것이 실제로 지각된다는 사실을 내포하는 것이 아니라, 그것이 어떤 고유한 상황하에서 지각될 수 있다는 사실을 내포한다. 이것을 부정적으로 형식화하면, 지각될 수 없는 것은 실제로도 존재하지 않는다고 표현된다." G. Skirbekk / N. Gilje, *Geschichte der Philosophie - Eine Einführung in die europäische Philosophiegeschichte mit Blick auf die Geschichte der Wissenschaften und die politische Philosophie*, 2 Bde., übersetzt v. L. Schneider, 1. Bd., Frankfurt/M. 1993, S. 413.

27 "esse est percipi의 원리가 의미하는 것은, 감성적 사물들에 관해서는 이 사물들이 오로지 지각될 수 있을 경우에만 완전한 의미로 언급될 수 있다는 사실을 뜻한다. 하지만 나아가서 이것은 이와 같은 감성적 사물들을 지각하는 어떤 것이 존재하지 않으면 안 된다는 점을 의미하기도 한다. (…) 정신의 존재(esse)는 지각작용(Perzipieren) 속에 성립한다. (…) 나는 탁자를 보며, 탁자는 실제로 존재한다. 탁자의 존재(esse)는 지각됨(percipi) 속에 성립한다. 나는 탁자를 보며, 나는 실제로 존재한다. 나의 존재는 지각작용 속에 성립한다." G. Skirbekk / N. Gilje, *Geschichte der Philosophie – Eine Einführung in die europäische Philosophiegeschichte mit Blick auf die Geschichte der Wissenschaften und die politische Philosophie*, 같은 책, S. 142f. 그리고 "같은 책 S. 413."도 참고할 것.

하는 것이다.[28] 버클리에 따르면 주관과 객관 양자는 지각에 대해 항상 특정한 관계를 맺고 있다. 그래서 엄밀한 의미에서 지각활동은 정신이 감성적 사물들을 인식하는 행위이다. 그런데 이것은 '상상으로 형성된' 관념들에 대해서도 타당한데, 이러한 관념들이란 정신 속에만 존재한다는 것이 분명하고도 확실하다.[29]

> 그렇지만 당신은, 예를 들어 공원에 있는 나무와 서가에 있는 책들을 이것들을 지각하는 사람이 없는 [상태에서] 생각해 보는 것이 확실히 쉽지 않다고 말 할 것이다. 나는 다음과 같이 대답한다. 물론 그것을 상상하기란 어렵지 않지만, 내가 당신에게 부탁하는 것은 이 모든 것은 당신의 정신 속에서 당신이 **책**과 **나무**라고 부르는 어떤 관념을 형성하는 것과 다른 것인가? 그리고 동시에 그것을 지각하는 사람의 관념을 형성하기를 빼먹는 것은 [또]

---

28 이에 대해서 버클리는 『하일라스와 필로누스가 나눈 대화 세 마당』에서 필로누스의 입을 통해 하일라스에게 "내가 자네를 제대로 이해하고 있다면, 자네는 모든 지각에서 두 가지 사물을 구별하고 있는데, 그 하나는 정신의 활동이고 다른 하나는 그렇지가 않네."라고 말하고 있다. G. Berkeley, *Three Dialogue between Hylas and Philonous*, 같은 책, p. 154. ; 조지 버클리 지음, 한석환 옮김, 『하일라스와 필로누스가 나눈 대화 세 마당』, 같은 책, 134쪽.

29 여기서 미리 말해보자면, 이러한 주장은 헤겔 인식론의 출발점과 상응한다고 할 수 있다. 이에 대한 헤겔의 견해는 다음과 같다.: "우리 인식의 최초 원천은 경험이다. 우리가 스스로 무언가를 지각한 것은 무조건 경험에 속한다. 하지만 지각과 경험은 반드시 구별되지 않으면 안 된다. 우선 지각은 오로지 유일한 대상만을 포함하는데, 이 대상은 그렇기 때문에 지금은 우연적이지만 다른 때는 다른 성질을 띨 수가 있는 것이다." G. W. F. Hegel, *Nürnberger und Heidelberger Schriften (1808-1817)*, In: Hegel Werke in 20 Bänden (Theorie Werkausgabe), Bd. 4., hrsg. v. Moldenhauer und K. M. Michel, Frankfurt/M. 1970, S. 209. ; "모든 인식은 주관적으로 지각과 관찰로부터 시작한다." G. W. F. Hegel, *Berliner Schriften (1818-1831)*, In: Hegel Werke in 20 Bänden (Theorie Werkausgabe), Bd. 4., hrsg. v. Moldenhauer und K. M. Michel, Frankfurt/M. 1970, S. 520.

> 무엇인가? 그러나 도대체 당신은 스스로 그러는 동안에 바로 이 대상을 지각하거나 생각하지 않는가? (Principles, § 23 ; 『원리론』, 101쪽)

상상—그리고 기억 역시—은 사람들이 '명칭'[30]을 붙여주는 것이 이미 감각기관에 의해서 지각된 관념이라는 것, 그리고 이 관념에 의해서 다시금 모사된 관념이 존재할 수 있다고 하는 사실에 기인하는 것이다. 그럼에도 불구하고 우리는 관념을 붙잡기 위해 언어를 항상 필요로 하지는 않는다. 그렇지만 우리는 그 어떤 경우에도 관념이 없이 언어를 사용해서는 안 되며, 그렇지 않으면 사람들은 오류에 빠져들 것이다. 만일 어떤 사물이 특정한 명칭으로 표시된다면, 그것은 지각되었든지 아니면 기억 속에 있든지 둘 중에 하나일 것이다. 따라서 그 사물은 관념으로서 지각되거나 기억된다.

그러므로 버클리에게 있어서는 어떠한 단어도 관념이 없이는 사용되지 않는다. 따라서 만일 어떤 사물이 특정한 명칭에 의해서 표시된다면, 그 사물은 동시에 지각되거나 인식되는 것이다. 게다가 그것은 직접성의 형식으로가 아니라 관념의 형식으로 지각되거나 인식된다. 이에 대한 결과로, 단어는 관념에 의해서 하나의 객관과 결합된다는 사실이 도출된다.

버클리는 자신의 『철학일지』(*Philosophical Commentaries*)에서 다음과 같이 말하고 있다.

> 모든 의미 있는 낱말은 관념을 위해 존재한다. 모든 인식은 우

---

30 필자가 뒤에 가서 고찰하겠지만, 이것은 로크의 보편적 '추상 관념'(abstract idea)에 대해서 버클리가 비판하고 있는 내용과 결부되어 있다.

리의 관념에 관한 것이다. 모든 관념은 밖에서 들어오거나 내부 관념이다. 만일 밖에서 들어온다면 그것은 감각기관에 의한 것임이 틀림없으며 감각이라고 명명된다. 만일 내부 관념이라면 그것은 정신의 작용이며 사상이라고 명명된다. (……) 관념을 단순히 수동적으로 받아들이거나 가진다는 것은 지각이라고 명명된다.[31]

우리는 이것을 버클리 인식론의 결론으로서 고찰할 수가 있다. 왜냐하면 버클리는 여기서 인식의 객관으로서 관념을 분류하고 우리에게 인식의 성립을 제시하고 있기 때문이다. 여기서 우리는 관념을 인식하는 것과 관념이 주관과 객관의 공동작용이라는 것을 이해할 수가 있다. 따라서 존재한다는 것은 지각작용 또는 지각됨을 의미한다.[32] 왜냐하면 관념은 지각하는 자, 즉 주관과는 독립적으로 존재할 수는 없기 때문이다. 이러한 주관에 대해 버클리는 다음과 같이 말한다.

이와 같이 지각하는 능동적인 존재를 나는 **마음, 정신, 영혼**, 또는 **나 자신**이라고 부른다.(This perceiving, active Being is what I call *Mind, Spirit, Soul or my Self.*) (Principles, § 2 ; 『원리론』, 69쪽)

그리고 객관은 감각지각의 객관이며, 사물들의 현실적 존재는 이 사물들이 지각되는 데에서 성립한다. 그러므로 '기억'은 비록 그 스스로가 관념이기도 하지만 동시에 관념의 모사물이기도 하다. 사람들이 모사물과 관련하여 '실제로' 존재하는 사물들, 즉 관념이 모사하는 것이라는 사물

---

31 G. Berkeley, *Philosophical Commentaries*, 같은 책, 378번.

32 F. Copleston, *A History of Philosophy*, 같은 책, p. 221, 참조.

들에 관하여 말한다면, "그런 까닭에 만일 내가 눈을 감아 버리면 내가 보았던 사물들이 여전히 존재할 수는 있지만, 이 사물들은 다른 정신 안에 있지 않으면 안 된다."(Principles, § 90 ; 『원리론』, 213쪽)는 버클리의 주장은 타당하다.

그럼에도 불구하고 버클리는 다른 객관들과 같은 방식으로 주관을 '객관'으로 만들어버리는 실수를 범하지는 않는다. 왜냐하면 주관과 객관은 사물이거나 존재자이기는 하지만, 그러나 주관은 정신으로서 능동적으로 지각하는 분할할 수 없는 실체[33]이고, 객관은 이 실체 안에 의존적으로 존재하는 사물 관념이기 때문이다. 그래서 버클리는 다음과 같이 말하고 있다.

> 그래서 **정신**과 **관념**은 철저하게 다르며, 우리가 **이것들은 존재하고 인식된다**(they exist, they are known)고 또는 이와 같이 말할 때, 이러한 낱말들은 이 양자의 본질에 공통적인 어떤 것을 표시한다고 생각되어서는 결코 안 된다. 이 양자에는 그 어떤 유사한 것이나 공통적인 것이 없다.(Principles, § 142 ; 『원리론』, 301쪽)
>
> 정신이란 하나의 단일하고 나누어지지 않는 능동적인 존재이다. 그것은 관념들을 지각할 때는 **오성**(understanding)이라고 불리

33 상식적 입장(common-sense-position)에서 출발하고 있는 버클리의 인식론은 형이상학적 실체를 거부하고 인식론적 실체를 수용한다. 이에 대해서는 버클리의 다음과 같은 말이 잘 증명해준다.: "이 모든 것으로부터 나는 이렇게 결론 내리네. 내가 지각하는 감각적 인상들을 내 속에서 매순간 산출하는 정신이 있다고 말이네. 그리고 그것들의 다양성과 질서와 성질로부터 이렇게 결론 내리네. 그것들을 지은이는 헤아릴 수 없을 정도로 지혜롭고 강력하고 선하다고 말이네." G. Berkeley, *Three Dialogue between Hylas and Philonous*, 같은 책, p. 171. ; 조지 버클리 지음, 한석환 옮김, 『하일라스와 필로누스가 나눈 대화 세 마당』, 같은 책, 170쪽. ; 이와 함께 "G. Berkeley, *Philosophical Commentaries*, 같은 책, 207, 517, 751번"도 참조할 것.

며, 관념들을 산출하거나 그렇지 않고 관념들에 대해 작용할 때는 **의지**(will)라고 불린다. 따라서 영혼 또는 정신을 형성한 관념이란 있을 수 없다. 왜냐하면, **25절에 따라서**, 모든 관념은 무엇이나 수동적이고 비활성적이므로, 능동적으로 작용하는 것을 심상 또는 닮음에 의해서 우리에게 대표해 줄 수는 없기 때문이다. (Principles, § 27 ; 『원리론』, 107쪽)

## 3. 인식 주관으로서 정신

만일 감성적 사물들이 오로지 정신 안에만 존재하는 관념이라면, 이제 이러한 관념은 정신에 의해서 지지를 받고 있음이 틀림없다. 버클리에 따르면 이와 같은 정신은 객관을 인식하거나 지각하는 실체로서 능동적인 존재이다. '실체'(Substanz)라는 개념은, 버클리가 비판하고 있는 아리스토텔레스(Aristoteles)의 언어 사용에서 보면, 정신에 독립해 있고 사유하지 않는 물질적 실체를 의미한다. 그리고 이 개념은 아리스토텔레스의 '제1물질'(materia prima), 즉 '순수한 무'(me on)를 의미하는 게 분명하다. 버클리는 다음과 같이 비판한다.

바로 이러한 경우에 나는, 근대 철학자들이 자신들의 고유한 원리들을 통해서 추진하고 있는 물질이나 물체적 실체의 막연하고 불확실한 묘사가, 어떻게 하여 그렇게 낡아빠지고 조롱을 받고 있는, [즉] **아리스토텔레스**와 그의 추종자들에게서 발견되고 있는 **제1물**

> 질(materia prima)의 개념(Notion)과 공통점이 있다고 하는지에 대해서 주의하지 않을 수가 없다. (Principles, § 11 ; 『원리론』, 83쪽)

버클리에 따르면, 그처럼 아리스토텔레스의 의미로 이해된 '실체' 개념은 모순을 내포하고 있다. 만일 인식 객관으로서의 감성적 사물들에, 이것이 지각되는 것과는 다른, 실제적이고 물질적인 실체성이 부가된다면, 그렇다면 그와 같은 실체는 인식될 수가 없다. 이런 실체는 아마도 순수 무(無)일 것이다. 그러므로 사람들은 그런 실체가 존재한다고 말할 수도 없다. 그럼에도 불구하고 버클리에게서 실체 개념은 자신의 철학을 위해 특별하고도 순수한 의미를 지탱해주고 있는데, 이 개념은 오직 '지지자'(support)[34]라는 의미만을 지녀야 하기 때문에, 이것은 주관으로서의 정신에 속할 수 있다.

실체 개념은 버클리에게서도 '추상 개념', 즉 버클리가 비판하는 스콜라 철학에서의 '추상 개념'과 같은 'notion'으로 남아 있기는 하다. 하지만 이 'notion'이라는 개념은 '정신' 또는 '인식 주관'에 적용됨으로써 '추상 개념'으로서의 정당성을 얻게 된다. (이에 대해서는 나중에 더 자세하게 고찰할 것이다.)

버클리는 정신을 오성과 의지라는 두 가지 능력으로 나눈다.

> 나는 오성을 정신의 능력이나 한 부분으로 내세워서는 안 된다. 나는 오성과 의지 등을 '정신'(Spirit)이라는 낱말에 포함하지 않으면 안 되며, 이 낱말을 가지고 활동적인 모든 것을 생각한다. 나는 오

34 Principles, § 16, 27, 135, 참조.

성(Understanding)이 특수 관념과 구별된다거나 의지(Will)가 특수한 의지활동과 구별된다는 주장을 해서는 안 된다.[35]

버클리에 따르면, 만일 정신이 관념을 '지각'한다면, 정신은 '오성'이라고 불리고, 이때 관념은 오성의 대상이 된다. 만일 정신이 오성에 의해서 지각된 관념을 '산출'한다면, 정신은 '의지'라고 불린다.[36] 필자는 오성과 의지를 고찰하기 전에 먼저 여기서 '자아'(das Ich)를 고찰하고자 한다.

버클리는 자아를 영혼 또는 정신적 실체, 즉 의지와 마찬가지로 지각활동과 사유 속에 종적 특징(spezifisches Merkmal)을 갖추고 있는 정신적 실체와 동일시한다. 버클리에 따르면, 관념들은 지각에서 성립하기는 하지만, 그러나 감각기관을 통해서 지각되는 관념들은 어떤 규칙이나 자연법칙에 따라서 감각기관에 각인된다. 이 반면에 정신이 자기 안에서 임의로 기억이나 환상을 통해서 야기하는 관념들은 지극히 단순하고 흐릿하며 영속적이지 못하다. 여기서 버클리의 말을 들어보자.

나는 내 자신의 존재성에 대해 앎 내지 의식을 가지고 있으며, 나 자신은 나의 관념들이 아니라, 그 밖의 다른 어떤 것, 즉 지각하고 인식하고 의욕하고 관념들을 가지고 작용하는, 사고 활동을 하는 능동적인 원리라는 점을 몇 번씩이나 말해야 알아듣겠는

---

35 G. Berkeley, *Philosophical Commentaries*, 같은 책, 848번

36 이에 대해서 사실 버클리는 신의 의지를 염두에 두고 있는 것이다. (이와 관련하여 "G. Berkeley, *Three Dialogue between Hylas and Philonous*, 같은 책, p. 186, 197-198."을 참고할 것.) 왜냐하면 "인간의 의지가 환상이나 기억의 상 등을 임의로 현존하는 것처럼 불러냈다가는 다시 없애버리기는 하지만, 그러나 감각 관념과 관련해서 그 어떤 자발성도 발전시킬 능력은 없기 때문이다." R. Metz, *George Berkeley - Leben und Lehre*, Stuttgart 1925, S. 92.

가.[37]

여기서 '자신'(myself)은 결코 개인적 자아를 말하는 것이 아니라 활동적 존재로서의 정신을 의미하며, 그런 한에서 이 활동적 존재는 '자아'와 '자신'이라고 칭한다. 그렇지만 자아는 지각된 관념들을 상상이나 기억을 통해서 야기하기 때문에, 이러한 자아는 활동적이고 능동적 존재가 아닐 수 없는 것이다.[38] 하지만 바로 그 때문에 정신 자체로서의 자아는 결코 관념일 수는 없으며, 또한 관념과의 유사성을 지닐 수도 없는 것이다. 이로써 버클리는 정신의 모든 '객관화'를 관념과는 다른 인식 대상이라는 의미에서 배제해버리고, 자아의 능력에 관하여—추상 관념론과 결부해서가 아니라—다음과 같이 말하는 것이다.

> 내 개인적으로는 하나의 사물을 그와 똑같이 그 자체로부터 쉽게 분리시킬 수가 있다. 게다가 나는 나의 사유의 능력으로 그러한 사물들을 서로서로 분리시키거나 분리시켜서 생각할 수가 있다. [하지만] 나는 아마도 이러한 사물들을 결코 감각을 통해서는 서로 분리함으로써 지각하지는 못한다. 그렇지만 나는 손발이 없는 인간의 몸통을 상상할 수가 있거나 장미 자체를 생각하지 않고도 장미의 향기를 상상할 수는 있다. 실제로 서로 분리되어 존재

---

37 G. Berkeley, *Three Dialogue between Hylas and Philonous*, 같은 책, p. 185. ; 조지 버클리 지음, 한석환 옮김, 『하일라스와 필로누스가 나눈 대화 세 마당』, 같은 책, 206쪽.

38 이와 관련하여 버클리는 "관념을 갖는다는 것은 지각과 동일한 게 아니다. 만일 누군가가 관념을 상상하기만 하면 관념을 가질 수는 있다. 하지만 그러한 상상은 지각을 전제하는 것이다."라고 말한다. G. Berkeley, *Philosophical Commentaries*, 같은 책, 582번.

하는 것이 가능하거나 서로 떨어져서 지각되는 것이 가능한 그런 사물들을 [따로] 떼어내어 생각하는 데 까지만 이르는 것을 정당하게 **추상**(Abstraction)이라고 부르고자한다면, 이런 한에 있어서 나는 추상할 수 있다는 것을 부인하지 않을 것이다. 그러나 나의 사유능력 또는 상상능력은 실재적 현존 또는 지각작용의 가능성을 넘어서[까지] 확대되지는 않는다. 그러므로 어떤 사물을, 그것을 실제로 감각하지 않고도 보거나 느끼는 것은 나에게는 불가능하며, 마찬가지로 감성적 어떤 사물이나 대상을 감각이나 지각작용과 분리시켜서 나의 사유 속에서 생각하는 것도 나에게는 불가능하다. (Principles, § 5 ; 『원리론』, 73쪽)

이 말은 예를 들어, 만일 길이가 넓이로부터 추상될 수 있다면, 길이는 사유의 작품일 것이다. 그러므로 비록 우리가 사유 속에서 사물을 서로 분리시킬 수 있다고 하더라도, 이것은 인식에 있어서 직접적인 객관들에 작용하는 것이 결코 아니다. 버클리는 또한 로크와 마찬가지로 지각 내지는 경험을 외적인 것과 내적인 것—로크에게서는 감각과 반성에 해당한다—으로 분리하고, "우리가 지각하는 것은 직접적으로 또는 간접적으로 지각된다.: 감각에 의해서 또는 이성과 반성에 의해서"[39] 직접적으로 지각되는 것은 버클리에 따르면 감성적 사물이며, 간접적으로 지각되는 것은[40] 오직 감성적 사물을 매개로 해서만, 즉 이성추리—반성과 이성의 작용—를

---

39 G. Berkeley, *Three Dialogue between Hylas and Philonous*, 같은 책, p. 162.

40 이에 대한 다음과 같은 비판이 있다.: "버클리는 간접적인 경험을 수용함으로써 자신의 경험적 인식론에 의해서 감각주의적 형이상학과 연결된다." O. Anschütz, *Die Berkeley'sche Erkenntnistheorie in ihrer Entwicklung*, Dissertation, Halle 1913, S. 10.

통해서만 주어질 수 있을 뿐이다.

> 그러나 내가 보는 바로는 **의지**와 **영혼**, **정신**이라는 낱말은 상이한 관념들을 표시하는 것이 아니거나 참으로 관념을 표시하는 것이 결코 아니라, 오히려 관념과는 매우 다른 것이며, 그것은 어떤 행위자(an Agent)이기 때문에 결코 어떤 관념과 유사한 것이 아니거나 관념을 통해 대표될 수도 없는 것이다. (Principles, § 27 ; 『원리론』, 109쪽)
>
> 정신적 존재의 실체는 행위하고 야기하며 의욕하고 작용하는 것이다.(Substance of a Spirit is that it acts, causes, wills, operates) 또는 만일 사람들이 (……) 행위하는 것, 야기하는 것, 의욕하는 것, 작용하는 것을 갈망한다면 그러하다. 그런 존재의 실체는 관념이 아니기 때문에 인식할 수는 없다.[41]

직접적으로 지각되는 것이란 감각기관의 객관을 일컫는다. 간접적으로 지각되는 것은 의식 내지는 감각기관에 의존해 있는 '사유'의 객관이다. 그런데 감각기관의 객관이란 관념으로서 오성의 직접적인 대상이기 때문에, 인식의 주관은 엄밀한 의미에서 '오성'이다.[42] 모든 합리주의자들

---

41 G. Berkeley, *Philosophical Commentaries*, 같은 책, 829번. ; 버클리는 '실체'라는 낱말을 '순수 사유'와 '순수 연장'이라는 데카르트적인 의미에서 사용하는 게 아니라 일종의 독립성 또는 독립적인 현존이라는 방식으로 사용하고 있다. 이와 관련해서는 "G. Berkeley, *Three Dialogues between Hylas and Philonous*, 같은 책, p. 206." 그리고 "G. Berkeley, *Philosophical Commentaries*, 같은 책, 517번"을 참조할 것.

42 더욱이 버클리는 오성은 스스로의 지각과 관념을 구별하지 않는다고 생각한다. 관념들은 직접적으로 감성적 대상들이기 때문에 그리고 오성은 자신의 대상이 존재하는 그대로 지각하기 때문에, 버클리는 오성에는 그 어떤 오류도 있을 수 없다고 주장하는 것이다. 이러한 주장과 관련해서는 "G. Berkeley, *Philosophical Commentaries*, 같은 책,

의 인식론과는 반대로 버클리에게서 오성은 그 어떤 고유한 사유 내용을 가지고 있지 않으며, 만일 그러한 것을 가지고 있다면 그것은 '비가시적'(unanschaulich)이다. 오성의 활동 재료는 오로지 감각기관에 의해서 제공된 관념들 또는 기억 활동과 환상을 불러오는 활동에서 야기된 관념들—그렇기 때문에 이러한 관념들은 언제나 감성적이고 가시적인 상태이다.—로 구성된다. 정신은 넓은 의미에서 오성과 이성 그리고 의지를 포함하고 있다. 왜냐하면 버클리에 따르면 정신의 본질은 지각이자 사유함이며 '행위함'(das Handeln)이기 때문이다.[43] 버클리는 추상 관념론에 대한 비판과 관련하여 다음과 같이 말한다.

> 나에 관해서 나는 참으로 내가 지각한 개별적 사물들의 관념을 상상하거나 현재화시키는 능력을, 그리고 그것을 다양하게 합성하고 분할하는 능력을 지니고 있다는 것을 발견한다. (Principles, Introduction, § 10 ; 『원리론』, 서문, 25쪽)

여기서 버클리는 넓은 의미에서의 정신에 관하여 말하는 것이며, 따라서 이것은 감각을 통해서, 즉 오성을 통해서 수행될 수는 없다.[44] 그 까닭은 정신의 외부에 실제로 존재하는 사물들이 감각을 통해서만 지각되기는 하지만, 그러나 이 모든 것들 가운데 공통적인 어떤 것은 버클리에 따

---

587, 681, 816번"을 참조할 것.

43 원칙적으로 버클리는 오성과 의지를 구별하지 않는다.: "의지와 오성의 확실한 결합을 나는 정신이라고 부르지 않으면 안 된다. (…) 의지, 오성, 희망, 증오 등은 활동적인 한 서로 상이하지 않다. 이것들의 모든 구별은 스스로의 객관과 상태 등에 존립한다." G. Berkeley, *Philosophical Commentaries*, 같은 책, 713, 854.

44 G. Berkeley, *Philosophical Commentaries,* 같은 책, 614, 643번 참조.

르면 오직 순수 사유의 영역에만, 즉 비직관적인 영역에서만 형성될 수 있으며, 관찰되지는 않는다. 만일 그렇다면, 정신은 사물의 추상 관념을 형성할 능력이 없다.

이에 따라서 보면 오성으로서의 정신은 오로지 감성적 지각 안에서 관념으로서 존재하는 것만을 자신의 대상으로 삼을 뿐이다. 따라서 정신은 스콜라철학의 의미에서 '추상' 개념을 형성할 능력이 없다. 버클리는 특히 로크가 수용하고 있는 추상 개념을 "그것은 정신이 사물에 관한 추상 관념이나 개념(Notions)을 형성하는 능력을 가지고 있다고 하는 견해이다."(Principles, Introduction, § 6 ; 『원리론』, 서문, 17쪽)라고 하면서 날카롭게 비판한다. 버클리가 긍정적인 의미로 허락하고 있는 '추상'(abstract)은 복합 관념에 있는 개별 관념들을 각기 따로 고찰할 때뿐이다.

> 그러나 우리는, 정신은 각각의 성질을 개별적으로 고찰하거나 서로 결합되어 있는 다른 성질들을 추상[즉, 따로 분리시킬 수 있는 능력]하여 고찰할 수 있기 때문에, 바로 이런 방법에 의해서 추상 관념이 형성된다고 말한다. (Principles, Introduction, § 7 ; 『원리론』, 서문, 19쪽)

그러나 버클리에 따르면 정신은 오직 자기 자신을 위해서만 추상적 관념을 형성할 수 있으며, 이러한 추상적 관념들은 감성적 사물들과 아무런 관련이 없다. 그렇기 때문에 버클리는 모든 정신적 존재는 단지 방법적으로 또는 이론적으로만 추상적 관념—감성적 관념의 의미가 아니다—일 뿐이며[45], "이때 정신은 감각이나 지각으로 불리는 데 더 어울리는 수동적인 것이다."[46] 이러한 근거에서 우리는 버클리가 정신은 사유로서 비직관적인 영역에서만 어떤 추상적 관념–이것이 어쨌든 가능할 경우에–을 형성할 수 있다고 하는 점을 수용하고 있음을 알 수 있다. 우리는 다시 한 번 (버클리의 견해에 따라서) 회의주의자의 견해를 설명하고자 한다.

> 정신은 개별자 그 자체는 제외하고서 공통적인 것을 선발함으로써 연장에 관한 최고의 추상적 관념을 형성한다. 이러한 연장은 선(線)도 면(面)도 고정된 물체도 아니고 어떤 특정한 형태나 크기를 갖지도 않으며, 오히려 이러한 모든 것과는 완전히 분리된 하나의 관념이다. (Principles, Introduction § 8.)

여기서는 정신이 인식의 주관으로서 오성이라고 하는 점은 불가능하다. 왜냐하면 버클리는 모든 추상적 관념을 정신에 의해서 산출되는 작품으로 간주하면서, 정신의 그와 같은 작업 능력은 오성이 아닌 의지에 의존해 있다고 말하기 때문이다. 그러므로 더욱 엄밀하게 말해서, 만일 추상적 관념을 형성하는 정신이 존재할 수 있다면, 그것은 오직 정신의 내적 작업으로서 순수 사유일 뿐이다.[47] 따라서 버클리가 정신적 존재에 대한 관념

---

45 "나는 의지와 오성이 하나의 동일한 것이라고 주장해서는 안 되며, 오히려 의지와 오성은 추상적 관념이라고 말하지 않으면 안 된다. 다시 말해서, 이 양자는 능력으로서의 정신적 존재 또는 능동적인 것과는 다른 이성적인 것이 결코 아니다." G. Berkeley, *Philosophical Commentaries*, 같은 책, 871번.

46 G. Berkeley, *Philosophical Commentaries*, 같은 책, 286번.

47 "우리의 경험에서—그리고 이것은 버클리 경험론에서 본질적인 것이다.—우리는 첫째, 관념 사물들(Ideendinge)을 의식하고 있으며, 둘째, 정신적 작업을 의식하고 있으며, 이와 관련하여 셋째, 의식의 능동적 중심으로서 정신 자체를 의식하고 있다. 그래서 버클

을 부정하는 것은 불가피한 일이다.

정신은 감각기관의 객관이 아니라 인식의 주관이며, 더구나 인식 활동을 실행하는 자이다. 한 마디로 말해서 정신은 행위하는 자이다. 그러므로 우리는 정신에 대해서는 감각기관을 통해서 그 어떤 경험도 할 수가 없으며, 단지 아주 특별한 방식으로 정신에 대한 '개념'(notion)만을 가질 수 있을 뿐이다.[48] 버클리가 정신을 관념의 원인으로 간주하고 있는 것은 분명하다. 왜냐하면 관념은 정신 안에 존재하며 어떤 관념은 기억과 상상력을 매개로 해서 재생산되거나 폐기되기 때문이다.[49]

> 우리는 영속적으로 계속되는 관념들을 지각한다. 이들 가운데 몇몇 개는 다시금 야기되며, 다른 것들은 변화하거나 완전히 사라져 버린다. 따라서 관념이 의존해 있고 관념을 산출하고 변화시키는 어떤 원인이 있다. 이러한 원인이 결코 어떠한 성질이나 관념 또는 관념의 결합일 수가 없다고 하는 것은 위의 절(節)에 따라서

---

리의 정신 이론은 esse est percipi 원리를 통해서 분명하게 묘사된다." R. A. Mall, *Der operative Begriff des Geistes - Locke, Berkeley, Hume*, 같은 책, S. 147 f.

48 여기서 'notion'이라는 낱말은, 뒤에 가서 버클리에게서 이 낱말의 의미에 대해서 고찰하겠지만, 버클리가 로크에게서의 'notion' 개념에 대해서 비판하는 것과 마찬가지로 '변증법적' 개념, 따라서 '모순' 개념이다. 또한 'notion'은, 우리가 나중에 고찰하겠지만, 결코 어떤 논리적 개념이 아니다. 그 까닭은 비록 개념이 "내포와 외연이 그 속에서 서로 맞물려 있는 하나의 구조를 형성" 할지라도 버클리는 그것을 심리학적으로 이해하기 때문이다. L. Geldsetzer, *Logik*, 같은 책, S. 89.; Lutz Geldsetzer 지음, 문성화 옮김, 『논리학』, 같은 책, 106쪽.

49 이에 대해서 벌린은 다음과 같이 비판하고 있다.: "그의 철학이 증명하고자 하는 것은 정신적인 활동, 즉 정신의—신의 무한한 정신과 인간의 유한한 영혼—창조적인 과정과, 또 그것들의 내용과 변형으로서 그것들에 의존하는 인간의 경험, 즉 상상력, 기억, 사고, 예측, 꿈, 느낌, 그리고 무엇보다도 그 합성과 진행이 외적 세계 자체를 이루고 있는 감각 내용 이외에는 아무 것도 존재하지 않는다는 것이다." I. Berlin, *The Age of Enlightenment, Oxford* / New York / Toronto / Melbourne 1979, p. 117.; I. 벌린 지음, 정병훈 옮김, 『계몽시대의 철학』, 서울 (서광사) 1992, 139쪽.

> 분명하다. 그러므로 그것은 실체임에 틀림없다. 그러나 물체적 또는 물질적 실체가 존재하지 않는다는 사실은 이미 제시되었다. 따라서 관념의 원인이 비물질적 능동적 실체 또는 정신이라는 것만이 남는다. (Principles, § 26 ; 『원리론』, 107쪽)

버클리는 지각되는 모든 것이 실제로 존재한다는 것을 인정한다. 그것은 인식의 객관으로서 감성적 사물들이며, 지각되고 표상되며 사유되는 과정에 있어서 오직 관념으로서만 존속할 수 있을 뿐이다. 그렇다면 지각하거나 인식하는 능동적인 존재도 반드시 존재하지 않으면 안 된다. 다시 말해서, 그와 같은 관념들은 어떤 능동적 존재에 의해서 담지되지 않으면 안 된다. 이러한 존재가 바로 버클리에 의해서 인식의 주관으로서 실체가 되며, 따라서 실체는 결코 관념일 수가 없고, 모든 관념은 단지 의존적인 사물로서만 존재할 뿐이다.

오성은 자기 자신은 인식할 수 없으며 오로지 감성적 관념만을 인식할 뿐이다. 그렇기 때문에 버클리에게서 사유하고 의욕하며 지각하는[50] 자로서의 '정신'에 관한 모든 표식은 일반적인 객관 개념들과는 다른 방식을 '의미'하고 있음에 틀림이 없다. '정신' 또는 정신의 'notion'이라는 개념은 감성적 관념들에 의해서 내용과 의미가 충족될 수는 없기 때문에, 그 개념의 의미는 다른 방식으로 주어지지 않으면 안 된다.

우리는 여기서 버클리가 '정신'(spirit)이라는 단어의 의미에 매우 세심한 주의를 기울이고 있음을 알 수 있다. 이 단어는 감성적 관념으로부터 얻

---

50 "왜냐하면 우리는 정신이라는 낱말을 사유하고 의욕하고 지각하는 것으로만 이해하기 때문이며, 이것, 오직 이것만이 이 낱말의 의미를 이룬다." (Principles, § 138 ; 『원리론』, 295쪽)

어질 수 있는 것이 아니기 때문에, 우리는 우리의 고유한 영혼(soul)을 사용해서 이 단어의 의미를 이해하지 않으면 안 되고 또한 이해할 수 있다고 버클리는 말하고 있는 것이다. 버클리는 관념과 단어 내지는 언어의 다름을 매우 강조하고 있다. 여러 단어는 사실상 단어에 결부된 관념이 없이는 사용될 수가 없다. 그런데 이것은 버클리에 따르면 인식에 있어서 무수히 많은 오류와 어려움을 야기하는 중요한 근거이다. 왜냐하면 사물을 인식함에 있어서 어떠한 단어도 관념이 없이는 적용되지 않으며, 그렇지 않다면 여러 단어는 아무런 의미를 갖지 못하기 때문이다.[51]

게다가 버클리는 관념과 '낱말' 또는 '언어'를 각각 구별하는 데에서 출발한다. 낱말들은 실제로 관념들과 관련이 없이도 사용될 수 있다. 하지만 이것은, 버클리에 따르면, 인식론에서 수많은 오류에 빠지고 난관에 봉착하도록 하는 주요한 이유가 된다. 요컨대 낱말들은 정신의 산물인 것이다. 그래서 버클리는 다음과 같이 주장한다.

> 내가 낱말을 제거해버린 나의 고유한 관념에 나의 생각을 한정하는 한, 나는 내가 어떻게 오류 속으로 쉽게 빠져들어 가는가를 보지를 못한다. 나는 내가 고찰하는 대상을 분명하고 충분히 알고 있다. (Principles, Introduction, § 22 ; 『원리론』, 서문, 59쪽)

---

51 "버클리의 언어이론은 단어들이 감각의 인상을 지시하는 것에서 출발한다. (…) '사과'라는 단어는 우리가 사과에 대해서 가지고 있는 감각의 인상을 지시한다. 즉, 사과라는 단어의 의미는 우리가 사과에 대해서 가지고 있는 감각인상들의 덩어리이다. 물질(Materie)이라는 단어는 그와 같은 아무런 인상도 지시하지 못하기 때문에 전혀 무의미하다." G. Skirbekk / N. Gilje, *Geschichte der Philosophie – Eine Einführung in die europäische Philosophiegeschichte mit Blick auf die Geschichte der Wissenschaften und die politische Philosophie*, 같은 책, S. 417. ; 그리고 R. Schacht의 "*Classical Modern Philosophers*, 같은 책, pp. 147-148."도 참고할 것.

만일 사유가 단어가 없는 상태로 관념과 결합해 있다고 한다면, 우리는 그와 같은 결합을 직접적이고 직관적으로 이해할 수 있다. 그렇다면 우리가 정신의 존재를 어떻게 이해할 수 있고 한 묶음의 자아를 어떻게 알 수 있는가 하는 점이 중요하다.

> 우리는 내적인 느낌 또는 반성에 의해 우리 자신의 현존을 이해하고, 다른 정신들의 존재는 이성추리(reason)에 의해서 이해한다.
> (Principles, § 89 ; 『원리론』, 211쪽)[52]

여기서는 정신 또는 자아가 지각될 수 있는지 어떤지는 아무런 문제가 되지 않는다. 정신은 감성적 사물이 아니기 때문에 관념이 아니라는 것도 분명하며, 이것은 감성적 사물에 대한 인식과도 다르다. 정신은 결코 감성적 사물이 아니기 때문에, 정신은 분명히 관념이 아니다. 버클리는 여기서 정신을 파악하고 이해하기 위해 '반성'(reflection), '느낌'(feeling) 그리고 '이성추리'(reason)라는 낱말을 사용하고 있다. 하지만 이러한 것들은 우리들로 하여금 정신을 이해하기 위한 사유 수단으로서 다른 개념군(群)으로 인도하는 결과를 낳는다. 말하자면 그 개념군이란 버클리가 그 성격을 '모순적'이라고 규정한 '추상 개념들'을 말한다. 다시 버클리의 말을 들어보자.

> 나는 영적 존재자의 개념을 갖고 있네. 엄밀히 말해서 그것의

---

52 바로 이 주장에서 버클리는 로크와 연결된다. 로크에게서는 외적 지각으로서의 감각이 모든 감성적 내용을 제공하며 반성은 우리 정신의 작용을 통한 내적 지각을 보여준다. 이런 내용에 대해서는 "J. Locke, *An Essay Concerning Human Understanding*, edit. by P. H. Nidditch, Oxford 1975, Book Ⅱ, Chap Ⅰ, § 4." (이하에서 'Essay'로 약칭함)를 참조할 것.

관념을 갖고 있는 것은 아니지만 말일세. 나는 그것을 관념같이 지각하거나 관념을 수단으로 지각하는 것이 아니네. 나는 그것을 반성을 통해 인식하네.[53]

버클리는 '반성'[54] 또는 '이성추리'라는 개념과 관련하여 우리에게 충분한 자료를 제공하지는 않고 있다. 물론 그 역시도 이런 개념들을 가지고 정신의 인식에 또는 자기 인식에 도달하고자 한 것은 사실이다. "즉시, 직관적으로, 내적 느낌 또는 반성(immediately, intuitively, inward feeling or reflection)과 같은 낱말들은 버클리가 반성과 관련하여 지속적으로 사용하고 있다. (……) 이 개념은 우리의 고유한 실존의 확실성에 관하여 직접적이고 비매개적인 확실성을 위한 것이다."[55] 사람들이 이러한 표현을 해석하는 데 대한 입장표명에서 보고 있는 바와 같이, 그 모든 것을 면밀하게 연구하지도 않은 채 사태가 변증법적이라고 규정해버리는 문제가 있다. 그렇지만 버클리는 'notion'의 정의와 관련하여 모든 것을 매우 진지하게 연구하고 있으며, 낱말에 관련해서도 '모순 개념'의 사용법이 무엇보다 중요하다는

---

53 G. Berkeley, *Three Dialogue between Hylas and Philonous*, 같은 책, p. 185. ; 조지 버클리 지음, 한석환 옮김, 『하일라스와 필로누스가 나눈 대화 세 마당』, 같은 책, 205쪽.

54 예를 들어, 다음과 같은 해석이 있다.: "반성은 버클리 철학의 주제이자 방법임에 틀림없다. (이것은 헤겔에게도 분명히 그러하다.) 버클리는 자기 의식적인 반성을 하고 있는 견해에 관해서는 순진하기 짝이 없으며, 그가 말하는 것이 사실이라고 보기를 바라고 있다." G. Eisenstein, *Berkeley's Presence - Metaphysical Development and Dialectical Tension*, In: Idealistic Studies 1988, Worcester, p. 212. ; "반성이라는 낱말의 어원은 뒤로 구부리는 것을 의미한다. 생각해보면 정신이란 (……) 눈앞의 객관을 바라보는 것이다. 반성해서 보면 그것의 시선은 그 자신에게로 쏠려 있고, 시선은 그 자신과 그들 자신의 작용을 향하고 있다." R. N. Lee, *What Berkeley's Notions Are*, In; Idealistic Studies 1990, Worcester, p. 36.

55 R. A. Mall, *Der operative Begriff des Geistes - Locke*, Berkeley, Hume, 같은 책, S. 158.

점을 인정하고 있다. 변증법은 이를 통해서 긍정적인 역할을 수행하게 된다. 물론 버클리 자신은 이와 같은 '정신-개념'(spirit-notion)의 모순성이 거기에 존립하고 있다고 분명하고도 충분하게 말하는 것은 아니다. 그렇지만 사람들은 그런 모순성을 그의 문맥 속에서 끌어낼 수가 있다. 정신-개념이 하나의 '개념'(notion)이기는 하지만, 그러나 동시에 그것은 어떤 관념을 포함하고 있는 게 아니기 때문에 '개념'(concept)이 아니기도 하다. 그는 정신을 '사물'로 나타내 보이기는 하지만, 그렇다고 정신이 사물이 아닌 것은 물론이다. 그는 정신적인 것의 실체성을 암시하기는 하지만, 그러나 정신이 실체인 것은 아니며 오히려 정신은 순수한 활동성이다.

우리는 내적인 느낌 또는 반성에 의해 우리 자신의 현존을 이해하고, 다른 정신들의 존재는 이성추리에 의해서 이해한다. 우리는 우리 자신의 마음과 정신 그리고 능동적인 존재—엄밀한 의미에서 우리는 이것들에 대해서 어떠한 관념도 가지고 있지 않다.—에 대한 약간의 지식이나 개념(Notion)을 갖는다고 말해도 될 것이다. (Principles, § 89 ; 『원리론』, 211쪽)

나는 나의 정신에 대한 그리고 관념과 관계하는 정신의 활동에 대한—내가 이러한 낱말들에 의해서 의미되는 바를 알거나 이해하는 한—어떤 지식이나 개념을 갖는다. 내가 아는 것에 대해서 나는 어떤 개념을 갖는다. (Principles, § 142 ; 『원리론』, 303쪽)

버클리는 사람들이 정신에 관하여 어떤 개념(notion)을 갖는다는 것 그리고 동시에 '정신'이라는 낱말의 의미를 이해한다는 점을 반복해서 강조한다.[56] 이에 대해 버클리는 다음과 같이 말한다.

> 사실상 넓은 의미에서 우리는 관념을 가지거나 또는 오히려 **정신의 개념**(Notion)을 가지고 있다고, 다시 말해서 낱말의 의미를 이해한다고 말하곤 한다. 그렇지 않으면 우리는 이에 대해서 긍정도 부정도 할 수가 없었을 것이다.(Principles, § 140 ; 『원리론』, 299쪽)

이러한 주장은 정신이 '자기 자신을 인식함'(sich-selbst-Erkennen)을 목적으로 하고 있는 게 확실한 것으로 보인다. 그러나 정신이 '자기 자신을 인식함'이라는 게 사물을 인식하는 것과 같은 것은 아니며, 오히려 행위하는 존재, 특히 관념을 산출하는 존재를 인식하는 것이라고 해야 옳다. 그런데 이러한 것은 '다른 정신들'의 인식에 대해서도 타당하다. 다른 정신들을 둘러싼 이러한 앎은 다른 무언가에 의해 매개된 방식으로만 성립할 수 있다.

> 위에 언급된 것으로부터, 우리는 다른 정신들의 작용에 의해서나 또는 우리 안에서 그것들에 의해서 야기된 관념들에 의해서가 아니라면, 다른 정신들의 현존을 인식할 수 없다는 것이 분명해진다. 나는 관념들의 여러 가지 운동과 변화, 결합을 지각한다. 이것

---

56 이에 대해 다음과 같은 해석도 있다.: "버클리가 우리가 마음이나 정신에 대한 개념(notion)을 가지고 있다고 말할 때, 그는 우리가 마음과 정신에 대해 생각하고 말할 수 있다는 것을 의미한다. (……) 하지만 우리가 정신의 개념을, 우리가 그것에 대해 생각하고 말할 수 있는 것 이상의 것을 말할 수는 없다고 말한다면, 버클리는 그렇다는 것을 증명하는 대신에 정신이 상상 가능하다고 주장하는 듯하다." K. P. Winkler, *Berkeley - An Interpretation*, Oxford 1989, p. 281.

들은 나에게, 관념들과 결부해 있고 관념들을 산출하는 데에 협력하는 나 자신과 유사한 어떤 특정한 동인(動因)이 있다는 것을 알려주고 있다. 그러므로 다른 정신들에 대해 내가 가지고 있는 지식은 나의 관념들에 대한 지식처럼 직접적이지 않고, 오히려 관념[상호간의] 매개에 의존해 있다. 이 관념들은, 결과들 또는 동시에 생기는 표시들로서, 나 자신과는 구별되는 동인 또는 정신들에 관련된 것이다.(Principles, § 145; 『원리론』, 307쪽)

여기서 '매개'라고 하는 것은 이성추리에서 일어나는 것이다. 더욱 정확하게 말하자면, 다음의 예에서 볼 수 있는 것처럼 '유추'(Analogieschlüsse)가 무엇보다 중요하다. 버클리는 다른 정신 또는 다른 정신적 존재를 오직 버클리 자신의 관념을 통해서만 인식하는 것으로 보인다. 왜냐하면 그는 자신의 정신 또는 자신의 고유한 자아를, 위에서 살펴보았던 것처럼, 직접적이고 직관적으로 인식하는 반면에, 우리는 다른 정신들을 오직 우리 자신들의 고유한 관념들을 매개로해서만 간접적으로 인식할 수 있다고 말하고 있기 때문이다. 이것은 우리가 다른 정신들의 존재를 이성추리를 통해서 인식하다고 하는 버클리의 견해서 모순되는 것으로 보인다. 게다가 그는 다음과 같이 말하고 있다.

우리가 다른 유한한 영적 존재자들의 존재에 대해 직접적인 증거나 증명될 수 있는 인식을 가지고 있지 않다는 것은 인정하겠네.[57]

---

57 G. Berkeley, *Three Dialogue between Hylas and Philonous*, 같은 책, p. 184-185. ; 조지 버클리 지음, 한석환 옮김, 『하일라스와 필로누스가 나눈 대화 세 마당』, 같은 책, 205쪽.

그러므로 만일 **인간**이라는 [낱말의] 의미가, 우리가 그러하듯이 살아가고, 움직이고, 지각하고, 사유하는 것이라면, 우리는 인간을 이해하고 있지 못한 것이다. 다만 우리로 하여금 그것을 수반하고 나타내는, 우리 자신과 유사한, 사유와 운동의 뚜렷한 원리가 존재한다고 생각하도록 만드는 그러한 어떤 관념들의 집합체만을 알뿐이다.(Principles, § 148 ; 『원리론』, 313쪽)[58]

이것은 버클리의 인식론에서 해결해야 하지만 쉽지가 않은 불가피한 어려운 점으로 보인다. 그 까닭은 한편으로 버클리는 관념, 즉 감성적 사물들을 신의 존재를 증명하는 하나의 표시, 부호[59]라고 간주하지만, 다른 한편으로는 신이 우리에게 관념들의 생산을 보증해주기 때문이다.[60] 만일 우리가 이러한 관점에서 생각한다면, 우리는 버클리에게서 신적인 실체, 즉 정신들의 담지자로서 정신적 존재의 실체가 곧 신으로 이해되고 있음을 알 수 있다.

버클리가 정신의 인식이라는 주제에서는, 고유한 정신뿐만 아니라 '다른 정신들'—상호주관성 문제—의 인식과 마찬가지로, 사물인식의 영역을 떠나고 있다는 것이 분명하다. 그렇다고 해서 그가 이런 점을 피하는 것이 아니라 거기에 대해서도 자신의 고유한 이론을 전개했다는 사실을 분명히 하는 게 중요하다. 그 이론은 결코 새로운 것이 아니었으며, 오히려 터

---

58 버클리의 이러한 주장에 대해 샤하트는 다음과 같이 해석한다.: "다른 마음의 존재는 지각에 의해 직접적으로 확립되지 못하기 때문에 그것은 (만일 가능하다면) 오직 추론에 의해서만 확립될 수 있다. 버클리는 그것이 유비에 의한 논증이라고 알려진 것을 통해서 입증될 수 있다고 생각한다." R. Schacht, *Classical Modern Philosophers*, 같은 책, p. 172.

59 이것은 버클리에 의해서 자연법(Laws of Nature)이라고 불린다. Principles, § 30, 31, 참조.

60 필자는 여기서 신존재 증명에 관해서는 다루지 않을 것이다.

툴리안(Tertullian)과 쿠자누스(Nikolaus von Kues)의 '변증법적' 신학의 후계자의 자리를 차지한다. 이들의 신학에서 정신을 파악하는 개념들은 '반대의 일치'(coincidentia oppositorum), 따라서 모순 개념들로서 이미 오래 전에 도입되었다. 그렇지만 버클리에게서는 그것이 매우 특징적이며, 성공회 주교인 그가 '순수-활동'(actus purus)이라고 정의를 내린 아리스토텔레스-토마스주의 그리고 가톨릭의 정신에 대한 규정과 신에 대한 정의를 넘겨받았다는 사실은 그의 행위개념에서 수미일관함이라고 할 수 있다.

> 우리는 물체의 실체는 알지만, 정신(적 존재)의 실체는 모른다. 왜냐하면 이것은 인식 가능한 것이 아니라, **순수 활동**이기 때문이다. (The substance of Body we know, the substance of Spirit we do not know it not being knowable, it being **purus actus**.)[61]

우리가 정신적 존재의 실체로서의 신을 인식할 수 없다고 하더라도, 그렇더라도 우리는 '신'이라는 낱말을 올바르게 이해하지 않으면 안 된다. 왜냐하면 버클리는 사람들이 지각될 수 없는 어떤 것을, 낱말의 의미를 이해하는 한, 매우 잘 이해할 수 있다고 하는 사실에서 출발하기 때문이다. 그렇기 때문에 필자는 이제 버클리 철학에서 '언어의 오용'에 대한 주제와 '언어의 본질'에 대한 비판이라는 주제로 넘어가고자 한다.

---

61 G. Berkeley, *Philosophical Commentaries*, 같은 책, 701번.

## 4. 로크의 보편적 추상이론에 대한 버클리의 비판

버클리는 "관념이 없이 사용할 수 있는 낱말은 없다."(No word to be used without an idea.)[62]는 말을 자신의 인식론의 중요한 공리로 삼았다. 버클리에 따르면, 그 까닭이 언어의 잘못된 사용은 인식에서 진리를 방해하고 인간으로 하여금 잘못된 인식의 길로 인도하기 때문이다. 버클리는 다음과 같이 말하고 있다.

> 내가 하고 있거나 하는 척 하는 주된 것은 오로지 낱말들을 덮고 있는 안개나 베일을 제거하는 것이다. 이는 무지와 혼란을 야기하고 있다. 이는 학자와 수학자, 변호사 그리고 신학자들을 망쳐놓았다.[63]

버클리는 이러한 견해를 먼저 로크에게서 발견하고 보편 개념 형성과 낱말의 일상적인 사용에 대한 로크의 견해에 이의를 제기하였다. 특히 버클리는 로크의 '보편 관념'과 '보편적 낱말들'에 관한 이론에 반론을 제시하고 있다. 먼저 로크의 말을 들어보자.

> 존재하는 모든 사물들이 단지 개체일 뿐이라면, 우리는 어떻게 일반 명사를 얻게 되는가 또는 우리는 그러한 일반 명사들이 나타내는 일반적 본질을 어디서 발견하게 되는가? 낱말은 일반 **관념**의

---

62 G. Berkeley, *Philosophical Commentaries*, 같은 책, 422번.

63 G. Berkeley, *Philosophical Commentaries*, 같은 책, 642번.

기호가 됨으로써 일반적인 것이 된다.(Essay. Book Ⅲ, Chap Ⅲ, § 6)[64]

버클리는 로크에게서 낱말들의 잘못된 사용은 소위 보편 관념을 형성하는 것과 밀접하게 연관되어 있다는 점을 인지하고 다음과 같은 견해로 비판한다.

> 그렇지만 낱말은 추상적 보편 관념의 기호가 아니라 몇몇 개별 관념들의 기호로서 만들어져 존재함으로써 일반적으로 되는 것으로 보이며, 낱말은 이들 개별 관념들 가운데 어떤 것이든 아무런 차별이 없이 [바로 이 관념을] 정신에 연상시키는 것으로 보인다.(Principles, Introduction, § 11 ; 『원리론』, 서문, 31쪽)

버클리는 로크의 인식론에서 오류의 원천을 '언어'로 보고 있는 것이다. 그런데 로크의 인식론이 생득관념(innate ideas)을 부정하는 것에서 시작한다는 사실은 잘 알려져 있다. 로크는 의식의 모든 내용은 경험에서 유래한다고 주장하며, 이에 대해서는 버클리도 철저하게 동의한다. 로크의 말을 들어보자.

> 그러면 우리가 말한 대로 정신은 모든 특성을 배제하고 어떤 **관념**도 갖지 않은 백지(white paper)라고 가정해보자. 그렇다면 그러한 정신은 어떻게 관념을 갖추게 되는가? 인간의 부지런하고 무

---

64 버클리도 로크의 말을 자신의 『인간 지식의 원리론』에서 그대로 인용하고 있다. "존재하는 모든 사물은 오직 개별적인 사물인데, 우리는 어떻게 일반적인 용어를 획득하는가?" 그는 "낱말들은 보편 관념의 기호가 됨으로써 일반적인 것이 된다." (Principles, Introduction, § 11 ; 『원리론』, 서문, 31쪽)고 말한다.

한한 상상력이 거의 무한정으로 다양하게 그려내는 저 거대한 축적물을 정신은 어디로부터 얻는가? 정신은 모든 추리와 지식의 재료들을 어디에서 얻게 되는가? 이에 대해 나는 그것은 한 마디로 **경험**(Experience)으로부터라고 대답하겠다. 즉 우리의 모든 지식은 경험에 기초해 있고, 궁극적으로 경험으로부터 그 유래를 찾을 수 있다. **외적 감각 대상들에 관한 또는 우리 스스로가 지각하고 반성한 정신의 내적 작용에 관한** 우리의 관찰이 **오성에 모든 사고의 재료들을 공급해 주는 것이다.** 이 두 가지가 우리들이 가지고 있거나 자연스럽게 가질 수 있는 모든 **관념**이 나오게 되는 지식의 원천이다.(Essay. Book Ⅱ, Chap Ⅰ, § 2)[65]

버클리와 마찬가지로 로크에게서도 인식 또는 오성의 객관은 관념이며, 이 관념은 지각과 반성을 통해서 우리에게 주어진 것이다.[66] 로크에게서 '관념'이라는 개념의 어떤 불명료성[67]을 제외하고 보면 버클리도 그에 대해 동의할 수 있을 것이다. 하지만 만일 로크가 의식의 내적 반성을 관념의 기원이라고 고찰한다면, 의견은 즉시 나누어져 버린다.

---

65 I. 벌린 지음, 정병훈 옮김, 『계몽시대의 철학』, 서울 (서광사) 1992, 48쪽.

66 이에 대해 로크는 다음과 같이 말하고 있다.: "정신은 모든 사고와 추리에서 그 자신의 관념을 제외한 다른 어떤 직접적 대상도 갖지 않으며, 정신이 관찰하고, 또 관찰할 수 있는 유일한 것은 오직 관념 뿐이기 때문에 우리의 지식이 오직 관념에 관한 것임이 분명하다." (Essay. Book Ⅳ, Chap Ⅰ, § 1) ; I. 벌린 지음, 정병훈 옮김, 『계몽시대의 철학』, 같은 책, 100-101쪽.

67 코플스톤은 다음과 같이 비판하고 있다.: "예를 들어 로크는 종종 감각적 성질들에 대한 우리의 관념을 말하는 반면에, 평소에는 감각적 성질이 관념이라고 한다. (……) 그는 '관념'이라는 용어를 감각 자료(sense-data)에 대해서 뿐만 아니라, 개념과 보편 관념에 대해서도 사용한다. 그리고 어떤 일정한 경우에 로크가 실제로 말하려고 하는 것을 이

> 우리의 **관념**의 본성을 더욱 자세히 발견하고 관념에 대한 논의를 더욱 알기 쉽게 하기 위해서는, 관념을 그것이 우리 정신 안에 있는 **관념** 또는 지각일 경우와, 그것이 그러한 지각을 우리 안에 일으키는 물체 안에 있는 물질의 변형인 경우로 구별하는 것이 편리할 것이다. 그러면 우리는 관념이 (아마 보통 그렇게 생각하듯이) 정확히 그 주체에 고유한 어떤 것에 대한 심상 또는 **유사물**이라고 생각하지 **않을 수도 있다.**(Essay. Book Ⅱ, Chap Ⅷ, § 7)

그러므로 로크에게서 인식의 객관으로서의 관념은 의식 외부에서 알려지지 않은 채 머물러 있는 물체들에 관하여 의식 안에서 생겨나는 감성적 상(像)인 것이다. 왜냐하면 로크에 따르면 정신은 본래가 백지 상태이고 관념들은 우리의 감각을 통해서 백지 상태인 의식에 들어오게 되며 의식 안에서 우리의 오성을 통해서 질서지어지기 때문이다. 이러한 것을 샤하트(Schacht)는 다음과 같이 명확하게 설명하고 있다. "그러나 로크는 실제로 지각 안에서 일어나는 것은 우리가 어떤 관념—그는 이것을 '지각과 사고와 오성의 직접적인 대상'이라고 부른다.—을 의식하는 것이라고 주장한다. 그것은 현실적인 물리적 대상에 의해 산출될 수 있으며 그 현실적 대상과 여러 가지 방식에서 닮을 수 있지만 그 대상 자체는 아니다. 주어진 물리적 대상의 본질에 대한 우리의 지식은 사물이 감각에 작용한 결과 우리가 갖게 되는 관념의 기능이다. 그러나 그것은 여전히 사물이 우리의 감각에 작용할 때 우리가 의식하는 것이 바로 사물 자체라는 점을 의미하

---

해하는 것은 의심할 바 없이 가능하지만, '관념'이라는 용어의 이러한 부주의한 사용은 명료성이라는 큰 목적에 맞지 않는다." F. Copleston, *A History of Philosophy*, 같은 책, p 77.; F. 코플스톤 지음, 이재영 옮김, 『영국경험론』, 같은 책, 109-110쪽. 이에 대해 "Essay. Book Ⅰ, Chap Ⅰ, § 8"도 참조할 것.

지는 않는다. 사물이 다양한 방법으로 우리의 육체적 감각에 영향을 미쳤기 때문에, 사물이 우리 정신 안에 있을 수 있다고 하더라도—사물은 우리 정신 안에 있지 않으며 관념은 우리 정신 안에 있다."[68]

우리는 로크의 인식론을 모사론(Abbildtheorie) 또는 대응론(Korrespondenztheorie)이라고 명명할 수 있다. 로크는 실재적인 사물들이 인식하는 의식과는 독립적으로 존재한다고 주장하는데, 이것은 모든 실재론(Realismus)의 중요한 전제이다. 실재론의 기본 전제는 현실이 인식과는 독립적으로 존재한다는 것이다. 다시 말하면, 실재적 사물의 현실은 이 현실이 인식되지 않고도 존재한다는 것이다. 이와 같은 실재적 사물을 로크는 인식을 발생시키는 근원인 바의 실체(Substance)라고 부른다. 따라서 우리는 로크의 인식론은 존재론적 물음과 밀접하게 관련되어 있다고 확정할 수 있다. 다시 로크의 말을 들어보자.

> 왜냐하면 이미 내가 말한 바와 같이 이러한 단순 **관념들**이 어떻게 그 자체로 존립할 수 있는가를 상상할 수 없기 때문에, 우리는 그러한 단순 관념들이 그 안에 존립하고 그것으로부터 단순 관념들이 유래하는 **기체**(Substratum)를 상정하는 것이 습관화된다. 그리

---

68 R. Schacht, *Classical Modern Philosophers*, 같은 책, p. 111. ; R. 샤하트 지음, 정영기/최희봉 옮김, 『근대철학사 - 데카르트에서 칸트까지』, 같은 책, 150-151쪽. ; 이런 비판에 대한 로크의 견해는 다음과 같다.: "나는 정신이 그 자신 속에서 지각하는 것 또는 지각, 사고나 오성의 직접적인 대상이 되는 것은 무엇이든 관념이라고 부른다."(Essay. Book Ⅱ, Chap Ⅷ, § 8. ; I. 벌린 지음, 정병훈 옮김, 『계몽시대의 철학』, 같은 책, 57쪽.) "불이나 눈을 이루는 부분의 특정한 크기, 모양, 수, 운동은 누군가의 감관이 그것들을 지각하든 그렇지 않든 간에 관계없이 실제로 그것들 안에 있다. 따라서 그것들은 실재적 성질(real Qualities)이라고 불리어질 수 있는데 그것은 그 성질들이 그러한 물체 안에 실제적으로 존재하기 때문이다."(Essay. Book Ⅱ, Chap Ⅷ, § 17. ; I. 벌린 지음, 정병훈 옮김, 『계몽시대의 철학』, 같은 책, 61쪽.)

하여 우리는 그러한 기체를 **실체**라고 부른다.(Essay. Book Ⅱ, Chap ⅩⅩⅢ, § 1)

그렇다면 우리가 그것에 대해 실체라는 일반 명칭을 부여한 **관념**은, 우리가 그 존재를 발견하는 성질들의 지지물이라고 상정된 알 수 없는 것 이외에 아무 것도 아니다. 우리는 그것이 **그것을 지지하는 어떤 것 없이는** 존속할 수 없는 것이라고 상상한다. 우리는 그 지지물을 **실체**라고 부르는데 그 낱말의 참다운 의미에 따르면, 그것은 **영어**에서 **아래를 받친다**(standing under) 또는 **떠받친다**(upholding)라는 뜻이다.(Essay. Book Ⅱ, Chap ⅩⅩⅢ, § 2)

로크에게서 '실체' 개념은 버클리에게서의 실체 개념과 유사한 면이 있다. 그러나 앞으로 논의하겠지만, 그 적용 영역에서는 완전히 다르다. 로크는 실체를 불명확하고 불명료한 관념으로 간주하고 있다.

실체 관념은 다른 **관념들**이 우리 마음에 들어오는 방식으로 존재하지 않기 때문에 우리는 **명석한 관념**을 전혀 갖지 못한다. 그러므로 우리는 **실체**라는 낱말로 어느 것도 의미하지 못하며 다만 우리가 알지 못하는 것, (즉 우리가 특별한 긍정적인 것을 가지고 있지 않은 어떤) **관념**, 우리가 알고 있는 **관념들**의 **기체**라든가 관념들을 지지한다는 불확실한 가정을 의미할 뿐이다.(Essay. Book Ⅰ, Chap Ⅳ, § 18)[69]

이를 로크는 다음과 같이 다르게 표현하기도 한다.

---

69 R. 샤하트 지음, 정영기/최희봉 옮김, 『근대철학사 - 데카르트에서 칸트까지』, 같은 책, 156쪽 참조.

비록 우리가 지지물이라고 상정한 **그것**에 대해서 어떤 명료한 또는 판명한 **관념**도 가지고 있지 않다는 것이 확실할지라도 우리는 그 지지물을 **실체라는 이름으로 지칭한다.**(Essay, Book II, Chap XXIII, § 4)

버클리는 오로지 로크만 허락하고 있는 바의 감성적 지각에 근거하는 것도 아니고 오성의 능력에 근거하는 것도 아닌, 이와 같은 관념 형성 또는 실체 개념의 형성 방식을 조롱한다. 원래 로크는 그런 관념을 형성하거나 실체 개념을 형성하기 위해서 전혀 새롭고 특별한 지각을 가능케 하는 감각기관을 필요로 해야만 했을 것이다. 이런 점에 대한 버클리의 비판은 통상적인 언어사용에 근거를 두고 있다. 여기서 '통상적인 언어사용'에서 보면 실체는 사람들이 보고 느끼는, 즉 눈과 촉각기관으로 지각하는 바로 그것을 가리키고 있다.[70] 그런데 로크에게서 실체 개념이 실재론적 전제를 근거로 해서도 이미 불분명하다면, 그렇다면 그것은 소위 말하는 '추상 개념'(abstract notions)또는 '추상 관념'(abstract ideas)을 위해서만 비로소 정당성을 얻는다고 할 수 있을 것이며, 이에 대해서는 로크가 이미 이런 개념이나 관념의 형성과 본질에 대해 설명한 바가 있다.

오컴(Ockham)처럼 로크도 추상 개념이나 추상 관념을 '오성이 만들어 낸

---

70 이에 대해서 버클리는 다음과 같이 표현하고 있다.: "우리는 감각이나 반성을 통해서 실체에 대한 관념에는 결코 도달할 수가 없다고 주장하는 철학자가 있다. 그리고 그의 견해는 우리가 그것을 위해 적절한 감각기관을 원한다고 상상하는 듯하다. 정말로 만약 우리가 새로운 감각기관을 가졌다면 그것은 우리에게 새로운 관념만 줄 수 있었을 것이다. 이제 나는 그가 자기 자신에 따라서 실체가 관념이라고 주장하지는 않을 것이라고 생각한다. 나로서는 그 낱말에 대한 그의 의미로 또는 스콜라철학자들의 의미로 실체를 나타낼 수 있는 그 어떤 관념도 가지고 있지 않다. 하지만 사람들은 일반적인 저속한 의미에서 이것을 받아들이며, 그런 후 우리는 실체를 보고 느낀다." G. Berkeley, *Philosophical Commentaries*, 위의 책, 724번. ; "이에 대해 나는, 만일 우리에게 새로운 감각기관이 주어진다면, 우리는 이를 통해서 다만 어떤 새로운 감각이나 감각기관의 관념을 획득할 수 있을 뿐이라고 대답한다."(Principles, § 136; 『원리론』, 293쪽)

허구'(fiction of understanding)로 간주한다. 하지만 로크는 이것들을 모순적인 직관 요소들이 결합된 것이라고 설명하기를 회피하지는 않는다. 버클리는 '삼각형'을 예로 들면서 '보편 개념'을 설명하고 있는 로크의 글을 자신의 저서 『인간 지식의 원리론』(*A Treatise concerning the Principles of Human Knowledge*)에서 그대로 인용하고 있다.

> 우리가 추상 관념에 대해 면밀하게 숙고한다면, 우리는 보편 **관념**이란 정신이 꾸며낸 것이고 정신의 발명품이라는 것을 알게 될 것이다. 이것은 형성되기가 쉽지 않으며, 우리가 상상하기 쉬운 것처럼 그렇게 쉽게 저절로 나타나지는 않는다. 예를 들면, (가장 추상적이고 가장 포괄적이며 가장 어려운 관념이 결코 아닌) **삼각형**에 관한 **보편 관념**을 형성하는 데에 약간의 노고와 숙달조차도 필요 없지 않은가? 왜냐하면 삼각형의 관념은 둔각 삼각형도 직각 삼각형도, 등변 삼각형도 예각 삼각형도 부등변 삼각형도 아니라, 이러한 모든 것이면서 동시에 이러한 것에 관해서는 그 어떤 것도 아닌 삼각형의 관념이 형성되어야만 하기 때문이다.(Essay, Book IV, Chap VII, § 9)[71]

버클리는 삼각형의 '관념' 또는 삼각형의 '추상 개념'이 삼각형의 구체적이고 감성적인 직관에 근거하지 않으면 안 된다는 점에서 로크와 의견 일치를 보이고 있다. 그러나 로크는 여러 가지 다른 삼각형들(즉 직각 삼각형, 둔각 삼각형, 등변 삼각형 등)에 대한 상이한 직관을 하나의 유일한 직관으로

---

71 버클리는 자신이 인용한 로크의 동일한 글 가운데 로크가 강조하는 것과는 달리 '보편 관념'에 초점을 맞추면서 다음과 같이 다른 설명을 강조하고 있다.: "이러한 모든 것이면서 동시에 이러한 것에 관해서는 그 어떤 것도 아닌 (all and none of these at once) 삼각형의 관념"(Principles, Introduction, § 13; 『원리론』, 서문, 34쪽)

합일시키려는 시도를 하고 있다. 이러한 시도는 '보편적 삼각형'이란 오직 하나에만 존재하고 다른 것에는 결핍되어 있는 모든 특징과 속성을 증명하지 않으면 안 된다는 결과를 낳았다. 바로 이것으로 인해서 로크에게서 삼각형 개념이 모순적으로 되어버렸다. 즉 로크의 '보편적 삼각형 개념'은 모든 삼각형을 규정하면서도 동시에 그 어떤 삼각형도 규정하지 못하고 있는 것이다. 로크는 보편자 모두를 '용어상의 모순'(contradictio in terminis)에 빠지게 하는 이러한 '추상 개념'의 모순성을 인정하였다. 보편 개념의 모순성이라는 이와 같은 특징이 로크에게는 유명론적(nominalistic) 주제를 위한 근거로 작용했는데, 여기서 유명론적 주제란 이러한 '오성이 만들어 낸 허구'는 현실에서 그 어떤 짝도 갖고 있지 못하다는 것이며, 이것은 아리스토텔레스(Aristoteles)가 자신의 모순론에서 반복해서 강조한 것이다. 다시 로크의 말을 들어보자.

> 사실상 이것은 존재할 수가 없는 어떤 불완전한 것이다. 하나의 **관념** 속에는 여러 가지 상이한, 서로 모순되는 **관념들**의 부분들이 함께 있다.(Essay, Book Ⅳ, Chap Ⅶ, § 9)[72]
>
> 앞서 말한 것으로 미루어 **일반자**와 **보편자**는 사물들의 실재적 존재에 속하는 것이 아니라 오성의 필요에 의해서 만들어진 **오성의 고안물이자 창조물들이며** 낱말이건 **관념들**이건 간에 **기호들에 관한 것**일 뿐이다. 낱말들은 흔히 말해지듯이 일반 관념들의 기호로 사용될 경우 일반적인 것이 되며 따라서 다양한 개별적 사물

---

72 위의 각주 '53'과 마찬가지로, 버클리는 자신이 인용한 로크의 동일한 글 가운데 로크가 강조하는 것과는 달리 '모순'에 초점을 맞추면서 다음과 같이 다른 설명을 특별히 강조한다.: "하나의 관념 속에는 여러 가지 상이한, 서로 모순되는(inconsistent) 관념들의 부분들이 함께 있다."(Principles, Introduction, § 13; 『원리론』, 서문, 35-37쪽)

들에 무차별적으로 적용될 수 있다. 그리고 **관념들**은 여러 특수한 사물의 표상으로서 확립될 때 일반적인 것이 된다. 그러나 보편성은 사물 그 자체에 속하지 않는다. 사물 그 자체는 모두 그 존재상 특수한 것들이며, 심지어 의미에 있어서는 일반적인 낱말들과 **관념**들조차 그렇다. 그러므로 개별자들을 제외시킬 경우 나머지 일반자들도 오직 우리가 만들어 낸 피조물들이며, 그것들의 일반적 본성은 오성이 다양한 개별자들을 의미하거나 표상하는 데 사용할 수 있는 능력에 있다. 왜냐하면 그 일반자들이 지니고 있는 의미 연관은 인간 정신이 그것들에게 부여한 하나의 관계와 다르지 않기 때문이다.(Essay, Book Ⅲ, Chap Ⅲ, § 11)[73]

그런데 만일 로크가 인정하는 것에 따라서 보편 개념이 모두 '모순'이라면 그리고 (전통 논리학의 모순율에 따라서) 모순이 원래 무(無)—무는 의미론적으로 그 어떤 본질도 지니지 못한다.—와 관계하고 있다면, 그렇다면 보편 개념은 '그 어떤 인식도 보증할 수가 없다'. 그러므로 실제로 인식에 기여한다고 알려진 '추상 개념'을 형성하는 로크의 이론에는 어떤 잘못이 있음에 틀림없다. 이에 반해서 버클리는 다음과 같이 분명하게 비판하고 있다.

추상 관념이 수반하는 어려움과 추상 관념을 형성하는 데에 필수적으로 요구되는 노력과 기술에 대해서는 여기서 많이 언급되었다. 그리고 우리의 사유를 개별적 대상과 분리시켜서 추상 관념에 관련되어있는 고도의 시번으로 고양시키는 일은 정신이 엄청

---

73 I. 벌린 지음, 정병훈 옮김, 『계몽시대의 철학』, 같은 책, 84-85쪽.

난 노고를 필요로 한다는 점은 모든 방면에서 의견일치를 보이고 있다. 여기에서 나타나는 자연스러운 결론은, 추상 관념을 형성하는 것과 같이 힘든 일은 모든 계층의 사람들에게 쉽고 일상적인 것이어야 하는 [사상을] **전달하는** 데에 필수적이 아니라는 점이다. 그렇지만 우리는 만일 추상 관념들이 성인들에게는 명확하고 쉬운 것으로 보인다면, **그것은 성인들이 오직 추상 관념들을 지속적이고 일상적으로 사용함으로써 그렇게 만들었기 때문**이라고 말한다. 그래서 나는 이제 사람들이 이러한 어려움을 극복하고 그것[즉 추상관념들]을 토의하기 위한 필수적인 수단을 제공하는 데에 종사했던 것이 어떤 시대였던가를 간절히 알고 싶다. 이것은 사람들이 성인이 되었을 때에 행해질 수 있는 것은 아니다. 왜냐하면 이 시기에 사람들은 그와 같은 노고를 결코 의식하지 못하는 것처럼 보이기 때문이다. 그러므로 남는 것은 그렇게 하는 것이 그들의 어린 시절의 일이라는 사실이다. 그래서 추상적 개념(abstract notions)을 형성하는 데에 엄청난 노력을 쏟아 붓는다는 것이 철없는 시기의 연령층에게는 매우 어려운 과제라는 것은 의심의 여지가 없다. 만일 한 쌍의 어린이가 사전(事前)에 수 없이 많은 모순들을 서로 결합시키지 않아서, 그들의 정신 속에서 **추상적 보편 관념**을 형성하지 못하고, 이러한 관념에 대해서 자신들이 사용하는 공통적인 명칭을 가지고 있지 않다고 해서, 그들이 자신들의 사탕과 딸랑이 장난감 그리고 그 밖의 자질구레한 것들에 관하여 서로 재잘거릴 수는 없을 것이라고 상상해 보는 것이 어려운 일인가?(Principles, Introduction, § 14; 『원리론』, 서문, 39쪽)

로크의 의미에서, 즉 모순 개념을 염두에 두는 추상 개념의 형성은 인간 정신의 능력을 매우 잘 보여주는 것이며, 버클리는 그와 같은 개념(notions)의 긍정적 사용을 정신의 활동에 적용한다. 하지만 이런 개념들은 그 어떤 경우에도 사물 인식에는 기여하지 못한다는 점을 버클리는 분명히 하고 있다. 그러므로 로크의 의미에서 삼각형의 추상 관념은, 버클리에 따르면, 실제로 삼각형의 보편 개념일 수가 없다. 보편 개념을 형성하는 것에 대한 버클리 고유의 이론은 주지하다시피 보편 개념의 '대표이론'(Repräsentationstheorie)으로 전개되고 있다. 버클리의 말을 들어보자.

> 내가 이해하는 바로는, **보편성**(Universality)이란 어떤 사물에 관한 절대적이고 긍정적인 본질이나 개념작용(Conception) 속에 존재하는 것이 아니라, 그 어떤 사물과 이 사물에 의해 의미되거나 대표되는 [다른] 개별자와의 관계 속에 존재한다. 이런 관계 덕분으로 본성상 **개별적**으로 있는 사물들, 명칭들 또는 개념들(notions)은 **보편적**으로 된다. 따라서 만일 내가 삼각형에 관한 어떤 명제를 증명한다면, [사람들은] 내가 삼각형의 보편적 관념을 목표로 한다는 것을 가정할 것이다. 그러나 이것은 마치 내가 등변 삼각형도 부등변 삼각형도 예각 삼각형도 아닌 삼각형의 관념을 형성할 수 있는 것처럼 이해되어서는 안 된다. 오히려 내가 고찰하는 개별적 삼각형은, 이러저러한 종류에 아무런 문제가 되지 않고 모든 종류의 직선 삼각형을 균등하게 대표하거나 그 대신에 존립하는 것, 이러한 의미에서 **보편적**이다. 이 모든 것은 매우 분명해서 여기에는 어떤 어려움도 없는 것처럼 보인다.(Principles, Introduction, § 15; 『원리론』, 서문, 41쪽)

그러므로 버클리는 "보편 관념의 존재를 절대적으로 부정하는 것이 아니라 추상적 보편 관념의 존재만을 부정하는 것이다."[74] 왜냐하면 버클리에게는 비록 관념이 "보편자의 기능을 넘겨받기는 하지만 여전히 구체적이고 개별적인 상태로 남게 되기"[75] 때문이다. 버클리는 모든 개별 삼각형에서 공통적으로 존재하는 감성적 특징들만을 삼각형의 보편 개념에 남겨두고자 하며 공통적이지 않은 것, 즉 서로 상이한 삼각형들에서 구별되는 특징들은 제외한다. 이는 익히 잘 알려진 '귀납의 규칙'에 따라서 행해진다. 버클리는 삼각형의 예에서 모든 개별 삼각형에 고유한 것, 즉 개별 삼각형의 '종차'(spezifische Differenz)를 그 개별 삼각형만의 것—정삼각형의 특징, 이등변 삼각형의 특징 등—으로 제외하고 모든 개별 삼각형에 공통적인 것, 즉 '유적 특징'(generisches Merkmal)만을 보존한다. 버클리는 이런 방식으로 형성된 삼각형의 보편 개념을 "세 개의 직선에 의해 둘러싸인 평면"(*a plain Surface comprehended by three right Lines*)(Principles, Introduction, § 18; 『원리론』, 서문, 49쪽)이라고 정의하였다.

항상 그랬던 것처럼 이런 정의는 임의의 변과 각을 가진 모든 삼각형을 분명히 충족시킨다. 또한 이 정의는 지각할 수 있는 모든 삼각형에서 가시적이고 직관적인 더 많은 특징이 없어도 명백하게 그대로 유지된다. 이를 위해서는 오로지 세심하게 지각하기만 하면 되는데, 그러면서 동시에 지각할 수 있는 다른 모든 특징을 제외하기만 하면 된다. 이렇게만 하면 '감성적' 관념, 즉 삼각형의 '보편 개념'이 실제로 주어지게 된다.

만일 이제 우리가 우리의 낱말들에 [특정한] 의미를 부가한다

74 이에 대해서는 "Principles, Introduction, § 12"와 "R. Metz, *George Berkeley*, 같은 책, S. 70."을 참고할 것.

75 R. Metz, *George Berkeley*, 같은 책, S. 70.

면, 그리고 마음에 품고 있는 것에 대해서 언급한다면, 우리는 그 자체로 개별적인 것인 하나의 관념은 그와 동일한 종류의 모든 다른 개별 관념을 대표하거나 그것을 대신하는 데에 사용됨으로써 보편적으로 된다고 하는 사실을 인정하지 않으면 안 된다고 생각한다.(Principles, Introduction, § 12; 『원리론』, 서문, 33쪽)

버클리에 따르면 이제 임의의 모든 개별 삼각형은 다른 모든 삼각형을 '대리'하거나 '대표'할 수 있다. 이를 근거로 봤을 때 우리가 버클리의 보편 개념 형성 이론을 '대표이론'이라고 부르는 것은 정당하다고 할 수 있다.[76]

## 5. 버클리에게서 'Notion'의 의미

필자는 지금까지 버클리 인식론에 있어서 지각 또는 인식에서 객관들은 우리의 감각기관을 통해서 지각된 관념 이외의 다른 무

---

76 버클리의 보편 개념 형성 이론을 다음과 같이 기호론(Zeichentheorie)이라고 부르는 것은 무척 엉뚱하게 보인다.: "버클리의 보편성 개념은 추상성을 포함하지 않는다. 버클리가 확정한 보편자는 보편적 관념이라고 간주된 일반 관념(general idea) 또는 개별 관념(particular idea)처럼 경계가 설정된 관념 안에 존재하는 게 아니며, 오히려 보편성은 관계 속에, 예를 들어 어떤 임의의 삼각형이 다른 삼각형을 위해 존립할 수 있는 관계 속에 존재한다. 그리고 관계란 기호의 연관관계이다. 보편성은 기호로서의 임의의 어떤 삼각형이 다른 모든 임의의 삼각형을 위해 이용될 수 있음으로써, 즉 하나가 다른 모든 것을 위하여 존립함으로써 성취되는 것이다." M. Fau, *Berkeleys Theorie der visuellen Sprache Gottes – Ihre Bedeutung für die Philosophie des Immaterialismus und ihre historischen Wurzeln*, Frankfurt/M. 1993, S. 69.

엇이 아니라는 점을 제시하였다. 이러한 관념에 명칭을 부여하는 자는 감성적 관념을 인식하는 '정신'이다. 정신은 객관을 인식하는 '주관'일 뿐만 아니라 자기 스스로를 인식하는 '주관'이기도 하다. 그렇다면 버클리의 인식론에서 주관은 어떻게 이해될 수 있으며 어떤 의미를 갖는가? 버클리에게서 주관은 감성적 관념을 지각하는 능동적 존재이며 이것을 버클리는 '마음, 정신, 영혼 또는 자기 자신'(mind, spirit, soul or myself)이라고 칭한다. 여기서 필자는 이미 앞에서 인용한 바 있는 버클리의 말을 한 번 더 인용하고자 한다.

> 그러나 내가 보는 바로는 **의지**와 **영혼**, **정신**이라는 낱말은 상이한 관념들을 표시하는 것이 아니거나 참으로 관념을 표시하는 것이 결코 아니라, 오히려 관념과는 매우 다른 것이며, 그것은 어떤 행위자(an Agent)이기 때문에 결코 어떤 관념과 유사한 것이 아니거나 관념을 통해 대표될 수도 없는 것이다. 그렇지만 동시에 우리가 영혼과 정신의 어떤 개념(Notion), 그리고 의욕한다, 사랑한다, 증오한다와 같은—우리가 이러한 낱말의 의미를 알고 이해하는 한—마음의 활동에 관한 어떤 개념을 가지고 있다는 점이 인정되지 않으면 안 된다.(Principles, § 27; 『원리론』, 109쪽)

먼저 여기서는 '개념'(notion)이 감성적 '관념'과 다르다는 사실이 반드시 강조되어야 한다. 감성적 관념은 그 자체가 동시에 감성적 사물이지만, 반면 '개념'(notion)은 "의욕하고 사랑하며 증오한다"(willing, loving, hating)와 같은 정신적 행위에 상응한다. 감성적 사물을 인식함에 있어서 정신은 완전히 '수동적'이지만, 이 정신이 정신적 행위를 인식하는 활동을 할 때는 '능동적인 태도'를 취한다. 우리가 관념들에다 명칭을 부여한다는 것은 이미 정신적 활동을 하고 있음을 의미한다. 그렇기 때문에 이것은 객관에 대한 인식이 아니라 객관을 인식하는 '인식활동'(das Erkennen)이다. 우리는 정신에 관해서는 그 어떤 관념도 소유하고 있는 게 아니다. 왜냐하면 정신은 '지각됨'(percipi)에 있어서 사물로서가 아니라 '지각활동'(percipere)에서 행위로서 분명히 나타나기 때문이다.

이에 반해서 로크는 '보편 관념'이 감성적 관념으로부터 생겨날 수 있다고 하면서 '개념'(notion)에 대해서 완전히 다르게 말하고 있다.

> **마음**은 흔히 **이렇게** (혼합된 양태들의) 여러 가지 **조합으로 이루어진 활동적인 힘을 발휘한다**. 일단 단순 관념이 갖추어지면, 그것들을 몇 개의 구성으로 조합할 수 있고, 복합 **관념들**을 만들어 낼 수 있기 때문에, 그것들이 자연에서 그렇게 함께 존재하는지 검사하지는 않는다. 그래서 나는 이런 **관념들**을 **개념**(notions)이라고 부른다고 생각한다. 그리고 마치 그것들이 사물의 실재라기보다는 인간의 사고 안에서 원래의 지속적인 존재를 지니고 있는 것처럼 말이다. 그런 **관념**을 만들기 위해 마음이 그것의 일부를, 그것이 실재하는 존재인지 어떤지는 고려하지 않은 채, 그것이 오성 안에 일관되게 있었다고 하는 것은 놀라운 일이었다.(Essay, Book II, Chap XXII, § 2)

로크는 여기서 정신에 의해 형성된 복합 관념들, 즉 정신이 자신의 '힘'(power)을 수단으로 해서 단순 관념들을 서로 결합시킨 복합 관념들을 'notions'라고 부른다. 그러나 로크에 따르면 힘들은—비록 모든 힘이 동일하지는 않더라도—정신 안에도 단순 관념들 안에도 그리고 복합 관념들 안에도 존재한다. 그러한 힘들은 한편으로는 함께 작용하며 다른 한편으로는 서로 대항 작용을 하기도 한다. 로크에 따르면 또한 그러한 힘들은 결코 인식될 수가 없다.[77] 여기서 다음과 같은 결론이 도출된다. 즉 로크는 인식할 수 없는 관념들을 서로 결합시키고, 그런 후 추상적이고 복합적인 관념들을 형성하여 이것을 'notions'(개념들)라고 칭한다.[78] 더구나 위에서 살펴본 바와 같이, 'notions'는 그 근원을 인간 사유에 두고 있는데, 로크는 그런 '개념들'(notions)이 실제로 존재하는지 어떤지에 대해서는 전혀 고려하지 않은 채 자신의 주장을 내세웠던 것이다.

버클리에 따르면 감성적으로 지각할 수 있는 사물들 안에는 그 어떤 힘도 활동도 존재하지 않는다. 여기서 버클리의 말을 들어보자.

> 우리의 모든 관념과 감각 또는 우리가 지각하는 그러면서 언제나 명칭을 통해 표시된다고 하는 사물들은 눈에 보이는 활동이 없이도 분명하다. 이것들은 힘이나 작용에 관한 그 어떤 것도 포함하고 있지 않다. 그래서 하나의 관념 또는 하나의 사유대상은 다른 대상 속에서 산출될 수 없거나 그 어떤 변화도 일으킬 수가 없다. 이 명제의 진리를 확증하기 위하여 우리는 단지 우리의 관념을 관찰하기만 하면 된다. 왜냐하면 이 관념과 관념의 구성요소들 각각은 다만 정신 속에만 존재하기 때문이며, 이에 따라서 이 관

---

77 예를 들면, 로크는 '자석'에 대해 다음과 같이 말하고 있다.: "그러한 힘(power)들은 우리가 그것을 주목하거나 그것에 관해 생각하는 한 오직 감각 가능한 단순 관념에 국한된다. 왜냐하면 자석이 미세한 철의 입자들에 어떠한 변화를 일으키는 힘을 갖는다 해도, 우리는 자석이 철에 작용하는 데 갖는 힘에 대한 어떠한 개념도 갖지 못하며 그 힘을 감각적으로 느끼지도 못할 것이기 때문이다."(Essay. Book Ⅱ, Chap XXⅢ, § 9. ; I. 벌린 지음, 정병훈 옮김, 『계몽시대의 철학』, 같은 책, 75쪽.)

78 왜냐하면 로크에 따르면 '관념'(idea)과 '개념'(notion) 사이에는 원칙적으로 아무런 차이도 존재하지 않기 때문이다. 이에 대해서는 "Essay. Book Ⅰ, Chap Ⅰ, § 8."을 참고할 것.

> 념 속에는 지각되는 것이 아무 것도 없다는 사실이 뒤따른다. 감각기관이나 반성의 매개를 통해 [지각된] 관념에 주의를 하는 사람은, 그 어떤 힘이나 활동도 이 관념 속에서 지각하지는 않을 것이다. 따라서 이러한 관념 속에는 힘이나 활동과 같은 것들이 아무 것도 포함되어 있지 않다.(Principles, § 25; 『원리론』, 105쪽)

만일 관념들이 스스로의 힘을 지니고 있다면, 그렇다면 관념들은 (다른) 관념들을 위한 물질적 실체로서의 '원인'이지 않으면 안 된다. 그렇지만 정신은 그러한 관념들을 지각할 수가 없다. 따라서 관념들의 원인으로서의 그와 같은 힘은 '정신적인 힘'임에 틀림없다. 버클리는 이와 같은 힘을 '자유 의지'(volition)이라고 했다.

> 힘이 없는 자유 의지는 있을 수 있다. 하지만 자유 의지가 없는 힘은 존재할 수 없다. 힘은 자유 의지를 내포하며 동시에 부수적인 의미로서 자유 의지에 뒤따르는 결과를 포함한다.[79]

의지는 관념들을 산출한다. 하지만 이러한 능동적이고 생산적인 존재는 수동적이고 비활동적인 감성적 관념처럼 인식될 수가 없다. 그렇기 때문에 버클리는 인식을 '관념에 대한 인식'과 '정신에 대한 인식'이라는 두 가지로 구별하는 것이다.[80] 그렇다면 우리는 정신을 어떻게 인식할 수 있는가? 지각(percipere)의 주관으로서 정신은 지각됨(percipi) 안에 존재하지 않기 때문에, 관념과 같은 감성적 객관은 아니다. 그럼에도 불구하고 정신은 인식

---

79 G. Berkeley, *Philosophical Commentaries*, 같은 책, 699번.

80 "Principles, § 86"을 참고할 것.

활동에서 스스로를 객관으로 삼는다. 이러한 것은 이미 앞에서 인용한 바 있는, 모순 개념—notion—을 매개로 하는 '변증법적' 인식 방식으로 나아간다.

이제 필자는 버클리가 'notion'에 대해서 어떻게 말하고 있는지에 대해서 주의를 집중하고자 한다.

> 결과를 산출하거나 이에 함께 작용하는 원인에 대한 개념(Notion)으로써는 완전히 설명이 불가능해서 (……) (Principles, § 66; 『원리론』, 173쪽)
>
> 여기서 규정된 물질 개념으로서는, 더 이상 **정신**과 **관념**, 지각하는 자와 지각되는 자와는 다른 사물의 현존에 관한 문제가 아니다. (Principles, § 71; 『원리론』, 181쪽)
>
> 내가 아무 것도 모르고 있는 추상적이고 불명확한 **존재** 또는 **원인**이라는 개념 (……) (Principles, § 74; 『원리론』, 187쪽)
>
> 사유하지 않는 실체에 대한 개념(Notion) 또는 연장, 운동 그리고 감성적으로 [지각할 수 있는] 다른 성질들을 지지하는 것에 대한 개념 (……) (Principles, § 76; 『원리론』, 189쪽)
>
> 추상적 보편 관념을 형성할 능력이 있다고 주장하는 사람들은, 스스로 말하듯이, 마치 자신들이 모든 개념들 가운데 가장 추상적이고 가장 보편적인 개념, 즉 나에게 있어서는 모든 개념들 가운데 가장 파악하기 힘든 개념인 바의 관념을 가지고 있는 것처럼 말한다는 점을 나는 사실상 인정한다. (Principles, § 81; 『원리론』, 197쪽)
>
> 우리는 이와 같은 방식으로 사물들 간의 또는 관념들 간의 관계를 인식하고 이러한 관계에 대한 개념을 갖는다. (Principles, § 89; 『원리론』, 211쪽)

나는 시간에 대한 개념을 결코 갖고 있지 않으며 (……) (Principles, § 98; 『원리론』, 225쪽)

모든 개인과 모든 개별적 행위로부터 추상된 보편적 개념들 (……) (Principles, § 100; 『원리론』, 229쪽)

**창조자**의 위대함과 지혜 그리고 선에 대한 우리의 개념들 (……) (Principles, § 109; 『원리론』, 243쪽)

그러므로 그들은 자신들의 개념(Notions)을 확정하기 위해서, 물체적 세계는 한계가 있는 것이라고 생각하는 것처럼 보이며 (……) (Principles, § 114; 『원리론』, 253쪽)

우리는 위의 인용문에서 'notion'[81]이라는 낱말이 적용되고 있는 모든 대상이 결코 감성적 인식이나 직관적인 사유의 객관이 아니라는 점을 잘 알아차릴 수 있다.

관념은 사유의 객관 또는 주관이다. 내가 사유하는 것은 아마 존재할 것이며, 나는 그것을 관념이라 부른다. 사유 그 자체 또는 사유 과정은 결코 관념이 아니다. 그것은 어떤 활동, 즉 자유 의지이며, 결과와는 구별되는 것으로서의 의지이다.[82]

---

81 브래컨은 버클리에 있어서 '실체'를 notion과 관련하여 다음과 같이 말한다.: "버클리에게 있어서 notion은 관념의 언어로 표현할 수 없는 것들에 대해 언급할 때, 그가 사용하는 용어들이다. (……) 실체는 활동적이다. 활동성은 오직 개념적으로만 알려져 있다. notion이나 개념(concept)은 실체의 자연스러운 기호이다. 그러나 버클리에게서는 오직 마음만이 실체이다. 이것은 아마도 그가 개념(concept)보다는 notion에 대해 이야기하는 것을 더 선호하는 한 요인일 것이다." H. M. Bracken, *Berkeley*, London 1974, p. 135, 139.

82 G. Berkeley, *Philosophical Commentaries*, 같은 책, 808번.

그런데 버클리는 정신 또는 개념(notion)을, 당연히 이것을 정의하지 않고도 매우 잘 이해할 수 있다고 주장한다.[83] 어쨌든 그는 "우리는 낱말의 의미를 이해한다."(We understand the meaning of the Word.)(Principles, § 140; 『원리론』, 299쪽)고 그리고 "이것은 결국 낱말의 사용에 관련된 문제이다."(This is after all an affair of verbal Concern.)(Principles, § 142; 『원리론』, 303쪽)라고 강조하고 있다. 그럼에도 불구하고 그는 다음과 같이 말한다.

> 사람들은 자신들이 정신의 힘과 활동에 대한 추상적 개념을 형성할 수가 있고, 이것을 마음이나 정신 자체뿐만 아니라 이것들의 각각의 대상 및 작용들과 분리시켜서 고찰할 수 있다고 생각하였다. 이로써 추상적 개념을 뜻한다고 하는, 매우 많은 애매하고 다의적인 용어들을 형이상학과 도덕에 끌어 들였으며, 이로부터 학자들 간에 무수한 소동과 논쟁이 생겨난 것이다.(Principles, § 143; 『원리론』, 303-305쪽)

이미 살펴본 것처럼 버클리는 관념과 개념(notion)을 엄밀하게 구별하고 관념은 사람들이 영혼이나 정신이라고 부르는 것을 위한 그 어떤 인식 수단도 아니라고 계속 되풀이해서 강조한다.

---

83 그래서 버클리는 "바로 이런 이유로 나는 아마도 나 자신의 영혼, 연장(extension) 등을, 이것을 정의하지 않고도 분명하고도 충분히 이해할 수 있을 것이다."라는 말을 한다. G. Berkeley, *Philosophical Commentaries*, 같은 책, 178번. ; 버클리의 이런 견해에 대해 윙클러는 다음과 같은 주석을 붙인다.: "의지와 지각 활동의 구체적인 실천과 관계없이 우리를 추상 개념(notion)으로 이끌어 주는 정신에 대한 개념(notion)이 더 명확해지기는 힘들 것이다. (……) 우리는 우리 자신을 반성함으로써, 내면으로 방향을 전환함으로써 정신의 개념(notion)에 도달한다." K. P. Winkler, *Berkeley - An Interpretation*, 같은 책, p. 279, 282.

나 자신인 것, 내가 나(I)라는 용어로서 나타내는 것은 **영혼** 또는 정신적 실체에 의해서 의미되는 것과 같다. 만일 이것이 말싸움에 불과하다면, 그리고 다른 명칭들의 직접적인 의미가 만장일치로 **관념**이라고 불린다면, **정신**이나 영혼이라는 명칭에 의해서 표시되는 것은 어찌하여 바로 그렇게 동일하게 호칭될 수는 없는가 하는 점에 대한 이유를 댈 필요는 없다. 나의 대답은 다음과 같다. 정신의 사유하지 않는 모든 대상은, 전적으로 수동적이라는 점에서 그리고 그 현존이 단지 지각됨에 있다는 점에서 서로 일치하며, 이에 반해서 영혼이나 정신은 능동적인 존재, 즉 그 현존이 지각됨에 있는 것이 아니라 관념을 지각하는 속에 그리고 사유 속에 있는 존재이다. 그러므로 완전히 다르고 서로 닮지 않은 [존재의] 다의성(多義性)과 본성의 혼란을 막기 위해서 **정신**과 **관념**을 구별하는 것이 필요하다.(Principles, § 139; 『원리론』, 297쪽)

이와 같은 구별은 인식의 구별에, 즉 한편으로는 객관의 인식에, 다른 한편으로는 인식 자체의 활동을 구별하는 데에 근거를 두고 있다. 버클리에 따르면 객관의 인식은 지각에 기인하며, 이 반면 인식 활동은 정신의 자기 인식이다. 말하자면 버클리는 정신의 자기 인식이 있다는 사실을 전제하고 있는 것이다. 왜냐하면 우리는 정신의 자기 인식을 언어를 통해서 나타낼 수 있기 때문이다.[84] 다시 말하면, 정신은 감성적 사물을 지각하며

84 이에 대해서는 다음과 같은 버클리의 말을 참고할 필요가 있다.: "하지만 나는 영적 존재자 내지 사고 활동을 하는 실체인 내가 나의 관념들이 존재함을 내가 알고 있는 것과 같은 정도로 확실하게 존재한다는 것을 알고 있네. 그밖에도 나는 내가 나와 내 자신이라는 표현으로써 무엇을 이해하는지를 알거니와, 이를 나는, 물론 내가 삼각형이나 색 또는 소리를 지각하는 것과는 다르긴 하지만, 직접적으로 또는 직관적으로 아네. 정

지각된 사물과 관념 간의 관계를 사유하고, 동시에 자신을 행위하는 존재로서 인식한다.

로크가 '추상 개념'이라고 칭한 'notion'이라는 낱말을 버클리는 완전히 긍정적인 의미에서 정신을 나타내는 것으로 받아들였다는 사실은 매우 주목할 만한 가치가 있다. 이미 앞에서 고찰한 것처럼, 버클리는 로크의 추상 개념, 즉 'notion'을 '모순 개념'이라고 비판하였다. 더 자세하게 말하면 그것은 '형용의 모순'(contradictio in adjecto)이며, 버클리는 이에 대해 논리적 지위를 부여하였다.

그와 같은 모순 개념들이 쿠자누스(Cusanus)같은 위대한 신학적 전통에서 정신을 파악하고 이해하는 수단으로 이용되었다는 사실이 알려진 것은 이미 오래되었으며, 필자도 앞에서 언급한 바 있다. 그렇기 때문에 버클리가 성공회 주교로서 그러한 사유 수단을 정신을 파악하고 이해하는 데 이용했다는 사실도 결코 우연이 아니며 또한 사소한 일도 아니었다. 정신은 오로지 '변증법적 개념들'로, 따라서 'notions'에 의해서만 파악되고 인식될 수 있을 뿐이다. 그렇지만 정신은 직관적이고 감성적인 관념은 아니며, 말하자면 아무런 모순이 없는 논리적 규칙에 따르는 보편 개념인 것은 아니다.

버클리가 그리고 그의 시대가 인식을 위한 모순 개념들의 구조와 실

---

신이나 영적 존재자 또는 영혼은 사고하고 행동하고 지각하는, 불가분적인, 비(非)연장적인 무엇이네. 내가 불가분적이라고 말하는 것은 비연장적이기 때문이요. (……) 그리고 관념들을 지각하고 사고하고 의욕하는 것은 물론 그 자체 관념도 아니고 관념과 유사한 것도 아니네. 관념들은 비능동적이고 지각의 대상이 되는 사물들이요, 영적 존재자들은 그것들과는 전적으로 다른 부류의 존재자들이네. 그러므로 나는 내 영혼을 관념이라거나 관념과 유사한 것이라고 말하지 않네." G. Berkeley, *Three Dialogue between Hylas and Philonous*, 같은 책, p. 183. ; 조지 버클리 지음, 한석환 옮김, 『하일라스와 필로누스가 나눈 대화 세 마당』, 같은 책, 201-202쪽.

행 능력에 대한 풍부한 논리적 이론을 마음대로 처리하지는 못했다는 사실이 버클리에게 인정되지 않으면 안 된다. 그렇기 때문에 버클리가 실행한 것들은 정신과 정신의 '행위'의 인식에 관련해서 상대적으로 불충분하고 소극적이며 매우 소심할 수밖에 없었던 것이다. 하지만 그가 행한 것들은 다음과 같은 그의 주제를 근본적으로 탄탄하게 하는 데에는 충분히 분명했다고 할 수 있다. 즉 정신과 정신의 활동(지각함, 의욕함 등)은 '모순 개념'의 지원을 받으며, 이는 만일 정신이 사물의 관념이나 사물의 실체처럼 생각될 때, 그렇지만 동시에 정신이 사물도 아니고 실체도 아니라는 것을 알 때 그러하다. 정신은 본질적으로 행위하는 자이고 활동성이지만, 그렇지만 정신은 물체적 운동과 변화의 감성적 관념들에 의해서 획득된 활동성이 아니라는 것을 안다. '정신', '의욕함', '사유함' 등과 같은 낱말을 가지고 언어가 나타내는 것은 논리적-개념적 파악에서 '변증법적 은유'(Metaphoric)임이 증명된다. 이런 변증법적 은유는 관념들의 감성적 경험을 대상영역으로 옮겨놓으며, 이런 대상영역에서 모든 직관은 비가시적인 것의 초상(肖像) 또는 암호로서 기여하게 된다.

## 6. 버클리에서 헤겔로

경험과 함께 시작하는 버클리의 인식론은 헤겔에 의해 '주관적 관념론'이라고 불린다. 왜냐하면 모든 외적 실재를 정신 안에 존재하는 관념의 총체라고 고찰하는 인식론은 헤겔에 따르면 "자기 자신의 확실성을 모든 실재와 진리라고 진술하지 않으면 안 되기"[85] 때문이다. 버클리는 헤겔의 이와 같은 말을 다음과 같이 형식화하였다.

> 따라서 그 물체들은 현실적으로 나에 의해서 지각되지 않거나 나의 마음 안에 또는 다른 어떤 피조물의 정신 안에 존재하지 않는 한, 그 물체들은 결코 현존을 가져서는 안 되거나 어떤 영원한 신령한 정신(Spirit)의 마음 안에 존재해서도 안 된다. 왜냐하면 만일 신령한 정신에 의존하지 않는 현존이 그 물체들의 부분들 가운데 어느 하나에 부가된다면, 그것은 전혀 알 수 없는 것이며 모든 불합리한 추상을 [자신 속에] 포함하기 때문이다. 이것을 확증하기 위하여, 독자들은 단지 스스로 심사숙고하고 자신의 사유 속에서 감성적 사물의 존재를 그것의 지각됨과 분리시키고자 시도하기만 하면 된다.(Principles, § 6; 『원리론』, 75쪽)
>
> 앞서 언급된 것의 결과는, [신령한] **정신** 또는 지각하는 것 이외에 그 어떤 다른 실체도 존재하지 않는다는 것이다.(Principles, § 7; 『원리론』, 75쪽)

필자는 이것을 실제로 로크의 추상이론에 대해 버클리가 행한 비판의 결과인 것을 고찰할 수 있었다. 왜냐하면 이 비판의 결과로 "절대적 물질도 외적 실체도 의식에 독립적인 존재도 초월적 객관도 존재하지 않으며"[86], 오히려 모든 대상은 오직 관념으로서, 즉 인식하는 주관과 관계가 없이는 존재할 수가 없는 관념으로서만 존재한다는 사실이 도출되었기

---

85 G. W. F. Hegel, *Vorlesungen über die Geschichte der Philosophie III*, 같은 책, S. 270.
86 R. Metz, *George Berkeley - Leben und Lehre*, 같은 책, S. 81.

때문이다. 이러한 사상은 "사상이 없는 세계는 어떤 것도 아니며 양도 아니고 질도 아니다."[87]라는 버클리의 관념론적 기본 주제와 결부되어 있다. 여기서 'esse = percipi'라는 원리는 무엇인가가 어쨌든 무조건 '존재'해야만 한다고 할 경우에는 지각하는 무엇인가가 존재하지 않으면 안 된다고 하는 것을 의미한다. 그래서 모든 실재를 포괄하는[88] 지각하는 의식은 세심한 주의력의 중심이 된다. 그러므로 "외적 실재가 한편으로 사라져버리는 것, 그것은 관념론이다."[89]라는 헤겔의 말은 정당하다. 이 말은 쉽게 이해될 수 있다. 관념론을 위해서는 오직 유령 같고 인식 불가능한, 그렇기 때문에 마치 가시적인 것처럼 보이는 실재만이 사라질 뿐이며, 그 자리에 실제로 인식된 '존재하는' 실재가 들어서게 된다.

버클리는 자신에게 제기될 수 있는 비판을 미리 예견하고 다음과 같이 말하고 있다.

> 첫째로 제기될 수 있는 이의는 자연 속에 실재로 그리고 실체적으로 존재하는 모든 것은 전술(前述)된 원리를 통해서 세계로부터

---

87 G. Berkeley, *Philosophical Commentaries*, 같은 책, 22번.

88 G. Skirbekk / N. Gilje, *Geschichte der Philosophie - Eine Einführung in die europäische Philosophiegeschichte mit Blick auf die Geschichte der Wissenschaften und die politische Philosophie*, 같은 책, S. 413. 참조.

89 G. W. F. Hegel, *Vorlesungen über die Geschichte der Philosophie III*, 같은 책, S. 272. ; 자기 자신을 '실재론자'라고 칭하는 포퍼(Popper)는 버클리를 "믿음의 철학자"라고 부르면서, 이 철학자는 우리의 주관적 관념과 그 토대 또는 그 근원에 관심을 갖고 있다고 말한다. 왜냐하면 포퍼에 따르면 버클리에게 있어서 존재하는 모든 것은 감각이고 인상이며 기억의 형성물이기 때문이다. 따라서 포퍼는 버클리가 사실상 과학적 인식에는 아무런 의미도 없는 것을 다루었다고 비판한다. 그런 관점을 포퍼는 "반(反)실재론적"이라고 그리고 그와 같은 인식론을 "관념론"이라고 부른다. K. R. Popper, *Subjektive oder objektive Erkenntnis?* (S. 40-59) ; *Metaphysik und Kritisierbarkeit* (S. 194-204) ; *Der Realismus* (S. 205-210), In: *Karl Popper Lesebuch*, hrdg. v. D. Miller, Tübingen 1995.

> 추방되며, 그 자리에 공상적인 관념들의 체계가 등장한다는 것이다.(Principles, § 34; 『원리론』, 117쪽)

즉 이런 비판을 예견하고는 또 다음과 같이 답한다.

> 나는 감각기관이나 반성에 의해서 우리가 파악할 수 있는 어떤 사물의 현존을 반대하는 게 아니다. 내 눈으로 보고 내 손으로 만지는 사물들은 존재하며 실제로 존재한다. 나는 그것을 조금도 의심하지 않는다. 우리가 그 현존을 부정하는 유일한 것은 **철학자**들이 물질 또는 물체적 실체라고 부르는 것이다. 그리고 나는 이렇게 한다고 해서 나머지 모든 사람들이 손해를 보는 것은 아무 것도 없으며, 그들이 그게 있으면 좋겠다고 생각하지는 않는다고 감히 말한다. 그렇지만 무신론자들은 참으로 자신들의 불신앙을 지탱해주는 형식적인 겉치레 명칭을 원할 것이다. 그리고 철학자들은 아마도 자신들이 시간을 낭비할 수 있고 논쟁을 벌일 수 있는 커다란 기회를 잃었다는 것을 발견하게 될지도 모른다.(Principles, § 35; 『원리론』, 119-121쪽)

이 말의 의미는 버클리가 감성적 사물이 외부에 실제로 존재한다는 것을 부정하는 게 결코 아니라는 뜻이다.[90] 그러나 그에게 있어서 객관은 오로지 인식 활동 안에만 존재하며, 주관과 객관의 통일은 버클리의 인식론에서 필연적으로 전제되어 있다. 객관들은 주관 안에서 오직 지각된 것으

90 이에 대해서는 "R. Metz, *George Berkeley - Leben und Lehre*, 같은 책, S. 89."를 참고할 것.

로만 또는 기억된 것으로만 존재할 뿐이다. 헤겔도 이와 같은 관점에 아주 적합하게 "모든 존재자와 존재자의 규정은 감각된 것이며 자기의식에 의해서 형성된 것이다."[91]라고 말한다.

헤겔은 실제로 모든 실재성의 규정을 '자기의식에 의해서 형성된' 어떤 것으로 간주한다. 헤겔에 따르면 "감성적으로 다양한 관념들(Vorstellungen)과 감각"[92]으로서의 이러한 규정은 오직 주관 안에서만 그 토대를 가지고 있기 때문에, '즉자적'(an sich)이 아니라 다만 '대자적'(für sich)일 뿐이다. 또한 헤겔은 "~ 이다."(es ist)라는 판단을 최초의 직접적이고 감성적인 확실성으로 간주하고 이러한 확실성은 "사실상 스스로를 가장 추상적이고 가장 공허한 진리라고 진술하는" 것이라고 말한다.(Phänomenologie, S. 79.) 만일 우리가 버클리의 관점에서 출발한다면, 우리는 이와 같은 감성적 확실성을 "즉자에 대립하는 타자를-위한-존재(Sein-für-Anderes)"[93]로서의 "사실이 있다.(die Sache ist)"는 헤겔의 기술(記述)로는 이해하기가 힘들 것이다. 다시 말해서, 버클리가 분명하게 강조하고 있는 사실, 즉 '사태 자체'는 결코 '타자'라는 인식하는 주관과 아무런 관련이 없이 파악하고 이해할 수는 없다는 사실을 기술하는 헤겔에 의해서는 이해될 수가 없을 것이다.

감각기관을 통해서 지각된 성질들—예를 들면, 색깔이나 모양—을 헤겔뿐만 아니라 버클리도 인식의 대상으로 인정한다. 헤겔은 이러한 대상들을 "단지 감각된 것"[94]이라고 부른다. 이 성질들에 대해서는 의식과 관련

---

91 G. W. F. Hegel, *Vorlesungen über die Geschichte der Philosophie III*, 같은 책, S. 271.

92 G. W. F. Hegel, *Vorlesungen über die Geschichte der Philosophie III*, 같은 책, S. 271. ; 헤겔은 여기서 'idea'(관념)를 자신의 용어 'Idee'(이념)와 구별하여 'Vorstellung'으로 쓰고 있다.

93 G. W. F. Hegel, *Vorlesungen über die Geschichte der Philosophie III*, 같은 책, S. 270.

94 헤겔은 감각을 내적 감각과 외적 감각으로 구별하고 외적 감각에 대해서는 다음과 같이 말하고 있다.: "외적 감각은 (……) 영속적인 객관과 관련이 있는지 또는 사라지

해서만 그 토대가 언급될 수 있을 뿐이다.[95] 헤겔에 따르면 "의식은 두 가지 계기를 지니고 있는데, 하나는 앎(知)의 계기이고 다른 하나는 앎에 부정적인 대상성의 계기이다."(Phänomenologie, S. 32.)[96] 이와 같은 부정적 대상성은 그러나 사물들을, 비록 이 사물들이 실제로는 그렇지 않을지라도, 오로지 '독자적으로'(selbständig) 또는 의식과는 '독립적으로'(unabhängig)만 나타나게 할 수 있을 뿐이다.

버클리는 이 현상을 이미 폭로했는데, 즉 버클리가 전통적인 실재론적인 견해에 따라서 그리고 로크의 견해에 따라서 사물의 독립적인 실재성을 가리키는 소위 제1성질을 지각의 산물이라고 지적했을 때 폭로한 바 있다. 버클리는 로크가 제1성질과 제2성질을 각각 구별하고 있는 것에 대해서 비판하는 곳에서 다음과 같이 상세하게 설명하고 있다.

> 내 개인적으로는, 오직 정신 속에서만 존재한다고 인정된 어떤 색깔이나 다른 감성적 성질을 그 위에 부여하지 않고는 연장되고 움직여진 물체의 관념을 형성할 힘이 나에게는 없다는 것이 분명한 것으로 보인다. 간단히 말해서, 연장과 모양 그리고 운동이 다른 모든 성질로부터 추상된다면, 이것들은 생각할 수조차 없다.

---

는 객관과 관련이 있는지와 같은 상황에 의존하여 그 상이성이 구별된다." G. W. F. Hegel, *Enzyklopädie der philosophischen Wissenschaften III*, In: Hegel Werke in 20 Bänden (Theorie Werkausgabe), Bd. 10., hrsg. v. Moldenhauer und K. M. Michel, Frankfurt/M. 1970, S. 250f. ; 그리고 "Hegel, *Nürnberger und Heidelberger Schriften (1808-1817)*, 같은 책, S. 124f."도 참조할 것.

95 G. W. F. Hegel, *Vorlesungen über die Geschichte der Philosophie III*, 같은 책, S. 272.

96 의식의 이와 같은 분리는 "우선 자아가 대상과 동일하지 않은 것으로 보인다. 이러한 형식으로 보면 대상은 지적인 주관에는 어떤 '타자'이다." W. Marx, *Hegels Phänomenologie des Geistes - Die Bestimmung ihrer Idee in 'Vorrede' und 'Einleitung'*, Frankfurt/Main 1971, S. 61.

그러므로 다른 감성적 성질들이 있는 곳에 이것들도 있지 않으면 안 된다. 즉, 이것들은 정신 속에 있는 것이지, 다른 어떤 곳에 있는 게 아니다.(Principles, § 10; 『원리론』, 81쪽)

색깔, 형태, 운동, 연장 등은 [우리가 이것들을] 정신 안에서 같은 수의 감각을 가지고 고찰하는 한 완전히 알려져 있다. 왜냐하면 이들 가운데에는 지각되지 않는 것은 아무 것도 없기 때문이다.(Principles, § 87; 『원리론』, 207쪽)[97]

그래서 외적 실재성은 사라지고 "포착할 수 없는 존재와 정신의 관계"[98]가 주제로 등장한다. 헤겔은 이 문제에 대한 해결책을 다음과 같이 설명하고 있다. 즉 그것은 정신과 관련해서만 토론될 수도 없으며 "외적인 것"(Äuβeres)이나 논리적 "개념"(Begriff)과 관련해서만 토론될 수도 없고, 오히려 정신적 행위에 의존하지 않으면 안 된다.[99] 헤겔도 버클리처럼 다음과 같이 말한다. "인식하는 자는 지각하는 자이고 활동하는 자이며 자아이다. 이 자아는 여러 상이한 활동과 상상, 기억 그리고 의욕활동에서 감

---

97 그래서 헤겔은 자신의 방식대로 다음과 같이 말하고 있다.: "자기의식은 그것들(색깔, 형태 등)을 갖는다. 왜냐하면 표상하는 자 안에 존재하지 않는 지각은 없으며 직접적인 모순이기 때문이다. 그것은 표상하지도 않고 지각하지도 않는 실체일 수가 없는데, 이러한 실체란 지각과 표상의 기체(基體)일 것이다." G. W. F. Hegel, *Vorlesungen über die Geschichte der Philosophie III*, 같은 책, S. 272.

98 G. W. F. Hegel, *Vorlesungen über die Geschichte der Philosophie III*, 같은 책, S. 272.

99 G. W. F. Hegel, *Vorlesungen über die Geschichte der Philosophie III*, 같은 책, S. 273. ; 왜냐하면 헤겔 법철학에 따르면 '개념'은 실재성과 더불어 진리의 계기이기 때문이다. "예를 들어, 육체는 실재성이며 영혼은 개념이다. 하지만 영혼과 육체는 스스로 적절해야 한다." 그러므로 개념과 실재성은 진리를 위해서는 불가불리하게 결합해 있다. 이에 대해서는 "G. W. F. Hegel, *Grundlinien der Philosophie des Rechts*, In: Hegel Werke in 20 Bänden (Theorie Werkausgabe), Bd. 7, hrsg. v. Moldenhauer und K. M. Michel, Frankfurt/M. 1970, S. 73."을 참고할 것.

각과 관계하면서 스스로를 나타낸다."(Das Erkennende ist das Wahrnehmende, Tätige, Ich, das sich in Beziehung auf jene Empfindungen in verschiedenen Tätigkeiten, Einbilden, Erinnern, Wollen, äu ß ert.)[100] 헤겔은 정신의 행위를 포착하고자 하는 이와 같은 사고활동에 대해서 "의식의 생성 운동"(Bewegung des Werdens des Bewu ß tseins)이라고 말한다. 이러한 운동—이러한 정신적 활동—을 포착하기 위하여 헤겔은 '변증법'(Dialektik)을 이용한다. 그리고 인식을 하려는 노력에서 모순의 논리적 형태를 이용하는 변증법적 사고활동은 버클리가 자신의 '변증법적 개념'인 'Notion'을 가지고 보여준바 있는 그러한 방향으로 나아간다.

헤겔은 대상성과 인식주관의 관계를 변증법적으로 파악하는 문제를—이것은 피히테(Fichte)의 학문론(Wissenschaftslehre)에서 분명히 영감을 얻은 것이지만—다음과 같이 정식화한다.

> 표상하는 자의 자기 내적 존재에는 표상의 필연성이 직접적으로 모순된다. 왜냐하면 내적 존재는 표상하는 자의 자유인데, 이 표상하는 자는 그렇지만 자유롭게 산출되는 것이 아니며, 오히려 내적 존재를 위한 타자의 형태와 규정성이 그 필연성을 지니고 있기 때문이다.[101]

헤겔이 자신의 인식론을 위하여 버클리의 강점을 철저하게 인지하지는 못했거나 적절하게 평가하지도 않았다는 점은 분명하며, 이와 마찬가지로

---

100 G. W. F. Hegel, *Vorlesungen über die Geschichte der Philosophie III*, 같은 책, S. 271.
101 G. W. F. Hegel, *Vorlesungen über die Geschichte der Philosophie III*, 같은 책, S. 273.

칸트(Kant)도 버클리의 관념론을 잘못 평가했다는 것[102]은 분명한데, 그러한 평가는 헤겔이 버클리의 관념론을 소위 '형식적 관념론'이라고 비판하는 데에서 잘 나타나고 있다.

> 그와 같은 관념론은 의식과 의식 객관의 대립과 관계가 있으며, 게다가 표상의 확장과 경험적으로 다양한 내용의 대립들을 완전히 무시해버리는 것이다.[103]

앞에서 이미 상세하게 제시한 것처럼, 그것은 버클리의 인식론에서는 그 어떤 경우에도 유효하지가 않다. 오히려 여기서는 헤겔도—칸트의 '초월적 관념론'(transzendentaler Idealismus)도 이와 마찬가지이지만—자신의 인식론을 전개하는 데에서 그 양자보다 훨씬 더 많이 알고 있다는 점 그리고 버클리의 단초들을 상세하고 폭넓게 기술하고 있다는 점을 분명하게 제시할 것이다.

---

102 칸트의 다음과 같이 비판한다.: "버클리 주교에 이르기까지의 (……) 모든 진정한 관념론자들의 명제는 〈감각기관과 경험을 통한 모든 인식은 순전한 가상(Schein) 이외에 다른 어떤 것이 아니며, 진리는 오직 순수 오성과 이성의 이념 안에만 있을 뿐이다.〉 이에 반해서 나의 관념론을 보통 지배하고 규정하고 있는 원칙은 〈단순한 순수 오성으로부터 또는 순수 이성으로부터의 사물의 모든 인식은 순전한 가상 이외에 다른 어떤 것이 아니며, 진리는 오로지 경험 안에만 있을 뿐이다.〉" I. Kant, *Prolegomena zu einer jeden künftigen Metaphysik*, 같은 책, S. 144ff. ; 칸트의 이러한 비판은 실제로 '물자체'(Ding an sich)와 '현상'(Erscheinung)을 구별하는 근거가 된다.

103 G. W. F. Hegel, *Vorlesungen über die Geschichte der Philosophie III*, 같은 책, S. 274.

# Ⅲ

## 헤겔 인식론의 토대
## – 헤겔의 경험론

1. 변증법적 인식방법

2. 헤겔 인식론의 출발점

3. 인식의 토대로서 경험

4. 의식의 행위로서 경험과 개념 형성

5. 변증법적 개념과 지각

제3장

# 헤겔 인식론의 토대 - 헤겔의 경험론

## 1. 변증법적 인식방법

헤겔에 따르면 앎(知, Wissen)은 현실의 경험적 인식에 접근할 수 있는 것에 제한되어 있지 않으며, 오히려 '경험'(Erfahrung)에 숨어 있는 진리의 본질을 찾아내려고 노력하는 것이다. 그렇기 때문에 헤겔에 있어서 앎은 진리를 향해 나아가는 발전으로서 '절대적 지'를 목표로 한다.(Phänomenologie, S. 10. 참조) 헤겔은 그 과정을 『정신현상학』(*Phänomenologie des Geistes*)에서 "절대 지에 이르는" 인식론적 "길"(Weg zum absoluten Wissen)이라고 서술하였다.[01] 헤겔은 이 길을 버클리보다 더 확장하고 철두철미하

---

01 크로너는 칸트, 피히테 그리고 셸링에 대한 헤겔의 비판과 관련하여 다음과 같이 말하고 있다.: "인식은 절대적 자기 인식이다. 헤겔은 인식론 개념을 절대적 인식활동 이론(Theorie des absoluten Erkennens)이라는 개념에까지 확장한다. 그것은 인식활동이 스스로를 시험하고 동시에 자신의 대상을 시험함으로써 가능하다. 인식론은 동시에 대상이론이다. 경험은 절대적 대상의 자기 경험이다. 왜냐하면 절대적 대상은 스스로를 인

게 수행하였는데, 그것은 그가 의식을 인식의 대상으로 삼고, 더 나아가서 단적으로 '정신'(Geist)을 인식의 대상으로 삼고 체계적으로 고찰함으로써 그 과정을 수행하였다.

절대 지에 이르는 길은, 헤겔에 따르면, 대상 인식으로부터 자기 인식을 넘어서 정신 일반의 인식에까지 나아가는 길이며, 이러한 지를 서술하는 것을 헤겔은 "명제 자체의 변증법적 운동"(die dialektische Bewegung des Satzes selbst)(Phänomenologie, S. 53.), 즉 '변증법'이라고 부른다. 그렇기 때문에 헤겔에 있어서 변증법은 단적으로 '철학적 방법'이며, 그래서 결정적인 '인식 방법'이기도 하다.

하지만 만일 "인식활동의 절대적 방법"으로서의 변증법이 "자기 스스로의 반성"을 묘사하는 또는 "단순한 생성"(das einfache Werden)(Phänomenologie, S. 21.)인 바의 "정신적 운동"이라면, 버클리가 순수 '활동'(Tätigkeit)으로서 정신의 자기 인식이라는 주제로 삼았던 것을 헤겔이 중요하게 다루었다고 하는 점이 명백해진다. 그리고 헤겔은 이러한 정신적 활동의 본질이 통상적인 (무모순의) 개념들에서는 파악될 수가 없고, 버클리가 'notions'라고 명명한 바의 (모순적인) 변증법적 개념들에서만 파악될 수 있다고 하는 점에서 버클리와 전제를 공유한다고 할 수 있다. 그런데 버클리에게서의 'notions'가 헤겔에게서는 의식으로 하여금 변증법적 운동을 행하게 하는 수단이 된다. 왜냐하면 의식은 그와 같은 개념들을 수단으로 해서 절대지에 도달하기 때문이다.

개념들이 여러 판단에 관한 주관의 입장으로 삽입되었을 때 그 개념들은 '명제'(Satz)가 되며, 그래서 "명제 자체의 변증법적 운동"(Phänomenologie, S.

---

식하는 절대 자아 이외에 다른 어떤 것이 아니기 때문이다." R. Kroner, *Von Kant bis Hegel*, 2. Bd., 2. Aufl., Tübingen 1961, S. 365.

53.)은 정신적 활동을 나타내게 되는 것이다. 이에 대해 헤겔은 "개념의 운동은 (……) 이미 즉자적으로 존재하는 것만을 정립하는 발전(Entwicklung)이다."[02]라고 말한다.

그런데 헤겔이 전통 논리학의 '모순율'(Prinzip des Widerspruchs)을 자신의 변증법에 수용하고 있다는 것은 일반적으로 잘 알려진 사실이다. 그러나 전문적인 논리학자들에게 "변증법은 여타의 논리학에서, 모순과 거짓을 방법으로 삼고 있는 이유 때문에 반(反)논리학 또는 비(非)논리학으로 간주되고 있다."[03] 왜냐하면 고전 논리학은 "아리스토텔레스(Aristoteles) 이후로 철학의 형식적 분과로 간주"[04]되고 있기 때문인데, 고전 논리학에서는 "모순을 단적으로 논리적 거짓의 형태로 간주한다."[05] 따라서 이것은 통상적으로 헤겔을 비난하는 일에도 사용된다. 그렇지만 여기서는 바로 그 고전 논리학이 참과 거짓에 대한 물음을 '판단'과 '명제'와 결부시키고 있지, '개념'과 결부시키고 있지는 않다는 사실을 주의 깊게 봐야만 한다는 점이 매우 중요하다. 그런 한에서 '모순 개념'(contradictio in adjecto, contradictio in terminis)의 논리적 형태를 인식을 일깨우는 데에 이용하는 '변증법적 개념론'을 당연한 듯이 '거짓 논리학'(Falschheitslogik)이라고 칭해서는 안 될 일이다.

이제 헤겔에 있어서는 용어상의 모순(contradictio in terminis)의 논리적 형태가 정신적 운동 또는 정신의 활동을 파악하는 데에 이용된다. 그러나 여기서

---

02 G. W. F. Hegel, *Enzyklopädie der philosophischen Wissenschaften I*, 같은 책, § 161, Zusatz.

03 L. Geldsetzer, *Logik*, 같은 책, S. 65.; L. Geldsetzer 지음, 문성화 옮김, 『논리학』, 같은 책, 79쪽.

04 L. Geldsetzer, *Logik*, 같은 책, S. 9.; L. Geldsetzer 지음, 문성화 옮김, 『논리학』, 같은 책, 19쪽.

05 L. Geldsetzer, *Logik*, 같은 책, S. 14.; L. Geldsetzer 지음, 문성화 옮김, 『논리학』, 같은 책, 24쪽.

"거짓은 더 이상 거짓으로서가 아니라 진리의 한 계기이다."(Phänomenologie, S. 34.) 그렇지만 "모순은 의심할 바 없이 논리적 요소"[06]인데, 이 요소가 개념적으로 작용한다.

헤겔은 『정신현상학』의 「감성적 확신」(die sinnliche Gewiβheit)에서 사물(Ding)과 자아(Ich) 사이의 관계에서 변증법적 개념을 처음 적용하고 있다. 인식객관으로서의 사물은 「감성적 확신」에서 인식주관으로서의 자아 또는 의식—이것은 물론 '구체적 대상으로서의 정신'이기는 하지만, 그러나 여기서는 자신의 감성적 대상에 반정립된 것으로서만 등장할 뿐이다. 왜냐하면 감성적 의식은 자신의 측면에서는 아직 자기 자신을 반성하지는 못한 상태이기 때문이다.[07] —에 반정립되며 반대의 경우도 마찬가지이다. 그러나 동시에 그 의식은—버클리가 뚜렷하게 만들고 헤겔도 마찬가지로 강조하고 있는 것처럼—자신의 인식객관과는 결코 분리될 수가 없다. 따라서 그와 같은 관계는 모순적이며, 그렇기 때문에 오로지 모순 개념을 사용해서만 파악될 수 있을 뿐이다. 이에 대해 헤겔은 다음과 같이 말한다.

> 구별 일반은 이미 **즉자적으로** 모순이다. 왜냐하면 구별은 **하나일 수가 없는** 한에 있어서만 오직 존재할 수 있는 그러한 것들의 **통일**이며—더 나아가서는 오직 **동일한 하나의 관계 속에서만** 서로가 분리될 수도 있는 그러한 것의 **분리**를 뜻할 뿐이기 때문이

---

06 L. Geldsetzer, *Logik*, 같은 책, S. 65.; L. Geldsetzer 지음, 문성화 옮김, 『논리학』, 같은 책, 79쪽.

07 G. W. F. Hegel, *Wissenschaft der Logik* I, 같은 책, Vorrede, S. 8. ; "스스로가 아니라 자신에게 주어진 그리고 자신과 구별된 대상을 인식하는 자아를 위하여 존립하는—아직은 자기 자신을 알지 못하는 의식을 위하여 그리고 결정하는 의식을 위하여 존립하는—즉 자기 자신과 대상 사이에 존립하는 커다란 틈은 자기 인식의 과정에서 사라진다." R. Kroner, *Von Kant bis Hegel*, 같은 책, S. 365f.

다. 그러나 동시에 긍정적인 것과 부정적인 것은 **정립된**(gesetzte) 모순이기도 하다. 왜냐하면 이 양자는 모두가 부정적인 통일로서 스스로를 정립한 것이며, 또한 이럼으로써 그들은 각기 스스로를 지양하는 가운데 바로 자기와 반대되는 것을 정립하는 것이기도 하기 때문이다.[08]

이에 상응하여 감성적 확신에서 사물과 자아 사이의 '일반적인 구별'과 그것들의 비구별성을 포함하고 있는 것으로 정립된 모순은 '경험'(Erfahrung)이라는 모순 개념이다. 왜냐하면 경험이란 감성적 확신에서 사물과 자아 사이의 '변증법적 매개'(die dialektische Vermittlung)이기 때문이며 "의식의 경험"이기 때문이다.[09]

용어상의 모순, 즉 모순 개념의 논리적 구조는—겔트제처(L. Geldsetzer) 교수가 자신의 저서 『논리학』(Logik)에서 설명하고 있는 것처럼—다음과 같다. 즉 모순 개념은 우선—분리된 '종개념들'(Artbegriffe)에 대한 '유개념'(Gattungsbegriff)처럼—하위 개념 양쪽에 공통적인 '종적 특징'(das generische Merkmal)을 특징으로서 포함한다. 바로 이를 통해서 공통적인 것은 하위 개념들에 있는 '동일성'(Identität)을 포착하게 된다. 동시에 그러나 모순 개념은—그리고 이것은 공통의 '유'(Gattung)와는 구별되는데—양쪽 하위 개념에서 서로를 배척하는 특수한 종적 특징도 포함한다. 그리고 이것은 모순

---

08 G. W. F. Hegel, *Wissenschaft der Logik I*, 같은 책, S. 279. ; F. 헤겔 저, 임석진 역, 『대논리학(II)』, 같은 책, 88-89쪽. (번역문은 필자가 수정했음)

09 다시 말해서, 변증법이 사라진다는 것은 결코 아니며 더 나중의 관점에서는 다르게 정리될 뿐이라는 말이다. "해답은 모순이 즉자 대자적으로 대상에 속하는 것이 아니라 오로지 인식하는 이성에 속한다는 것이다." G. W. F. Hegel, *Enzyklopädie der philosophischen Wissenschaften I*, 같은 책, § 48.

개념이 (유적 특징으로서의) 동일성과 더불어 구별성, 즉 비동일성도 나타내고 있다는 점을 제약하고 있다.

지금까지 다루어진 예에서 '사물'과 '자아'는 서로 분리된 두 개의 개념들이다. 사물은 자아가 아니며 자아는 사물이 아니다. 이들에 공통적인 것, 동일한 것은 이들에 공통적인 유(Gattung)로서 곧 (무모순적인) 개념인 '이것'(Dieses)을 발생시킨다. 그러나 '경험'이라는 모순개념은 양 갈래의 개념, 즉 이러한 유의 고유한 특징—요컨대 사물도 자아도 각각 '이것'이라고 불릴 수 있다.—을 종적 차이—즉 '사물의 특징'(Dinglichkeit)과 '자아의 특징'(Ichheit)—와 동시에 포함하는 양 갈래의 개념을 형성한다. 만일 우리가 이와 같은 논리적 분석으로부터 시작한다면, 우리는 의식의 활동으로서의 '경험'이 인식의 대상과 주관을 어떻게 동시에 통일하고 구별하는지, 그리고 헤겔의 소위 「감성적 확신」에서 변증법적 매개로서 역할을 어떻게 수행하는지를 그대로 이해할 수 있게 될 것이다.[10]

이제 헤겔의 변증법에서는 '이것'—보편자(das Allgemeine)—이 감성적 확신에서의 진리로 간주된다. 그렇지만 오직 '이것'만 보편자로서 '진술'(sagen)될 수 있을 뿐이다. 왜냐하면 언어 자체는 언제나 보편적이기 때문이다. 그러므로 만일 보편자가 언표되고 '진술될' 수 있다면, 보편자의 반대편에 있는 개별자(das Einzelne)는 오직 '사념'(私念, meinen)될 수만 있을 뿐이

---

10 빌의 '경험의 변증법'이라는 분석은 이렇게 매우 중요한 점을 놓치고 있다.: "『정신현상학』에서 서술되고 있는 경험들은 형식적으로 보면 가능한 경험과 현실적인 경험이며 우연적인 경험과 필연적인 경험이다. (……) 경험들과 경험의 연관성이 변증법적이라는 말은 지(앎)의 의미에서는 아직 경험되지 않은 것, 즉 미지의 것과 알지 못하는 것이라는 측면에서의 경험을 일컫는다. 따라서 변증법의 여러 형식은 경험들을 재구성하는 원리들이다. 그런 한에서 그 형식들은 일반적으로 가설의 형식이다. 그렇지만 그 형식들은 가능한 경험을 예견하는 것이기는 하다." R. Wiehl, *Phänomenologie und Dialektik*, In: Hegel - Studien Beiheft 11, Bonn 1974, S. 633f.

다.(Individuum est ineffabile!) 이제 '경험'은 이 양자를 포괄하는데, 그것은 헤겔이 전통에 따라서 다음과 같이 전제하고 있는 바와 같다. 즉 경험은 개별자와 특수자(das Besondere) 그리고 사념으로부터 이것들을 개념적으로 진술하려 하고 또 개념적으로 진술해야만 하는 보편자로 나아간다는 전제를 말한다. 이것은 전통적인 견해에 따르면 바로 '추상'(Abstraktion) 또는 '귀납'(Induktion)의 방법에서 생겨난다. 헤겔은 그것을 자신의 독일어 용어로 '지양'(das Aufheben)이라고 표현하는데, 이 용어는 고전적 추상—개념은 헤겔에게서 다른 의미를 갖는다.—개념의 논리적 기능과 방법을 매우 엄밀하게 나타내는 것이다.

헤겔에 따르면 "지양은 부정하면서 동시에 보존함이다."(Das Aufheben ist ein Negieren und ein Aufbewahren zugleich.)(Phänomenologie, S. 90.) 그러나 다시 말하면, 감성적 확신에서 공통적인 유적 특징으로서의 보편자는 '지양된 것'(das Aufbewahrte)이지만, 이에 반해서 감성적 확신에서 종적인 차이에 의해서 구별된 것으로서의 개별자는 '부정된 것'(das Negierte)이다. 그러므로 의식의 경험활동으로서의 '지양'이 실제로 논리적 추상 또는 귀납인 것은 명백하다. "그러나 서로 다른 개념들의 종적인 차이들을 동시에—결코 변증법적이지는 않지만—지양하면서 제거하는 것과 공통적인 (유적) 특징들을 보존하면서 지양하는 것은 논리적 추상 이외에 다른 어떤 것이 아니라는 사실이 분명하며, 이 논리적 추상은 단적으로 개념을 형성하는 본질이다."[11]

헤겔은 의식의 경험의 두 번째 단계인 '지각'(Wahrnehmung)을 분석하는 데에서 이와 같은 구조를 되풀이하고 있다. 헤겔은 거기서 의식의 활동으로

---

11 L. Geldsetzer, *Über das logische Prozedere in Hegels Phänomenologie des Geistes*, 같은 책, S. 76.

서의 '지각'은 보편자와 개별자 사이의 (변증법적 매개로서) '변증법적 개념'을 통해서만 파악될 수 있다는 사실을 증명한다.

그러므로 우리는 다음과 같이 확정할 수 있다. 1. 버클리와 마찬가지로 헤겔은 '변증법적 개념들'(contradictiones in terminis)을 정신의 활동을 개념적으로 파악하는 데에 이용한다. 이것은 여기서 의식의 경험의 예에서 제시되는 바와 같다. 그리고 이러한 방법은 계속 이어져서 '기억'(das Erinnern)에 이르기까지 그 이전보다 '상위'(上位)의 모든 의식 활동에서도 타당하다. 2. 따라서 헤겔의 변증법은 본질적으로 그의 개념론과 관련하여 전개되지 않으면 안 된다. 왜냐하면 헤겔의 철학함(das Philosophieren)에 있어서는 "개념의 노동"(Arbeit des Begriffs)(Phänomenologie, S. 57.)[12]을 감수하는 것이 중요하기 때문이다. 3. 변증법적 개념들의 구조는 동시에 추상의 방법에서는 정상적이고 (무모순적인) 보편적 개념들을 형식화하는 데에로 나아가는 논리적 중간 단계(Zwischenschritt)이다. 만일 거기에 포함된 정신의 활동을 고려하지 않은 채 그와 같은 보편적 개념들을 그 자체적으로만 고찰한다면, 추상의 방법에서 변증법적 중간 단계는 무용지물이 되어버릴 것이다.

---

12 그러므로 "개념의 노동"이란 "정신의 활동으로서의 개념적 파악(das Begreifen)을 의미한다." 이에 대해서는 "G. W. F. Hegel, *Enzyklopädie der philosophischen Wissenschaften II*, In: Hegel Werke in 20 Bänden (Theorie Werkausgabe), Bd. 8., hrsg. v. Moldenhauer und K. M. Michel, Frankfurt/M. 1970, § 340, Zusatz C"를 참고할 것.

## 2. 헤겔 인식론의 출발점

"진리는 전체이다."(Das Wahre ist das Ganze.)(Phänomenologie, S. 21.)라는 명제로 대표되는 『정신현상학』의 체계는 진리가 무엇인지를 실제로 인식하는 과정이다. 헤겔에 따르면 '전체'(das Ganze)란 감성적 사물들뿐만 아니라 자기 자신마저도 인식의 대상으로 삼는 '절대 정신'(der absolute Geist)[13]에 의해서 인식되는 모든 것을 의미한다. 그렇기 때문에 절대 정신은 자신의 객관들로부터 분리되어 고찰되는 주관일 수는 없으며, 오히려 헤겔에 따르면 절대 정신은 '변증법적' 개념들을 매개로해서 자신의 대상뿐만 아니라 자기 자신까지도 인식할 수 있다. 이에 따라서 헤겔은 진리가 좁은 의미에서는 '현상'(Erscheinung)을 대상으로 삼는 칸트적 의미에서의 오성과 '사물 자체'(Ding an sich)를 대상으로 삼는 이성의 절대적 통일이라는 것으로부터, 넓은 의미에서는 피히테(Fichte)에게 있어서 '자아의 근원적 행위'(Urathandlung des Ich)와 셸링에게 있어서 '지적 직관'(intellektuelle Anschauung)의 통일이라는 것으로부터 출발하고 있다.[14]

따라서 인식에서 '진리'란 인식 객관으로서의 '인식된 것'과 인식 일반의 주관으로서의 '이성'(Vernunft) 사이의 절대적 통일과 관계를 갖지 않으면 안 된다. 이것은 『정신현상학』의 또 다른 명칭인 "의식의 경험의

---

13 헤겔은 '절대 정신'에 대해서, 절대 정신은 추상적인 것을 포함하고 오성적 정신과 변증법적인 것 또는 부정적-이성적인 정신을 포함하며, 따라서 절대 정신은 사변적인 것 또는 긍정적-이성적인 정신이라고 말한다. 이것은 바로 헤겔 변증법의 세 가지 '논리적' 측면이다. G. W. F. Hegel, *Enzyklopädie der philosophischen Wissenschaften I*, 같은 책, § 79.

14 L. Geldsetzer, *Über das logische Prozedere in Hegels Phänomenologie des Geistes*, 같은 책, S. 47, 참고.

학"(Wissenschaft der Erfahrung des Bewuβtseins)(Phänomenologie, S. 74.)[15]이 고찰할 일이다. 그러면 헤겔은 '경험' 개념을 어떻게 규정하고 있는가?

> 의식이 자기 자신에 대해서 실행하고 자신의 지(앎)에 대해서도 실행할 뿐만 아니라, **새로운 참된 대상이 의식으로부터 산출되는 한**, 자신의 대상에 대해서도 실행하는 이와 같은 **변증법적** 운동이 본래 **경험**이라고 명명되는 바로 그것이다.(Phänomenologie, S. 73.)
>
> 의식이 자신에 대해서 행하는 경험은, 개념상으로 보면, 의식의 전체 체계를 또는 정신의 진리의 전체 영역을 자신 안에서 결코 개념적으로 파악할 수가 없다.(Phänomenologie, S. 74.)[16]

의식의 변증법적 운동에서 대상이 생겨난다는 결론은 의식이 무엇인가를 발생시키는 것을 의미하는 게 아니라 인식에서 의식의 '개념적 파악'을 의미할 뿐이다. 개념들은 정신의 활동이 없이는 형성될 수가 없다. 그런데 인식에서 정신은 자신의 대상에 대해서 뿐만 아니라 자기 자신에 대

---

15 푀겔러에 따르면 "의식의 경험의 학"은 "인식 활동과 인식 대상 사이의 분리를 지양하는 것"을 목적으로 하며, 푀겔러는 이러한 학문을 "인식 활동의 실재성을 시험하는 것"이라고 불렀다. 그러므로 인식은 대상을 개념적으로 파악하는 인식 활동이지 않으면 안 된다. O. Pöggeler, *Hegels Idee einer Phänomenologie des Geistes*, Freiburg / München 1993, 2. Aufl., S. 155f.

16 하이데거는 헤겔에 있어서 변증법적 운동이란 "의식이 그 운동 안에서 자신의 실재성을 실현하는" 경험인데, 이 경험은 "현상하는 자 그 자체의 현상 작용(das Erscheinen)"이라고 해석한다. 하이데거에 따르면 "경험은 의식된-존재(Bewußt-sein)라는 단어에서 '-존재'(-sein)가 의미하는 바의 것이며, 그래서 바로 이 '-존재'로부터 비로소 '의식된-'(Bewußt-)이라는 단어에서 생각되는 것이 분명해지고 구속력이 있게 되는 것이다." 하지만 이를 통해서 하이데거는 헤겔에 있어서의 '경험'을 너무 '존재론적으로'(ontologisch) 존재자의 존재(das Sein des Seienden)를 밝히는 변증법적 운동으로서만 이해하고 있다. 이에 대해서는 "M. Heidegger, *Hegels Begriff der Erfahrung*, In: Holzwege, Frankfurt/M. 1957, S. 165-171."을 참고할 것.

해서도 판단을 내린다. 그러므로 헤겔에 따르면 의식 또는 정신의 변증법적 운동으로서 '경험'은 인식의 전체 체계를 관통하지 않으면 안 된다. 그리고 경험은 자기 자신을 반성하는 의식의 운동이기 때문에 '정신적 활동' 이외에 다른 무엇이 아니다. 헤겔은 또한 경험이 변증법을 포함할 경우 '사변적 사유'(das spekulative Denken)라고 부른다.[17]

> **사변적 사유**란 오직 사유가 모순을, 그리고 다시 이 모순 속에서 자기 자신을 고수하는 데 있을 뿐, 결코 표상의 경우에서와 같이 한낱 모순에 의해 지배된 상태에서 바로 이 모순에 의해서 자기의 규정들을 또 다른 규정이나 혹은 무(無) 속으로 해소시켜버린다는 데에 **사변적 사유**가 존립하는 것은 아니다. (……) 그러나 결국 이렇게 모순되는 것은 그 스스로가 무(無) 속으로 해소되어 들어감으로써 자기의 부정적인 통일에로 복귀한다. 이를테면 사물, 주관, 개념이 곧 이와 같은 부정적 통일 자체인 것이다.[18]

---

17 "'사고 활동'(Denken)이란 정신의 행위이고 정신의 생산 활동이며, 그 안에서 의식의 대립은 사라진다." P. Ruben, *Von der 〉Wissenschaft der Logik〈 und dem Verhältnis von Dialektik und Logik*, In: Seminar Dialektik in der Philosophie Hegels, hrsg. v. R. P. Horstmann, 2. Aufl., Frankfurt/M. 1989, S. 76f. ; "보통의 삶에서 사변(Spekulation)이라는 표현은 매우 막연하고 동시에 하위적인 의미로 사용되는 경향이 있는데, 그래서 (……) 그와 같은 사변의 내용을 형성하는 것은 우선 단순히 주관적인 것이지만, 그렇지만 주관적인 것으로 번역되어서는 안 되고 오히려 현실화되거나 객관성으로 번역되어야만 한다." G. W. F. Hegel, *Enzyklopädie der philosophischen Wissenschaften I*, 같은 책, § 82. ; "사변 철학에서 오성은 하나의 계기이기는 하지만, 그러나 그냥 머물러 있지만은 않는 계기이다." G. W. F. Hegel, *Enzyklopädie der philosophischen Wissenschaften I*, 같은 책, § 79, Zusatz.

18 G. W. F. Hegel, *Wissenschaft der Logik I*, 같은 책, S. 286-290. ; F. 헤겔 저, 임석진 역, 『대논리학(Ⅱ)』, 같은 책, 105-108쪽. (번역문은 필자가 수정했음)

헤겔에 따르면 이러한 통일은 '부정의 부정'(Negation der Negation)으로서 '긍정적-사변적 사유'(das positiv-spekulative Denken)이며, '이와 같은 사유의 원리'는 바로 '모순'(Widerspruch)이다. 인식의 시작은 경험의 시작이며, 반대의 경우도 마찬가지이다. 이러한 시작은 사태 자체(Sache selbst)의 경험에서 출발하는데, 헤겔은 이것을 '감성적 확신'(die sinnliche Gewi ß heit)이라고 말한다. 그렇기 때문에 감성적 확신은 '경험'에 토대를 두고 있으며, 경험은 인식에서 주관과 객관의 구체적인 통일을 형성하지 않으면 안 된다. 헤겔은 모든 학문의 '단초'(Anfang)가 무엇인지를 고찰함으로써 그것을 논하고 있다.

> 절대적 학문의 시원(Anfang)은 그 자체가 곧 절대적 시원으로서, 이것은 결코 그 어떤 것도 전제해서는 안 되는 것이다. 그러므로 이러한 시원, 시초는 그 무엇에 의해서도 매개될 수 있는 것이 아니며, 또 그 어떤 근원을 가져서도 안 될뿐더러 오히려 그것은 스스로가 학문 전체를 이루는 근원이어야만 하는 것이다. 이렇게 볼 때 절대적 시원이란 단적으로 하나의 직접적인 것, 아니 오히려 직접적인 것 그 자체일 수밖에 없는 것이다. 그리하여 이러한 시원이 결코 타자에 대한 어떤 규정도 지닐 수가 없듯이 또한 그것은 자체 내에도 아무런 규정이나 그 어떤 내용도 지니는 것이 아니다.[19]

무전제로서의 시작(Anfang)은 의식의 변증법적 운동과 그 어떤 관계도 없다. 우리는 인식의 시작 국면에서 '내가 있다.'(Ich bin.) 또는 '사물

---

19 G. W. F. Hegel, *Wissenschaft der Logik I*, 같은 책, S. 33. ; F. 헤겔 저, 임석진 역, 『대논리학(I)』, 서울 (지학사) 1988, 58쪽.

이 있다.'(Die Dinge sind.) 등과 같은 진술만 할 수 있을 뿐이다. 헤겔은 이러한 국면에 있는 의식을 "자연적 의식"(das natürliche Bewuβtsein)이라고 부른다.(Phänomenologie, S. 67.)[20]

헤겔은 모든 경험론 철학자들과 마찬가지로 감성적 확신을 인식의 단초로 삼으며, 이 단초는 모든 인식을 경험 또는 감성적 존재로부터 그리고 지각으로부터 도출하는데, 따라서 모든 학문을 오로지 경험에 근거하여 탐구하고자 한다.[21] 그렇지만 의식이 행하는 경험은 처음에는 (단순한) 지(Wissen)이다.

> 단초적으로 혹은 직접적으로 우리의 대상이 되는 지는 오직 그 자체가 직접적인 지, 즉 **직접적인 것**과 **존재하는 것**의 지 이외의 다른 어떤 것도 아니다. 이제 이 문제를 다루는 데 있어서는 우리도 역시 **직접적인** 혹은 단지 **수용적인** 자세만을 취할 수 있을 뿐, 결코 우리 앞에 나타나는 지에 대하여 추호의 변화도 가해서는 안 되며 또한 단순히 이해하려는 노력 이외에 그 어떤 개념적 파악을 시도

---

20 "자연적 의식의 길이 현상하는 지를 서술하는" 한, 하이데거에 따르면 자연적 의식은 "현상하는 주관"(das erscheinende Subjekt)이다. 그러나 하이데거는 일관성 없이 다음과 같이 해석하기도 한다. "의식에 직접적으로 떠오르고, 그렇게 떠오른 것이 의식에 직접적으로 개입하는 것을 고수하는 게 의식의 자연스러움이다. 이와 같은 방식으로 자연적 의식은 비감성적인 것을 받아들인다." 그렇기 때문에 하이데거의 따르면 자연적 의식은 "결코 감성적 의식"의 도움으로 "자기 자신을 발견하는 게 아니다." 이러한 근거에서 하이데거는 자연적 의식을 "아직-참이-아닌 것"(das noch-nicht-Wahre)이라고 명명한다. 이에 대해서는 "M. Heidegger, *Hegels Begriff der Erfahrung*, 같은 책, S. 132-143."을 참고할 것.

21 이에 대해 해링은 다음과 같이 말한다.: "헤겔은 여기서 의식을 (……) 정신의 개별적 현상들, 즉 스스로 개별적인 (요컨대 경험 가능하고 지각 가능한 외적인) 대상들이 관계를 맺고 있는 감성적 확신과 지각, 오성이라는 현상들을 다룬다." T. L. Haering, *Hegel - sein Wollen und sein Werk*, Bd. II, Aalen 1963, S. 487.

해서도 안 될 것이다.(Phänomenologie, S. 67.; 『정신현상학 1』, 155쪽)

이러한 (단순한) 지는 엄밀한 의미에서 학문의 단초로서 개념을 멋대로 다루지 않으며 또한 마음대로 판단하지도 않는다. 그것은 직접적인 존재자의 문제인데, 그것 자체가 '매개되지 않은 직접적인 것'(das Unvermittelte)이다. 그렇기 때문에 절대적인 단초는 선행하는 것에 대립할 수도 없고 자기 자신 안에 부정(분리 또는 구별)을 결코 포함할 수도 없다.[22] 동시에 의식은 자신의 대상에 대해서 오직 수동적인 태도를 취하지 않으면 안 된다.[23] 바로 이런 태도 안에 감성적 확신이 들어 있는데, 이에 대해 헤겔은 다음과 같이 말한다.

> **감성적 확신**이 담고 있는 구체적 내용은 마치 이 감성적 확신이야말로 그 무엇보다도 **풍부한** 인식(die reichste Erkenntnis), 심지어는 무한의 보고(寶庫)를 지니기라도 한 인식으로까지 보이게 하거니와, 바로 이와 같이 풍부한 인식의 보고란 마치 우리가 그 내용이 활짝 펼쳐져 있는 광활한 시간과 공간 속으로 **뻗어나가려는 경우**이건 혹은 우리가 그 속에 담겨져 있는 풍부한 것 중에서 어떤 한 조각만이라도 떼 내어 다시 이 조각을 세분하면서까지 그 의미

---

22 이에 대해서는 "G. Kimmerle, *Sein und Selbst - Untersuchung zur kategorialen Einheit von Vernunft und Geist in Hegels ›Phänomenologie des Geistes‹*, Bonn 1978, S. 106."을 참고할 것. ; "자기 스스로 아무런 문제도 제기하지 못하는 모든 것은 그러므로 선(先)-논리적인 것(이것 자체는 결코 맨 처음에 증명되지 못한다는 것이 분명하다.)이다." E. Krieger, *Die Grenzen der Vermittlungsmethode bei Hegel*, In: Hegel in der Sicht der neueren Forschung (Wege der Forschung, Bd. LII) hrsg. v. I. Fetscher, Darmstadt 1973, S. 257.

23 이 견해는 테일러의 경험론과 비교해볼 필요가 있다. 이에 대해서는 "C. Taylor, *Hegel*, übersetzt v. G. Fehn, Frankfurt/M. 1978, S. 194f."를 참고할 것.

> 를 **파헤쳐보려고 할 경우**이건 간에 결코 우리가 그 끝을 닿는 데를 알 수 없을 정도의 크고 작은 모든 것을 망라하고 있다. 이밖에도 감성적 확신은 **가장 참다운 인식**으로 보일 수 있으니, 왜냐하면 이것은 아직도 대상으로부터 그중의 어떤 부분도 제외시키지 않았을 뿐 아니라 오직 있는 그대로의 완전한 모습을 지닌 대상을 눈앞에 두고 있기 때문이다. 그러나 실제에 있어서 이와 같이 단순한 사실로서의 **확신, 확실성**이란 가장 추상적이며 또한 가장 빈곤한 의미의 **진리**(die abstrakteste und ärmste Wahrheit)에 불과하다. 이러한 감성적 확신은 자기가 아는 것에 대해서 다만 '~ **이다.**'(es ist)는 단 한 마디 말을 할 수 있을 뿐이다. 따라서 이러한 진리는 다만 사실의 **존재**(das Sein der Sache)를 내포하는 데 불과하다.(Phänomenologie, S. 79.; 『정신현상학 1』, 155쪽)

의식, 즉 감성적 확신에 있어서 "우리"(wir)[24]가 처음으로 '경험하는' 것, 게다가 '가장 풍부한 인식'으로서 그리고 동시에 '가장 추상적이고 가장 빈약한 진리'로서 우리가 경험하는 것은 어쨌든 논리적 기본요소, 요컨대 개념의 본질이다. 만일 감성적 확신의 내용이 단순하게 받아들여진다면, 다시 말해서 감성적 확신의 내용인 '개념'의 형식으로—그리고 판단의 형식으로가 아니라—규정된다면, 그렇다면 헤겔은 그 내용을 '존재'(das Sein) 라고 부를 것이다. 왜냐하면 존재는 이와 같은 개념에서는 '가장 풍부한

---

24 "의식형태의 내부에서는 진리와 속행의 원리가 우리의(Für uns) 입장에서 참인 것으로 전제되고 있는 것에 오로지 좌우된다. 진리는 오직 우리가 아는 것 안에 스스로의 자리를 갖는다." H. H. Ottmann, *Das Scheitern einer Einleitung in Hegels Philosophie - Eine Analyse der Phänomenologie des Geistes,* München / Salzburg 1973, S. 176.

인식'으로부터 이렇게 단순히 '존재'라고 하는 하나의 특징만을 확정할 뿐이기 때문이다. 바로 이로부터 판단에서 비로소 '진리'가 형식화될 수 있는데, 이는 헤겔이 "가장 추상적이고 가장 빈약한 진리"라고 말하고 있는 바와 같다. 이것을 우리는 오늘날 '가장 보편적인 진리'(die allgemeinste Wahrheit)라고 부르지 않으면 안 된다. 논리적으로 보면 단적으로 '존재가 있다.'(Es gibt das Sein.)고 하는 실존주장(Existenzbehauptung)이 중요하다.

그런데 만일 '존재'가 판단의 형식으로 파악되어야 하고 또 그렇게 알려져야 한다면, 그것은 헤겔에 따르면 어떤 종류의 다른 특징들을 통해서도 결코 더 세밀하게 규정되거나 특징지어질 수도 없다. 그렇지만 어떤 종류의 특징도 (아리스토텔레스에 따르면, 어떤 종류의 형식 규정도) 갖고 있지 않은 것은 (이미 아리스토텔레스에게 있어서 그리고 그의 후계자인 헤겔에 있어서도) 바로 "순수무"(das reine Nichts, me on)[25]이다. 그렇기 때문에 헤겔은 시종일관 '존재'를 '순수 무'를 통해서 정의할 수 있는 것이며 반대의 경우도 마찬가지이다. 만일 헤겔이 '존재는 무이다.'(Das Sein ist das Nichts.)라고 정식화한다면, 여기서 'ist'라는 계사(繫辭)는 논리적 등가(等價, Äquivalenz)로 읽을 수 있다. 그리고 이에 따라서 우리는 '존재 = 무'로 표기할 수 있다. 여기서 헤겔은 감성적 확신이 '존재'를 파악함으로써 동시에 감성적 확신은 '무'를 파악한다는 것을 보여주고 있다. 이것을 논리적으로 엄밀하게 보면 감성적 확신은 아무것도 규정된 것이 없는 것을 파악한다고 할 수 있다. 왜냐하면 모든 규정은 더 많은 개념들을 획득함으로써 비로소 판명되기 때문이다.

그러나 만일 존재가—변증법적 개념으로서—동시에 무라면 판단에 있어

---

25 헤겔은 자신의 다른 저술에서 다음과 같이 고찰하고 있다.: "존재, 규정되지 않은 직접적인 것은 실제로 무(Nichts)이며 무 이외에 더 이상 다른 어떤 것이 아니다. (……) 무, 순수 무이다." G. W. F. Hegel, *Enzyklopädie der philosophischen Wissenschaften I*, 같은 책, § 86-88.

서도 오로지 변증법적으로만—모순 판단들에서—그에 대해서 언급될 수 있을 뿐이다. '존재는 있으며 그리고 없다.'(Das Sein ist und es ist nicht.) 그리고 이에 상응하여 '무는 있으며 그리고 없다.'(Das NIchts ist und es ist nicht.) 이로써 헤겔은 존재를 개념화할 때 직접적인 지가 모순적인 본성을 지닌다는 점을 증명하고 있다. 이와 같은 '순수 존재'의 개념은 실제로 '사유 안에서'만 형성된다. 순수 존재는 최초의 '정신적 행위 자체'에 대한 개념이다. 이것을 헤겔의 말을 빌려보면, 순수 존재의 개념은 '사변적 사유'(das spekulative Denken)의 단초이다.

두 번째 단계는 그와 같은 '가장 풍부한 경험'에서 구성될 수 있는 것을 더 광범위하게 규정하는 데에로 이끈다. 이렇게 규정한다는 것 자체는 개념을 필요로 하는데, 말하자면 '순수 이것'(das reine Dieses)이라는 개념을 필요로 한다. '순수 존재'는 '규정된 주관'(bestimmtes Subjekt)임이 그리고 '규정된 대상'(bestimmter Gegenstand)임이 증명되었다. 이 양자는 '순수 이것'으로 규정된다. 여기서 '이것'(Dieses)은 주관과 객관에 공통적인 '유적 특징'(Gattungsmerkmal)으로서 획득되며, 또한 '이것'은 완전히 비변증법적으로 주관(자아, Ich)과 객관(사태, Sache)을 '이것'의 이분법적 종(種, Art)들로서 서로 대립시킨다.

> 이 두 가지 경우는 모두가 감성적 확신의 진리와는 무관한 것이다. 즉 여기서 자아나 사물은 다 같이 그 어떤 타자와의 다양한 관계에서 비롯되는 매개의 의미를 내포하고 있지 않은 것이다.(Phänomenologie, S. 80.; 정신현상학 1』, 156쪽)

주관도 객관도 '이것'으로서, 즉 '단순한 직접성'(die einfache Unmittelbarkeit)으로서 정립되어있다. 이제 절대적 지로서의 '우리'는 감성적 확신의 구체적 내용을 증명한다. 이 과정에서 밝혀지는 것은 자아로서의 이것과 사태로서의 이것이 감성적 확신에서는 매개되어 있다는 사실이다.

> 이렇게 **우리**가 양자 간의 차이를 놓고 볼 때 바로 여기서 눈에 띄는 사실은 그중의 어느 편도 단지 **직접적으로** 감성적 확신에 다다라 있는 것이 아니라 이미 그들은 **매개되어** 있었다는 것이다. 즉 어디까지나 나는 하나의 타자를 **통해서**(durch), 말하자면 어떤 사실, 사물을 통해서 확신을 얻게 되었는가 하면 또한 반대로 이 사실, 사물의 측면도 역시 어떤 타자를 통해서, 즉 다름 아닌 자아를 **통해서만** 그 자신의 존재가 확실성을 띨 수 있었던 것이다.(Phänomenologie, S. 80.; 정신현상학 1』, 157쪽)

이것은 감성적 확신의 주관과 대상으로서 각각이 동시에 서로를 확인해주면서 매개된다는 사실로 인도한다. 여기서 헤겔은 자신의 '매개'(Vermittlung)[26]라는 개념을 가지고 '이것'으로서의 주관과 역시 '이것'으로서의 대상 간의 관계를 전개, 발전시켰다. 이와 같은 관계란 감성적 확신에서 의식이 수행하는 '변증법적 경험'을 말한다.

---

26 헤겔에게서 '매개'(Vermittlung)는 하나의 변증법적 계기인데, 이 계기란 스스로 부정성의 원리를 포함하고 있어서 지를 전개, 발전시키는 원리가 된다.

## 3. 인식의 토대로서 경험

### 1) 공간과 시간에서의 구체적 사물경험

이제 감성적 의식은 주관과 객관을 규정함으로써 구체적인 경험을 수행한다. 구체적 경험은 감성적 확신의 진리를 시험하고 검토하는 과정이다. 이러한 것은 실제로 하는 '말'과 '글'에서 일어나는데, 말과 글은 진리를 보존하기 위해 필연적인 인식 수단이다.

그래서 "이것이란 무엇인가?"(Was ist das Diese?)(Phänomenologie, S. 81.)라고 물을 수 있다. 여기서 의식은 이제 자신의 대상을 갖게 되는데, 이는 대상이 '공간과 시간'(Raum und Zeit)이라는 제약 안에서 주어지는 바와 같다. 따라서 "그렇게 주어진 모든 것은 공간적인 것과 시간적인 것의 특징들을 지금(Jetzt)과 여기(Hier)라는 형태로 포함하지 않으면 안 된다."(Phänomenologie, S. 81.)[27] 그래서 "지금이란 무엇인가?"(Was ist das Jetzt?)와 같은 구체적인 규정에 대한 물음이 성립하는 것이다. 직접적인 경험은 "지금은 밤이다."(Das Jetzt ist die Nacht.)라고 답할 수 있을 것이다.(Phänomenologie, S. 81.)[28] 이제 감성적 확

---

27 이와 관련해서는 "L. Geldsetzer, *Über das logische Prozedere in Hegels Phänomenologie des Geistes*, 같은 책, S. 46."을 참고할 것. ; 그리고 헤겔 또한 이에 대해서 다음과 같이 말하고 있다.: "여기와 지금이라는 공간적 단일성과 시간적 단일성은 (……) 본래 직관에 속한다. 객관은 여기서 무엇보다 먼저 의식에 속하는 관계에 따라서만, 요컨대 동일한 외적인 것, 즉 아직은 자기 자신에게 외적인 것이 아닌 또는 외부 존재가 아닌 것으로 규정되는 것을 받아들인다." G. W. F. Hegel, *Enzyklopädie der philosophischen Wissenschaften III*, 같은 책, § 418.

28 헤겔은 이와 같이 진리를 검사하기 위해 다음과 같은 슬기로운 실험을 제안한다.: "이와 같은 감성적 확신의 진리를 검증하는 데는 단 한 가지 시도만으로도 족하다. 즉 우리가 이러한 진리를 일단 글로 써서 나타내 본다고 하자. 물론 이와 같이 하나의 진리

신은 '판단'의 형식을 취하며 글로 써지게 된다.

헤겔에게서 가시적인 것—여기서는 밤이 바로 가시적인 것이다. —은 항상 다른 것, 즉 낮에 대해서 부정의 관계에 있다. 이러한 감성적 확신—밤으로서의 지금—은 자신의 '내용'을 잃어버리지만 밤이라는 것만 가까스로 기록된다. 다시 말해서, 낮이라는 자신의 타자가 그 내용을 이루게 된다는 말이다.[29] 그렇지만 '지금'은 반대편에서 서로를 부정하면서 구체화하는 활동을 거치는 가운데 공통된 것으로서 여전히 남게 된다.

> 예컨대 여기서는 지금이 곧 밤이라는 관점에서 그 의미가 **보존되었던** 것이다. 다시 말해서 지금이란 것이 있는 그대로의 의미에서, 즉 엄연히 **존재하는 것**으로 취급된 것만은 사실이지만, 그러나 이제 그 존재하는 것은 더 이상 존재하지 않는 것으로 드러나게 된다. 물론 이 경우에도 **지금**이라는 자체만은 그대로 유지되는 것이 사실이지만, 그러나 그 지금이 곧바로 밤일 수는 없

---

가 글로 써진다고 해서 무엇이 상실될 리도 없으려니와 동시에 우리가 진리를 보존하려 한다고 해서 무엇인가가 상실될 리도 없을 것이다." (Phänomenologie, S. 81.; 『정신현상학 1』, 158쪽) ; 이에 대해 킴멀레는 다음과 같이 해석하고 있다.: "지금은 밤(jetzt ist Nacht)이라는 진술은 현재가 밤이라는 시간적인 양태를 확언하기 위하여 밤과 관련이 있다. 이에 반해서 '지금은 밤이다.'(Das Jetzt ist die Nacht.)라는 진술은 밤이라고 규정되는 지금이라는 존재에 대한 진술이다. 이 두 번째 진술만이 감성적 확신 일반의 지평에서 의미가 풍부해질 수 있을 뿐이며, 그에 반해서 첫 번째 진술은 지각하는 의식에서 비로소 잘 알려지게 되는 명제의 구조를 전제하고 있는 것이다." G. Kimmerle, *Sein und Selbst - Untersuchung zur kategorialen Einheit von Vernunft und Geist in Hegels ⟩Phänomenologie des Geistes⟨*, 같은 책, S. 111. ; 그리고 사물인식에 있어서 언어의 기능에 대해서는 "L. Geldsetzer, *Logik*, 같은 책, S. 10f."를 참고하기 바람.

29 이와 관련해서는 "L. Geldsetzer, *Logik*, 같은 책, S. 91f."를 참고하기 바람. ; 해링은 헤겔에게 있어서 '지금'의 규정성에 대해 다음과 같이 기술하고 있다.: "본래적인 시간적 지금은 더욱 엄밀하게 고찰됨으로써 현재, 미래, 과거라는 서로 분리되는 계기들(지금의 계기들)의 변증법적 삼위일체로서 오히려 증명되고 있다." T. L. Haering, *Hegel - sein Wollen und sein Werk*, Bd. Ⅱ, 같은 책, S. 277.

다. 이런 뜻에서 지금임에는 틀림없는 낮과의 관계에서 보더라도 지금은 역시 낮이 아닌 어떤 것, 혹은 **부정적인 것** 일반으로서만 자신을 보존할 뿐이다. 그러므로 결국 이와 같이 스스로를 유지하는 지금이란 직접적인 것이 아니라 매개된 것임에 틀림없다.(Phänomenologie, S. 81.; 『정신현상학 1』, 158–159쪽)[30]

비록 밤이 여기서 '낮'으로 바뀌기는 하지만 그 형식인 '지금'이 사라지는 것은 아니다. 따라서 헤겔에 의하면 지금의 감성적 확신은 매개된 것으로서 '보존'된다. 이제 지금은 '모순 개념'으로 등장한다. 왜냐하면 헤겔은 '밤'이라는 '긍정적인 것'과 이에 대한 '부정'으로서 '낮'이라는 것을 동시에 '지금'이라는 '하나의 개념 안에' 결합시키고 있기 때문이다. 사람들은 '밤-낮' 또는 '낮-밤'으로서의 '지금'을 '개념'으로 파악하고 표시하지 않으면 안 될 것이다. 이와 같은 것은 실제 현실에서는 존재할 수가 없다. 그렇기 때문에 우리는 '지금'을 아직은 '유개념'(Gattungsbegriff)으로서 파악할 수가 없다.[31] 유개념은 시간지각(Zeitwahrnehmung)의 능력을 위한 변증법적

---

30 킴멀레는 논리적 사태를 잘못 보고 있다.: "'지금은 밤이다.'라는 진술은 그러나 개별적인 지금의 존재에만 관련이 있을 수 있는 한에서, 이 개별적인 지금이 동시에 보편적인 지금이라고 하는 경험을 하게 된다. 왜냐하면 개별적인 지금은 사라져 가는 데에서 스스로 유지되는데, 거기서는 밤으로부터 낮으로의 이행이 지금으로부터 지금으로의 이행이기 때문이다. 즉 지금에 의한 지금의 부정은 자기 자신 안에서 지금을 부정하면서 스스로에게 되돌아가는 것이기 때문이다." G. Kimmerle, *Sein und Selbst - Untersuchung zur kategorialen Einheit von Vernunft und Geist in Hegels* *〉Phänomenologie des Geistes〈*, 같은 책, S. 112.

31 왜냐하면 "유개념은 이분법적인 종개념들을 자신의 외연적 위치로서 '개념적으로 파악'(begreifen)하기는 하지만, 그러나 종개념의 종차를 내포(Intension)로서 포함하지는 않기" 때문이다. L. Geldsetzer, *Logik*, 같은 책, S. 94. ; L. Geldsetzer 지음, 문성화 옮김, 『논리학』, 같은 책, 113쪽.

'배치개념'(Dispositionsbegriff)[32]이다.

"그러나 이것은 바로 모순개념에 적용되며 또한 배치개념에도 적용된다. 이 개념들은 서로를 부정하는 종차, 즉 이분법적인 두 가지 종의 위치를 동시에 그리고 부가적으로 공통의 유의 내포(Gattungsintension)로 포함한다. 그러한 개념들의 외연 내지는 적용 영역에 대한 귀결은, 이 개념들이 융합된 종개념들의 외연을 공통적으로 가지고 있기는 하지만, 그러나 그것을 넘어서는 어떠한 고유의 외연도 더 이상 가질 수가 없고, 따라서 이 외연에 결부되어 있는 어떠한 종적(種的)인 적용 영역도 갖지를 못한다는 점이다. 이러한 점이 다시금 의미하는 것은, 그와 같은 배치개념이 모든 모순개념과 마찬가지로 어떠한 현실적인 것도 의미하지는 않는다는 점, 또는 특별한 현실과는 결코 관계할 수 없다는 점이다. 그러나 바로 이 점은 논리학에서 이미 언제나 모순의 특징으로서 수용되었다."[33]

이 분석은 헤겔의 다음 글과 상응한다.

왜냐하면 그것은 오직 자기에 대한 타자로서의 낮이나 밤이 아니라는 **전제 하에서만** 스스로의 항구적, 자기보존적인 성격을 지

---

32 '배치개념'(Dispositionsbegriff)에 대해서는 "L. Geldsetzer, *Logik*, 같은 책, S. 94-98. ; L. Geldsetzer 지음, 문성화 옮김, 『논리학』, 같은 책, 112-116쪽."을 참고할 것.

33 L. Geldsetzer, *Logik*, 같은 책, S. 94f.; L. Geldsetzer 지음, 문성화 옮김, 『논리학』, 같은 책, 113쪽.

닐 수 있기 때문이다. 그리하여 이 경우에도 **지금**은 단순히 그 이전과 꼭 같은 지금으로 남아 있거니와 바로 이와 같이 단순한 자기 고유의 성격을 유지함으로써 이 지금은 자신의 성격에 변화를 미칠 수 있는 그 어떤 것에 대해서도 무관심한 입장을 취한다. 말하자면 그 지금의 진상이 결코 밤과 낮 중의 어느 한편에만 치우칠 수 없듯이 이와 정반대로 그것은 이제 낮이나 밤으로 바뀔 수가 있는 것이다. 즉 이 지금은 바로 이와 같은 자신의 타재성(Anderssein)에 의해서 전혀 영향을 받지 않는다.(Phänomenologie, S. 81f.; 『정신현상학 1』, 159쪽.)

그렇기 때문에 헤겔은 '지금'을 '매개된 것'(Vermitteltes)이라고 명명하는데—이것은 헤겔에게서 하나의 변증법적 개념이다.[34] —이 매개된 것은 밤이기도 하고 낮이기도 하며 또한 밤과 낮 가운데 그 어떤 것이 아니기도 하다. 헤겔은 감성적 확신의 '본질'을 '실례'와 구별하면서 본질을 '직접성'이라고, 실례를 '매개'라고 부른다. 그 결과 매개된 것으로서의 '지금'이 감

---

34 헤겔은 자신의 '변증법'(Dialektik)에 대해 다음과 같이 말하고 있다.: "변증법은 (……) 이렇게 내재적으로 이행하는 것(Hinausgehen)인데, 이 안에서 오성규정의 일면성과 제한성이 그에 대한 부정으로서 묘사된다. 유한한 모든 것은 스스로를 지양하는바 바로 그것이다. 따라서 변증법적인 것은 학문적인 진행 과정을 추진해 나가는 영혼을 구성하며 오로지 내재적인 연관성과 필연성이 학문의 내용이 되도록 하는 원리이다. 이는 이러한 원리 안에는 어쨌든 유한한 것을 넘어서면서 외적이지 않으면서도 참된 고양(高揚)이 들어 있는 것과 같다." G. W. F. Hegel, *Enzyklopädie der philosophischen Wissenschaften Ⅰ*, 같은 책, § 81. ; 그러므로 헤겔은 변증법을 위한 가장 중요한 요소로서 "지금 다루어진 방향에서의 변증법적인 것 속에, 다시 말하면 반대물을 통일성 속에서, 혹은 긍정적인 것을 부정적인 것 속에서 파악한다는 데에 바로 사변적인 것(das Spekulative)이 깃들어 있다고 하겠다."고 강조하는 것이다. G. W. F. Hegel, *Wissenschaft der Logik Ⅰ*, 같은 책, S. 27. ; F. 헤겔 저, 임석진 역, 『대논리학(Ⅰ)』, 같은 책, 47쪽.

성적 확신의 '실례'라고 하는 점과 헤겔이 감성적 확신의 본질을 직접성에다 정립해야만 했다는 점이 분명하게 드러나고 있다. 헤겔은 이와 같은 본질을 이미 '이것'이라고 명명한 바 있다. 앞에서 말했듯이, 매개된 것으로서 그 본질은 '변증법적' 통일을 이루고 있으며, 이러한 통일을 사람들은 '낮-밤' 또는 '밤-낮'이라고 부르지 않으면 안 될 것이다.

'직접적인' 지금으로의 이행은 밤과 낮, 밤 또는 낮이라는 경험으로부터 제외되고 추상되는 것에 의해서 수행된다. 그래서 '지금'은 보편자로서 유개념으로 상승하며 보편적 '이것'의 본질적 특징임이 증명되는데, 여기서 보편적 '이것'은 '밤'과 '낮'을 자신의 하위개념, 즉 종개념으로서 포함하게 된다. 이때 '이것'은 '개별자'로서의 '밤'과 '낮'에 대한 '보편자'로 간주된다.

> 결국 부정(Negation)의 과정을 통해서만 존재하는 것, 이것(Nacht)도 아니고 저것(Tag)도 아닌 것, 그리고 특히 **이것이 아닌 것**(Nichtdieses)이면서도 또한 이것이나 저것에 대해서 무관심하게 존재하는 것—이와 같이 단순한 성질의 것을 우리는 곧 **보편자**(Allgemeines)라고 부르거니와, 바로 이러한 보편자야말로 진정한 의미에서 감성적 확신의 진리가 되는 것이다.(Phänomenologie, S. 82.; 『정신현상학 1』, 159쪽)

이와 같은 고찰을 통해서 증명되는 것은 '지금'에 내포되어 있는 유적 특징이 무엇인가 하는 것이다. 헤겔은 '변증법적' 개념으로부터 더 이상 변증법적이지 않은 유개념으로의 이와 같은 이행을 다음과 같이 종합한다.

> 이를테면 바로 이 시점 상에 있는 **지금**이 제시됐다고 할 때 바

로 여기에 있는 **그 지금**은 그와 같이 밝혀지기가 바쁘게 어느덧 그것은 원래의 **지금**과는 다른 것이 돼버리고 만다. 즉 바로 이 순간을 의미하는 **지금**은 이미 그 첫 순간에 나타난 **지금**과는 다르다는 것이 되고 만다. 그리하여 이와 같이 우리에게 제시됐던 지금은 어김없는 한낱 **과거지사**(gewesenes)로 바뀌는 가운데 이와 같이 바뀐 사태가 곧 지금의 진리로 된 것이다. 이렇게 볼 때 결국 지금은 존재, 존속한다는 뜻에서의 진리를 보유하지는 못한다는 것이 된다. 물론 그 지금이 이미 존재했었던 것만은 사실이지만 그러나 **과거에 있었다는 것**(gewesen)은 **본질과는 다른 것**(kein Wesen)이므로 끝내 **지금이란 존재하지 않는다는 것**이다. 그런데 실은 여기서 우리에게 문제가 되는 것은 오직 존재에 관한 것일 뿐이다.(Phänomenologie, S. 85.; 『정신현상학 1』, 164쪽)[35]

그래서 '이 지금'도 존재하지 않고 '저 지금'도 존재하지 않는다. 다시 말해서, 어쨌든 그 어떤 개별적인 지금도 존재하지 않는다. 따라서 '지양된' 지금은 '보편자'가 된다. 실례를 통해서 증명될 수 있는 '지금'은 아마도 동시에 밤과 낮일 것이다. 감성적 확신에 결부되어서 나타나는 것과 같은 지금은 그렇기 때문에 하나의 '모순' 개념이다. 이와 같은 모순 개념으로서의—감성적 확신에서 시간적인 특징으로서—지금은 그 자체가 의식

---

35 이에 덧붙여 헤겔은 다음과 같이 말한다.: "먼저 객관은 전적으로 직접적인 존재자이며, 그래서 감성적 의식에 나타난다. 하지만 이러한 직접성은 어떠한 진리도 지니고 있지 않으며, 직접성으로부터 객관의 본질적인 존재에로 계속해서 나아가지 않으면 안 된다." G. W. F. Hegel, *Enzyklopädie der philosophischen Wissenschaften III*, 같은 책, § 418, Zusatz.

의 경험활동에 대한 변증법적 개념이다.[36]

「감성적 확신」에서 공간적인 것을 분석해보면 '여기'(das Hier)라는 개념이 등장한다. '이것'의 다른 형식인 '여기'는 헤겔에 의해서 '이것'의 다른 통일성이라고 불린다.

> 이와 같은 사정은 이것에 해당하는 또 다른 형식이라고 할 **여기**의 경우에도 마찬가지이다. 예컨대 **여기**가 **나무**라고 하자. 그러나 일단 내가 고개를 돌리면 나무라는 진리는 곧 사라지고 그와 반대되는 것으로 뒤바뀌고 만다. 즉 **여기는 더 이상 나무가 아니고** 하나의 **집**일 수가 있다. 그럼에도 결코 **여기**라는 감성적 확신 자체는 사라지지 않을 뿐더러 여전히 그 여기는 집 또는 나무 등이 소멸되는 가운데서도 불변의 상태에 **있음**으로써 이제 그 여기는 집 또는 나무 중 어느 쪽에도 전혀 개의치 않는다. 그리하여 마침내 **이것**은 또 다시 **매개된 단순성** 혹은 **보편성**의 형식을 띠고 나타나기에 이르는 것이다.(Phänomenologie, S. 82.; 『정신현상학 1』, 160쪽)[37]

---

36 이와 관련하여 헤겔의 다음과 같은 말은 매우 중요하다.: "만일 우리가 바로 다음에 이어지는 표상에서의 사유 활동을 받아들인다면, 그것은 a) 우선 자신의 일상적이고 주관적인 의미로 보이며, 정신적인 활동이나 능력과는 다른 것으로서 감성, 직관, 환상 등과 같은 그리고 욕구, 의욕 등의 하나로서 보인다. 그러한 사유 활동의 산물, 사상(Gedanke)의 규정성이나 형식은 보편자이며 어쨌거나 추상된 것이다. 그리하여 활동으로서의 사유는 능동적인 보편자이며, 더구나 실행, 산출된 것은 바로 보편자이기 때문에 스스로 실행하는 사유 활동이 된다. 주관으로 표상된 사유 활동은 사유하는 자이며, 사유하는 자로서 실존하는 주관을 단순하게 표현하면 자아(Ich)이다." G. W. F. Hegel, *Enzyklopädie der philosophischen Wissenschaften I*, 같은 책, § 20.

37 헤겔은 공간의 규정과 관련하여 다음과 같이 말한다.: "여기는 아직 장소가 아니라 단지 장소의 가능성일 뿐이다. (……) 여기는 또한 여러 가지로 구별된다. 그러나 이 구별은 마찬가지로 어떤 구별도 아닌데, 다시 말해서 추상적(abstrakt) 구별이다. (……) 사람들은 결코 공간을 제시할 수는 없다. 공간은 스스로를 위해서 존재한다. (……) 그러므로 공간은 비감성적 감성(eine unsinnliche Sinnlichkeit)이며 감성적 비감성(eine

헤겔의 분석에 따르면 '여기'는 우선 개별자로서 그리고 감성적 확신에서 공간적인 것의 특징으로서 '여기는 나무이다.'와 같은 '판단' 형식을 취하지 않으면 안 된다. 헤겔은 이와 같은 판단을 '긍정 판단'(positives Urteil)이라고 부른다. 그렇지만 이와 마찬가지로 '여기는 나무가 아니다.'와 같은 부정 판단도 있다. 나무는 가시적인 것으로서 다른 가시적인 것, 이를테면 '집' 등과 같은 것과의 (무규정적) 부정 관계에 있다. 그러므로 부정 판단은 다시금 '여기는 집이다.'와 같은 긍정 판단이 될 수 있는 것이다.[38] 이와 같은 방식으로 우리는 이제 '여기'를 다른 사물들과 무한히 관계 지을 수 있다. 이에 따라서 보면 지금과 마찬가지로 여기도 감성적 확신에서는 다른 '모순 개념'이라는 사실, 즉 여기는 나무이면서 동시에 집이며, 또 다시 말해서 여기는 '나무-집' 또는 '집-나무'이고 동시에 '비(非)나무-집' 그리고 '비(非)집-나무'라는 사실이 분명하게 드러난다.

또한 헤겔에 따르면 '여기'는 "단순한, 따라서 규정된 여기가 아니라 많은 여기의 총괄개념이다. 그러므로 실제 존재하는 것은 감성적으로 추상된 규정성이 아니라 보편자이다."(Phänomenologie, S. 82.)[39] '여기'가 '많은 여기'의 유적 특징이기는 하지만, 그러나 무엇보다도 '여기'는 그러한 많은 여기의 종적인 차이들도 포함하고 있다. 그러므로 '여기'는 '지금'에서와 동일한 방식으로 증명될 수 있다. 만일 '여기'가 나타난다면, '여기는 있

---

sinnliche Unsinnlichkeit)이다." G. W. F. Hegel, *Enzyklopädie der philosophischen Wissenschaften II*, 같은 책, § 254, Zusatz. (강조는 필자의 것)

38 "최초의 부정으로서 이러한 부정에는 그 규정성이 오로지 부정되기만 함으로써 상대적으로 보편자로서 존재하는 술어에 대한 주어의 관계가 여전히 남아 있다. ('장미는 빨간색이 아니다.'는 것은 그러나 장미가 여전히 색깔을 지니고 있다는 점을 포함한다. 우선은 다른 색을 그래서 다시금 긍정 판단이 될 다른 색을 지니고 있다.)" G. W. F. Hegel, *Enzyklopädie der philosophischen Wissenschaften I*, 같은 책, § 173.

39 그리고 "G. W. F. Hegel, *Nürnberger und Heidelberger Schriften*, 같은 책, S. 114."도 참고할 것.

으며 동시에 없다.'는 판단의 형식으로 표현되지 않으면 안 된다. '여기'는 동시에 특징으로서의 동일성을 비동일성과 마찬가지로, 즉 나무와 집의 종적인 차이를 포함한다. 그래서 '여기'는 무엇보다 다른 '변증법적' 개념이며, 따라서 '지금'과 함께 '모순' 개념이다. 감성적 확신에서 공간적인 것의 특징으로서 여기는 그 자체적으로 의식의 '경험 활동'에 대한 배치개념이다.

그러므로 우리는 헤겔이 '유적 특징'으로서의 보편자를 추상 또는 '귀납법'에 의해서 형성한다는 사실을 잘 보고 있는 것이다. 모든 개별자는 하나의 공통된 유적 특징을 가지고 있으며 따라서 이것이 유적 특징에 상응함으로써 모든 개별자는 '보편성'을 띠게 되는데, 이를 헤겔은 '이것'이라고 명명하는 것이다. 그리고 모든 개별자는 고유한 종적 차이들을 지니고 있기 때문에, 각각의 개별자는 하나의 특수자로 남게 된다. 그러므로 각각의 개별자는 한편으로는 종적 차이들에 의해서 자기 자신과 관계를 가지며, 다른 한편으로는 유적 특징에 의해서 타자와 관계를 맺게 되는 것이다. 이리하여 유-종-관계(Gattung-Arten-Verhältnis)가 성립하는데, 여기서 헤겔이 '유'를 '보편성'이라고 명명하는 것이다.[40]

이 시점에서 우리는 다음과 같이 총괄적으로 정리해 볼 수 있다. '이것이란 무엇인가?'(Was ist das Diese?)라는 물음에서 출발하고 개별자와 특수자에게서 스스로를 검증하는 의식은 실제로 객관의 측면에서 참다운 것이 '보편자'이며, 이러한 보편자는 '이것'으로서 개념화된다. 이 보편자가 (모순이 없는) 유개념이라는 사실은 의심할 여지가 없으며, 이러한 유개념은 밤,

---

40 이에 관련해서는 "G. W. F. Hegel, *Wissenschaft der Logik II*, Gesammelte Werke, Bd. 11., Hamburg 1978, S. 76f." 그리고 "G. W. F. Hegel, *Enzyklopädie der philosophischen Wissenschaften I*, 같은 책, § 175, Zusatz"를 참고할 것.

낮, 나무 그리고 집을 예로써 자신의 하위 개념들, 즉 종들(Arten)로 포괄한다. 지금과 여기는 헤겔이 '이것'의 쌍을 이루는 형태로 받아들이고 있는데, 자신의 귀납법으로 나아가는 데 있어서 "변증법적 중간 단계'(dialektische Zwischenschritte)"[41]로 이용하였다. 지금과 여기는 감성적 확신 자체와 결부해서만 오로지 변증법적 개념들을 형성하는데, 감성적 확신이란 '지금인 바의 밤'에 대한 확신이고, 동시에 '지금인 바의 낮'에 대한 확신이며, '여기 현재하는 바의 나무'이고, 동시에 '여기 현재하는 바의 집'에 대한 확신이다. 이와 같은 변증법적 개념들로서의 지금과 여기는 바로 의식의 활동을 나타내는 것이고 감성적으로 확인되며, '이것' 이외에는 다른 무엇이 아니다.[42]

필자는 앞에서 "지금(Jetzt)과 여기(Hier)라는 공간적인 것과 시간적인 것의 개별성은 (……) 본래 직관(das Anschauen)에 속한다."고 하는 헤겔의 말을 인용한 바 있다.(Phänomenologie, S. 81.) 우리는 이제 '직관'(Anschauung)이라는 개념을 고찰함으로써 헤겔이 이 개념을 '정신적 활동'을 위해 그리고 다시 '변증법적 (모순적) 개념'으로 구성하고 있다는 점에 주목하고자 한다.

> 그러므로 직관의 활동은 먼저 어쨌든 간에 우리의 감각에 길을 비켜주면서 감각된 것을 우리 바깥에 존재하는 객관으로 형태를 탈바꿈하도록 하는 것을 야기한다. 변화를 통해서 감각의 내용이

---

41 L. Geldsetzer, *Über das logische Prozedere in Hegels Phänomenologie des Geistes*, 같은 책, S. 59.

42 '이것'의 변증법적 귀납법은 '이것'이 가상이라는 것을 의미하는 게 아니다. 왜냐하면 헤겔에게서 모든 개념이 변증법적 개념은 아니며, 오히려 헤겔에 따르면 정신적 행위만이 오직 변증법적인 것이기 때문이다. 그렇기 때문에 다음과 같은 해석은 잘못된 해석이다.: "감성적 이것이 단지 가상에 불과할 뿐이라는 감성적 확신을 검토함으로써 도출되는 헤겔의 추론은 진리와 현실의 동일성을 하위에 두는 관념론적 전제에 근거를 두고 있다." P. Ruben, *Von der ›Wissenschaft der Logik‹ und dem Verhältnis von Dialektik und Logik*, 같은 책, S. 86.

바뀌지는 않는다. 오히려 감각의 **내용**은 여기서 정신 안에 있으며 외부 대상에 따라서도 여전히 동일하다. (……) 우리가 주목해야만 할 것은 다음과 같은 점이다. 감각된 것의 그와 같은 형태 변화는 **정신 자체**에서 출발하기 때문에, 감각된 것은 바로 그 형태 변화에 의해서 어떤 **정신적** 외형, 즉 어떤 **추상적** 외형을 얻게 되고 이와 같은 형태 변화를 통해 보편성을 얻게 된다. 이 보편성은 외적인 것에 **직접적으로** 배분될 수 있는데, 말하자면 아직도 전적으로 **형식적이고 내용이 없는 보편성**을 말한다. 그러나 개념의 형식은 이와 같이 추상적 외형 자체 안에서 와해되어버린다. 따라서 추상된 외형은 **공간**과 **시간**의 이중적 형식을 갖는다.[43]

위에서 살펴본 것처럼, 감성적 대상들은 '직관의 활동'(Tätigkeit der Anschauung)을 통해서 '지금과 여기'로서, 따라서 '정신적 활동'을 통해서 보편자로 고양되며 의식과 관련을 맺게 된다. 이로써 이와 같은 보편자는 객관에서와 마찬가지로 직관의 활동 또는 정신 안에서도 존재하게 되는 것이다. 헤겔에 따르면 이 보편자가 바로 '감각의 내용'(Inhalt der Empfindung)으로서의 '이것'이다. 하지만 '이것'은 '여기'와 '지금'이라는 공간과 시간의 형식으로 '와해'되고 귀납법 또는 추상(Abstraktion)을 통해서 획득되기 때문에, 헤겔은 각각의 개별자, 즉 각각의 직접적인 '외적인 것'(Aü ß erliches)을 '아직도 전적으로 형식적이고 내용이 없는 보편성'(noch ganz formelle, inhaltslose Allgemeinheit)이라고 부르는 것이다.

헤겔은 이러한 직접성을 「감성적 확신」 장(章) 첫 부분에서 경험론의

---

43 G. W. F. Hegel, *Enzyklopädie der philosophischen Wissenschaften III*, 같은 책, § 448, Zusatz.

관점에 서서 "가장 풍부하고 가장 참된 인식"(die reichste und wahrhafteste Erkenntnis)이라고 부른다. 사람들이 직접적으로 지각하는 사물들이 실제 사물들이라고 하는 것은 경험론적-감각주의적 관점이다. 이에 반해서 감성적 확신을 철학적으로 반성하는 인식은 "가장 추상적이고 가장 빈약한 진리"(die abstrakteste und ärmste Wahrheit)인데, 이러한 진리는 "그것이 있다."(es ist)는 언명의 내용이라고 규정될 수 있는 것이다. 여기서 "사물이나 사실(Sache)도 역시 그 어떤 잡다한 성질을 포함하고 있는 것이 아니다. 따라서 여기서는 다만 사물이 있다(ist)고밖에 할 수 없으려니와 이와 같이 그것이 있다고밖에 할 수 없는 이유는 그것이 단지 존재(ist)하고 있을 뿐이기 때문이다. 이와 같이 오직 그것이 있다고 하는 한 마디가 감성적 지(Wissen)에 있어서는 본질적인 것일 뿐더러, 이와 같은 순수 존재(Sein) 혹은 단순한 직접성이 바로 감성적 확신의 진리를 구성하는 것이다."(Phänomenologie, S. 80.; 『정신현상학 1』, 156쪽.)[44]

그러므로 헤겔은 감성적 확신의 최초의 진리를 '순수 존재'로서의 '가장 추상적이고 가장 빈약한' 진리로 간주한다. 이와 같은 관점은 변증법적 중간 단계로 넘어가는 가운데 획득된다. '지금'과 '여기'의 순수 특징은 감성적으로 경험된 개별자들로부터, 즉 지금인 바의 밤 그리고/또는 지금인 바의 낮, 여기인 바의 집 그리고/또는 여기인 바의 나무, 그리고 이에 상응하는 부정들로부터 분리되어 나오는 것이다. 또한 그 순수 특징은 '유적' 특징으로서 '이것'의 보편적 개념에서 확정된다. 이것이 의미하는 바는 헤겔이, 이미 버클리에게서 확인된 바 있듯이, 실제로 감성적 인식에서의 의식의 '활동'을 '변증법적 개념'으로 구성했다는 사실이다.

---

44 다음과 같은 해석은 감성적 확신에서의 의식의 '경험 활동'을 간과하고 있는 것이다.: "헤겔의 논점에 따르면 사실(Sache)이 여전히 여러 규정과 관계의 다양성을 통해 규정

### 2) 정신적 활동으로서 자아

이제 인식활동의 주관은 '자아'와 더불어 헤겔이 고찰하고 있는 연구의 주제가 된다. 그 연구의 결과를 미리 파악해보자면, 보편자로서 증명되는바 그것은 이미 '우리'(das Wir)이다. 이때 자아에 대해 경험될 수 있는 것은 객관에 대한 관점과 지극히 평행을 이루면서 실행된다.

> 이제 이 문제를 다루는 데 있어서는 우리도 역시 **직접적인** 혹은 단지 **수용적인**(aufnehmend) 자세만을 취할 수 있을 뿐, 결코 우리 앞에 나타나는 지에 대하여 추호의 변화도 가해서는 안 되며 또한 단순히 이해하려는 노력 이외에 어떤 개념적 파악(das Begreifen)을 시도해서도 안 될 것이다.(Phänomenologie, S. 79.; 『정신현상학 1』, 155쪽.)[45]

그와 같은 의식은 자아에 의해서 아직은 아무것도 반성되지 않은 의식이기 때문에, 그 의식은 사실상 자신의 대상에 대해서 '그것은 있다.'(Es ist.)

---

되기는 한다. 그럼에도 불구하고 감성적 확신은 그와 같이 가능한 여러 가지로 구별된 사실의 규정성과는 아무런 관계가 없다. 감성적 확신은 오직 사실의 실존(Existenz)만을 보증할 수 있을 뿐이다." W. Becker, *Hegels Begriff der Dialektik und das Prinzip des Idealismus - Zur systematischen Kritik der logischen und der phänomenologischen Dialektik*, Stuttgart 1969, S. 111.

45 헤겔은 『정신현상학』의 「서문」(Vorrede)에서 다음과 같이 말하고 있다.: "학문이 이해되기 쉬운 지적 형태를 갖출 때 그것은 모든 사람에게 문호를 개방하게 될 것이며 동시에 그에 다다를 수 있는 길도 순탄하게 열릴 수 있을 것이다. 따라서 학문에 뜻을 둔 사람이라면 이와 같은 오성적 단계를 통해서 합리적인 지식을 획득한다는 것을 하나의 당연한 요구로 삼아야 할 것이다. 왜냐하면 오성이란 사유, 즉 순수 자아 행위로서의 사유인데 반(反)하여 단순히 지적인 것은 이미 학문이나 비(非)학문적 의식에게 족히 알려져 있는 것이므로 여기서는 쉽사리 비과학적인 의식 학문의 세계에까지 발을 들여놓을 수 있기 때문이다."(Phänomenologie, S. 17.; 『정신현상학 1』, 68쪽.)

또는 '나는 있다.'(Ich bin.)라는 단순한 진술만 할 수 있을 뿐이다. 그래서 헤겔은 다음과 같이 형식화한다.

> 의식의 편에서 이 문제를 볼 때도 그것은 이 확실성 속에서 한낱 순수한 **자아**에 지나지 않을 뿐이다. 즉 **자아**는 여기서 오직 순수한 **이것**에 지나지 않으며 대상도 또한 마찬가지로 순수한 **이것**에 지나지 않는다. 결국 특정한 **이것**으로서의 자아가 내 앞에 놓여 있는 바로 그 **어떤**(gewiß) 사실, 사물을 확신할 수 있는 것은 결코 의식으로서의 자아가 그 특정한 사실과의 연관 속에서 자신을 개발함으로써 그 사실을 둘러싼 자기 나름의 다양한 사유 활동을 벌였기 때문인 것은 아니다.(Phänomenologie, S. 79.; 『정신현상학 1』, 155–156쪽.)

그와 같은 자아는 여기서 자신의 대상에 대립해 있는 게 아니라 오히려 아직은 자신의 대상과 아무런 관련을 맺지 않고 있는 것이다. 그러므로 이러한 자아도 감성적 확신의 출발점에서는 오로지 '단순하면서도 개별적인 자아'(bloßes einzelnes Ich)에 불과할 뿐이다. 아직 여기서는 자아가 자기 자신을 의식할 수도 없다. 왜냐하면 순수한 또는 단순한 자아는 아직 매개된 것이 아니고 "여러 가지 다양한 표상과 사유 활동의 중요성"(Phänomenologie, S. 80.)을 갖고 있지도 않기 때문이다. 그러므로 이러한 자아는 순수한(rein) 또는 단순한(bloß) 존재[46]에 불과할 뿐이어서, 하나의 '이것'으로서만 표시되어야 한다.

---

46 여기서 'rein'(순수한) 또는 'bloß'(단순한)이라는 단어는 사실상 '추상적인'(abstrakt), 다시 말해서 '매개되지 않은'(unvermittelt)이라는 의미이다. 그렇기 때문에 헤겔은 "순수

결국 의식은 **자아**일 뿐, 전혀 그 이외의 것일 수가 없는 하나의 순수한 **이것**으로서, **개별자**의 의식도 역시 순수한 이것 혹은 **개별자**(das Einzelne)만을 인지할 수 있을 뿐이다.(Phänomenologie, S. 80.; 『정신현상학 1』, 156쪽.)

이러한 고찰의 결과 객관의 측면에서도 주관의 측면에서도 '순수 존재'가 감성적 확신의 진리라고 하는 사실이 밝혀진다.

그러나 이 문제를 일단 곰곰이 따져보면 이상과 같은 확신을 가능케 하는 본질을 이루며 또한 그 확신을 스스로의 진리로 표명하는 **순수한 존재**라고 하는 것에는 지금까지 논술된 이외에도 다른 여러 가지 요소들이 개재해 있다. 말하자면 구체적인 의미의 감성적 확신이란 결코 단 하나의, 바로 여기 있는 순수한 직접성에 그치는 것이 아니라 오히려 이와 같이 순수한 직접성을 나타내는 단 한 가지 **예**(Beispiel)에 해당되는 것이다. 결국 순수한 존재마다에서 눈에 띄는 무수히 많은 구별 중에서 무엇보다도 우리는 다음과 같은 기본적 차이점을 발견하게 되는바, 그것은 즉 이른바 감성적 확신으로 받아들여진 단순한 존재 속에서 어느덧 앞에서 이미 얘기된바 있는 두 가지의 **이것들**, 즉 **자아**로서의 **이것**과 **대상**으로

---

존재"(das reine Sein)를 "순수 무"(das NIchts)로서 고찰하는 것이다. "이러한 순수 존재는 이제 순수 추상(die reine Abstraktion)이며, 이것을 마찬가지로 직접적으로 받아들이면 절대적-부정적인 것(das Absolut-Negative)인데, 곧 무(das Nichts)이다." G. W. F. Hegel, *Enzyklopädie der philosophischen Wissenschaften I*, 같은 책, § 87. ; "그래서 의식은, 단어의 엄밀한 의미에서, 의식 자신에게는 존재와 무 사이에서 실망을 거듭하는 변증법을 계속하는 것이다." J. Werner, *Darstellung als Kritik - Hegels Frage nach dem Anfang der Wissenschaft*, Bonn 1986, S. 131.

> 서의 **이것**이 서로 구분되고 분리된다는 것이다.(Phänomenologie, S. 80.; 『정신현상학 1』, 156-157쪽.)[47]

만일 자아와 사실이 매개되어 있지 않다면, 따라서 서로 어떤 관계도 맺지 않고 있다면, 참된 인식은 아직 성립할 수가 없는 것이다. 하지만 감성적 확신이 '우리'에 의해서 고찰된다면, '우리에게는'(für uns) 이미 매개되어 있다는 결과가 도출된다. 헤겔에 따르면 "우리는 자아와 사실 간의 관계에 대해 반성한다." 즉 '우리'에 의해서 고찰되는 관계란 매개된 관계를 말하는 것이다.

헤겔은 여기서 '매개'(Vermittlung)라는 개념을 다시 변증법적, 따라서 '모순적인' 관계를 표시하는 논리적-형식적 개념으로 사용한다. 그러므로 여기서 '자아로서의 이것과 대상으로서의 이것' 간의 관계 역시 다시금 서로를 구별하는 부정관계(Negationsverhältnis)이며 동시에 서로를 구별하지 않는 통일관계(Einheitsverhältnis)이기도 하다.

> 감성적 확신 속의 한쪽 측면은 단순하고 직접적인 존재자나 본질, 즉 **대상**으로서 정립되어 있는가 하면 이에 대해서 다른 한쪽은 비본질적이며 동시에 매개된 것으로, 따라서 그 확신 속에 **즉**

---

47 여기서 헤겔은 (대상-) 의식이란 "자아와 존재의" (변증법적) "통일"이라는 점을, 따라서 정신 또는 이성의 (변증법적) "범주"(Kategorie)라는 점을 염두에 두고 있는 것이다. (이에 대해서는 "Phänomenologie, S. 252와 255f."를 참고할 것) 왜냐하면 헤겔은 "도대체 정신적 활동이 따르지 않는 존재자(das Seiende)란 한낱 의식에 대해서 있는 사물에 지나지 않을 뿐, 결코 의식의 본질을 이룰 수는 없을 뿐더러 오히려 의식과는 반대되는 것이다. 따라서 의식이란 오직 그와 같은 존재를 부정하고 근절시킴으로써만 그 자신이 현실적일 수 있는 것이다."(Phänomenologie, S. 249.; 『정신현상학 1』, 409쪽.)라고 주장하기 때문이다.

**자적으로**(an sich) 존재하는 것이 아니라 하나의 타자를 통해서 존재하는 바, 이 타자는 곧 자아 또는 **지**(ein Wissen)의 입장인 것이다. 그런데 이러한 지는 오직 **대상**이 존재하는 한에 있어서 그의 모습을 인지할 수 있으나 그 지 자체는 있을 수도 있고 동시에 없을 수도 있는 그런 성질의 것이다. 결국 이렇게 볼 때 대상은 분명히 **존재하는**, 즉 진리이며 본질이다. 즉 그것은 자신이 인지되건 안 되건 이에 개의함이 없이 존재할 뿐이다. 이와 같이 대상은 설사 그 자신이 인지되지 않을 경우에도 여전히 존재하는 것이 틀림없지만 그러나 지의 경우에는 만약 대상이 없다면 존재할 수가 없는 것으로 봐야만 한다.(Phänomenologie, S. 80f.; 『정신현상학 1』, 157쪽.)

이것은 자아와 대상 간의 관계를 맨 처음 구체적으로 규정하는 것인데, 이러한 규정이 감성적 확신에서 발견되는 것이다. 여기서 헤겔은 감성적으로 인식 가능한 것, 즉 '직접적인 존재자'를 본질적인 것으로 간주한다. 이에 반해서 '자아'는 감성적 확신의 주관이기는 하지만, 그러나 객관처럼 감성적으로 인식할 수는 없는 것이다. 오히려 자아는 감성적 경험 자체인데, 위에서 헤겔이 언급한 것처럼, 자아는 오로지 "대상이 존재하기 때문에 그 대상을 알게 될 뿐"이다. 따라서 헤겔에게 있어서 자아는 지의 활동에 전적으로 몰두한다. 더 정확하게 말하면, 자아는 '의식하는 존재'(das Bewuβt-Sein)이고 대상은 '의식된 것'(das Bewuβte)이다.[48]

감성적 확신에서 '자아'는 앞에서 대상에 대해서 수행한 것과 동일한 방식의 경험을 자기 자신에 대해서도 수행한다.

---

48 "'의식'(Bewußtsein)은 인식되는 객관에 대해 인식하는 주관의 관계를 일컫는다. 그런 한에서 이 양자는 구별되는 것으로서 이분법적으로 서로 분리되는 상태에 존립한다." (P.

**지금은 낮이다**(Das Jetzt ist Tag) 혹은 **여기에 나무가 있다**(das Hier ein Baum)는 것도 모두가 오직 나의 눈으로 그것을 보기 때문에 가능한 것이다. 그러나 바로 이와 같은 상태 속에서 감성적 확신은 이미 앞에서 그 스스로가 체험했던 바와 같은 변증법적 운동을 경험한다. 즉 **이것이기도 한 자아**는 나무를 보면서 **이 나무야말로 여기에 있는 것이라고 주장**하지만 그러나 또 **다른 자아**의 경우에는 집을 보면서 여기에 있는 것은 나무가 아니라 오히려 집이라고 주장할 것이다. 이들 두 개의 진리는 여기서 서로 동일한 인증, 즉 본다는 것의 직접성과 또한 그들 자신의 지에 대한 양자 공통의 확신과 단정을 소유하게 되지만, 그러나 결국 그중 한 편의 확신, 확실성은 다른 또 하나의 확신 속에서 소멸되고 만다.(Phänomenologie, S. 83.; 『정신현상학 1』, 161쪽.)

사물경험에서 하나의 예로서 '지금'이 '모순'개념이라는 것을 우리는 이미 앞에서 고찰한 바 있다. 즉 지금은 낮과 밤이면서 동시에 낮과 밤이 아니다. 그런데 이제는 자아 자신이 '변증법적 경험'이다. 헤겔에 따르면 "감성적 확신의 진리의 힘은 이제 자아 안에(im Ich) 있기"(Phänomenologie, S. 83.)[49] 때문에, 만일 자아가 눈을 감아버리면 대상은 사라져버릴 것이며 또

---

Ruben, *Von der ⟩Wissenschaft der Logik⟨ und dem Verhältnis von Dialektik und Logik*, 같은 책, S. 76.) 그러므로 의식은 사실상 감성적 경험 자체라고 할 수 있다.

49 여기서 헤겔은 의식의 행위(Tun 또는 Handeln)가 정신의 본질이자 지양활동(Aufheben)이라는 사실을 이미 암시한바 있다. 이것은 지금 필자가 고찰하고 있는 연구와 관련하여 매우 중요한 의미를 갖는다. "이제 과연 그 본연의 즉자적인 상태에서 의식이란 어떠한 것인가 하는 것이 바로 이 의식에게 깨우쳐지기 위해서는 모름지기 의식으로서는 행동을 하지 않으면 안 되는 바, 이것은 다시 말하면 행동하는 것이야말로 곧 정신을 의식으로 생성되게 한다는 것(das Werden des Geistes als Bewußtsein)을 뜻한다. 따라서 의식은 오직 자기의 현실을 통해서만 즉자적인 존재로서의 자신

는 눈을 뜨면 대상은 존재하게 될 것이다. 그런데 개별적인 모든 자아가 이와 같이 감성적 확신의 고유한 경험을 한다.

이것은 '다른 자아'를 주제로 삼고 등장하도록 이끈다. 우리는 이에 대해서 「감성적 확신」(die sinnliche Gewißheit) 장에서는 더 많은 것을 찾아내지는 못한다. 그렇지만 우리는 상황을 좀 더 쉽게 구성할 수는 있다. 이 목적을 위해 우리는 어떤 자아와 다른 자아 사이에 '매개'를 전제하지 않으면 안 된다. 비록 자아가 집을 보고, 그래서 여기는 집일지라도, 집은 (그리고 또한 나무는) 어떠한 경우에도 어떤 자아와 다른 자아 사이의 매개는 결코 아니다. 왜냐하면 집은 변증법적인, 따라서 '모순'개념이 결코 아니기 때문이다. 그리고 변증법적 개념이 아닌 것은 헤겔에 있어서–그리고 우리에게 있어서도–결코 매개일 수가 없다. 이제 필자는 헤겔이 『철학 백과』(*Enzyklopädie der philosophischen Wissenschaften*)에서 정의하고 있듯이 개별적이고 개체적인 '자아'로부터 출발하고자 한다.

> 자아는 자신과 정신의 무한한 관계이지만, 그러나 **주관적** 관계로서, **자기 자신의 확신**으로서의 관계이다.[50]
>
> 자아는 자신의 규정성 안에서, 자신의 구별 안에서 오직 자기 자신과만 관계를 맺는 개별적으로 규정된 보편자로서 파악되지 않으면 안 된다. 여기에는 이미 자아가 자기 자신과 직접적으로 **부정적인** 관계라는 것, 따라서 모든 규정성으로부터 추상된 자신

---

이 무엇인가를 파악할 수 있을 뿐이므로 결국 개체로서도 역시 행위를 통해서 자신을 현실화시키기 전에는 결코 그 자신이 어떤 존재인가를 알 수가 없다는 것이 된다."(Phänomenologie, S. 287.; 『정신현상학 1』, 473쪽.)

50 G. W. F. Hegel, *Enzyklopädie der philosophischen Wissenschaften III*, 같은 책, § 413.

의 **보편성**에 매개되지 않은 채 대립해 있다는 것, 바로 그렇기 때문에 **추상적이고 단순한 개별성**이라는 사실이 내재해 있다.[51]

그와 같은 개별적 자아가 감성적 확신의 주관으로서의 다른 자아를 인식할 수 있다는 사실이 감성적 대상의 매개에 근거를 두는 것은 아니다. 어떤 자아와 대립해 있는 다른 자아는 감성적 확신의 다른 주관으로서 '다른 정신적 활동'이다. 그렇기 때문에 우리는 감성적 경험 자체를—예를 들면, 직관 활동으로서 보는 활동—자아들 간의 매개로서 파악하지 않으면 안 된다. 왜냐하면 '보는 활동'(das Sehen)은 한편으로는 이러한 자아들의 공통적인 것이고 동일한 것이지만, 그러나 동시에 상이성이기도 하기 때문이다. 어떤 자아는 다른 자아가 아니며 반대의 경우도 마찬가지이다. 바로 이를 통해서 감성적 확신, 따라서 '경험'(Erfahrung)에 있어서 자기 자신의 주관적 확신으로서 개별적인 자아는 다른 개별적인 자아와 매개되어 있다는 사실이 결과로 도출된다.

우리는 헤겔에게서 '보는 행위'(das Sehen)가 매개라는 데 대한 근거를 그의 『철학 백과』에서 쉽게 찾을 수 있다. 헤겔에 따르면 감성적 확신의 시초에 있어서 자아와 타자의 관계에 대해서 다음과 같이 말하고 있다.

자아는 타자에 대자적으로 대립해 있다. 그렇지만 정신의 이러

---

51 G. W. F. Hegel, *Enzyklopädie der philosophischen Wissenschaften III*, 같은 책, § 413 Zusatz. ; 그렇기 때문에 다음과 같은 해석은 잘못된 것이라고 생각한다.: "하지만 원칙적으로 사람들은, 자아가 갖고 있는 그때마다의 대상에 의해서 자아의 측면에서는 매개되어 있기 때문에, 바로 이 때문에 그때마다의 자아를 어떤 다른 자아라고 명명하지 않으면 안 된다. 이것은 당장 제3의 변증법적 과정으로 인도한다." J. Heinrichs, *Die Logik der 〉Phänomenologie des Geistes〈*, Bonn 1974, S. 121.

> 한 최초의 대자존재(das Fürsichsein)는 정신을 산출하게 되는 타자에 의해서 아직은 제약되어 있는 상태이다. 자아는 여전히 공허한 채로 완성되어 있으며, 전적으로 추상적인 주관일 뿐이다. 그리고 직접적인 정신의 모든 내용을 자기 외부에 정립하고, 앞서 발견된 세계와 같은 관계를 정신 자체에 대해서도 가지고 있다. 그래서 처음에 우리의 대상이었을 뿐이었던 것이 정신 자체에 대상이 되기는 하지만, 그러나 자아는 자신에게 대립해 있는 것이 '자연적 정신'(der natürliche Geist) 자체라는 사실을 아직은 모르고 있다. 따라서 자아는 자신의 대자존재에도 불구하고 동시에 대자적이지는 않은데, 그 까닭은 자아가 타자, 즉 주어져 있는 것과의 관계 속에만 있기 때문이다. 따라서 자아의 자유는 단지 추상적이고, 제약되어 있는 상대적인 자유일 뿐이다.[52]

그러므로 '앞서 발견된 세계' 또는 감성적 객관에 의존해 있는 자아는 다른 자아를 인식의 주관으로 인식하기 위해서는 감성적 인식 활동에 근거를 두지 않으면 안 된다. 이럼으로써 '인식 활동 자체'는 자아들 사이의 매개가 된다. 보는 자아의 이와 같은 매개에는 그 다음에 이어지는 '귀납'(Induktion)을 통해서 '보편적 자아'가 획득되는데 그 까닭은 다음과 같다.

> 그런데 여기서도 끝내 소멸되지 않는 것은 **보편자**로서의 **자아**일 뿐이니, 바로 이 보편자로서의 자아가 목격하는 것은 결코 특

---

52 G. W. F. Hegel, *Enzyklopädie der philosophischen Wissenschaften III*, 같은 책, § 387 Zusatz.

정한 나무나 집일 수 없고 오직 단순히 본다는 사실 이상의 것이 아니다. 이와 같이 단순한 입장에서 무엇을 본다는 것은, 예컨대 이것이라고 하는 특수한 집 따위를 부정함으로써 여기에 매개됨으로써 동시에 집이나 나무 등과 같이 그 시야 속에 들어오는 모든 것에 대해서도 단순하고 무관심한(einfach und gleichgültig) 입장에 놓이는 것이 된다.(Phänomenologie, S. 83.; 『정신현상학 1』, 161쪽.)

단순히 보는 것 또는 '나의 직관'(das meine Anschauen)은 이 집과 이 집이 아닌 것을 동시에 보여주는 것으로서 분명하게 말하자면 그 자체는 '비가시적'(unanschaulich)이다. 그것은 자아들의 행위로서 인식 활동 자체이기도 하다.[53] 그럼에도 불구하고 감성적 확신의 의식은 아직은 스스로를 반성하는 의식이 아닌데, 왜냐하면 감성적 의식은 자신의 대상에 단지 대립해 있을 뿐이기 때문이다.[54] 그렇기 때문에 감성적 의식으로서는 오직

---

53 이와 관련하여 헤겔은 '지금'과 '여기'에 대해서와 마찬가지로 '자아'에 대해서도 다음과 같이 말한다.: "바로 이 자아로서의 나는 따라서 여기를 나무라고 주장할 뿐, 결코 여기가 다시 나무가 아닌 다른 것으로 바뀔 수 있도록 고개를 돌리지도 않으며 또한 다른 어떤 자아가 여기를 나무가 아닌 것으로 본다거나, 심지어 자아로서의 나 자신마저도 어떤 때에는 지금을 낮이 아닌 것으로 취급하다는 등의 태도에 대해서도 더 이상 아무런 관심을 기울이지 않는다. 여기서 나는 다만 직접적으로 그 무엇을 깨우치는 데 그치는, 오직 순수 직관(reines Anschauen)일 따름이다."(Phänomenologie, S. 83.; 『정신현상학 1』, 163쪽, 강조는 필자의 것)

54 이와 관련해서 헤겔은 『정신현상학』의 「자연의 관찰」(Beobachtung der Natur) 장(章)에서 자세하게 설명한다.: "만약에 사유를 등한히 하는 무분별한 의식(das gedankenlose Bewußtsein)이 관찰이나 경험을 진리의 원천인 듯이 언명한다면, 필경 그러한 관찰과 경험을 중시하는 사람의 말투에서는 다만 맛을 보고 냄새를 맡고 또한 느끼고 듣고 보는 것만이 유일한 문제인 듯이 여기려는 태도가 풍겨올 것이 틀림없다. 이와 같이 무분별한 의식은 다만 맛을 보거나 냄새를 맡는 등의 일만을 추켜세우려는 나머지, 실은 이미 그가 본질적으로 이상과 같은 감각 작용(das Empfinden)의 대상을 결정지어 놓고 있을 뿐만 아니라, 적어도 이와 같은 규정이 그에게 있어서는 바로 이 감각 작용만큼이나 중요하다는 사실을 천명하는 것을 잊어버린 셈이 된다. (……) 이렇듯 의식이 대상 속에서 다만 보편성(Allgemeinheit)이나 추상적인 나(das abstrakte Mein)

'이'(dieses) 자아만을 언명할 수 있을 뿐이다.[55] 그래서 여기서는 '이것'이 주관과 객관의 (무모순적) 유개념을 형성하는 것이다.

> 내가 **바로 여기, 바로 지금** 혹은 그 어떤 **개인**이라고 말할 때 이미 나는 **모든 이것, 모든 여기, 지금, 개인** 등을 통틀어서 말한 것이 된다. 이와 마찬가지로 내가 **자아** 또는 **바로 이 하나의 자아**라고 할 때도 도대체가 나는 **모든 자아**를 통틀어서 얘기하는 것이 된다.(Indem ich sage, *dieses Hier, Jetzt oder ein Einzelnes*, sage ich *alle Diese, alle Hier, Jetzt, Einzelne*; ebenso, indem ich sage, *Ich, dieser einzelne Ich*, sage ich überhaupt, *alle Ich*.)(Phänomenologie, S. 83f.; 『정신현상학 1』, 162쪽.)

---

의 것만을 간취하는 한, 이 의식으로서는 모름지기 대상에 의해서 수행되게 마련인 운동을 자기 스스로 떠맡을 수밖에 없다." (Phänomenologie, S. 185.; 『정신현상학 1』, 313-314쪽.) ; 또한 여기서 우리는 감각 작용이 감성적 확신에서 '여기'와 '지금'과 더불어 정신적 활동의 '변증법적 개념'을 야기한다는 점을 알아차릴 수 있다.

55 여기서 '이것'은 바로 의식의 활동에 의해서 '귀납된 것'이다. "자아의 보편성이란 모두의 삶에서, 자신의 삶에서 추상(abstrahieren)될 수 있는 것을 말한다." G. W. F. Hegel, *Enzyklopädie der philosophischen Wissenschaften III*, 같은 책, § 381 Zusatz. (강조는 필자의 것) ; 그에 대한 근거로서 헤겔은 '정신의 본질'이 '자유'라는 점을 들고 있다. "실제적인 자유는 (……) 정신 안에 있는 직접적 어떤 존재자가 아니라 정신의 활동을 통해서 산출되는 어떤 것이다. 그래서 우리는 학문에서는 재자의 자유를 산출하는 자로서 정신을 고찰하지 않으면 안 된다." G. W. F. Hegel, *Enzyklopädie der philosophischen Wissenschaften III*, 같은 책, § 382와 Zusatz.

## 4. 의식의 행위로서 경험과 개념 형성

경험론자들(Empiristen)이 그랬던 것처럼 헤겔도 '경험'을 인식의 원천으로 인정한다. 그러나 인식에 대한 물음은 진리에 대한 물음, 즉 인식하는 주관과 인식된 객관의 관계와 떼려야 뗄 수 없이 결부해 있다. 그러므로 인식론의 근본적인 물음으로서 주관-객관 문제는 실제로 경험으로부터 생겨난다.[56] 이와 마찬가지로 경험은 경험론자들에게도 헤겔에게도 모든 개념 형성의 원천이다. 그래서 사람들은 헤겔이 경험을 분석할 때 개념 자체의 본질을 부각시키고, 이렇게 부각시킨 본질을 인식의 객관과 주관을 실행시키는 기능과 연관하여 부각시키기를 기대할 수 있을 터이다. 왜냐하면 주관과 객관의 구별, 그리고 동시에 헤겔이 '이것'(Dieses)이라고 정립한 바 있는, 주관과 객관에 공통적인 것은 이미 최초의 개념적 경험이었기 때문이다. '의식의 활동'으로서의 경험은 인식에서 주관과 객관 사이를 매개한다. 이러한 의미에서 인식은 "스스로의 모든 계기를 산출하고 처리하는 과정이며, 이와 같은 전체 운동은 긍정적인 것과 긍정적인 것의 진리를 구성해낸다."(Phänomenologie, S. 39.) 그렇기 때문에 인식의 과정은 본질적으로 개념을 형성하는 과정이다.

헤겔은 여기서 논리적 추상 과정을 기술하고, 이 과정을 '지양'(Aufheben)

---

56 그와 같은 경험은, 헤겔에 따르면, 사유와 존재의 대립을 둘러싼 '근대 철학의 원리'로 간주된다. 이러한 사유를 헤겔은 "인간이 야기하는 사유"(das menschliche bewirkende Denken)라고 부른다. 이와 관련해서는 "G. W. F. Hegel, *Vorlesungen über die Geschichte der Philosophie III*, 같은 책, S. 65f."와 "G. W. F. Hegel, *Enzyklopädie der philosophischen Wissenschaften I*, 같은 책, § 1-6."을 참고할 것.

이라고 명명한다.[57] 지양의 이중적인 의미에서 헤겔은 사물과 자아의 종적 차이들은 제외한다.: 사물은 자아가 아니고 반대의 경우도 마찬가지이며, 이 양자는 서로를 부정한다. 그리고 헤겔은 이 양자의 공통적인 유적 특징을 확정한다.: 사물은 '이것'이며 자아는 '이것'이다. '이것'은 사물과 자아에 공통적인 '유적 특징'이며, 이 양자로부터 '보존된 것', 즉 '추상된 것'이다. 그렇기 때문에 경험은 주관과 객관 사이의 매개로서 뿐만 아니라 이 양자의 지양으로서도 기능을 수행한다.[58]

논리적으로 보면 '개념'은 내포들(Intensionen)—특징들—과 외연들(Extensionen)—범위, 적용영역—의 복합체이다. '내포'는 어떤 개념의 범위 안에 있는 것들의 공통적인 것을 포착하며, 이 공통적인 것은—그리고 오로지 이것만이—개념들의 여러 언어적 표현(Termini)에 의해서 표시된다. 헤겔은

---

57 이에 대해서는 "L. Geldsetzer, *Über das logische Prozedere in Hegels Phänomenologie des Geistes*, 같은 책, S. 59."를 참고할 것. ; 헤겔은 '지양'과 관련하여 다음과 같이 말한다.: "결국 학적인 진전을 이룩하는 데 있어서 가장 긴요한 유일한 길은 다음과 같은 논리적 명제를 인식하는 데 있으니, 그것은 부정적인 것은 또한 그에 못지않게 긍정적이며 자기 모순적인 것은 결코 영(零, Null)이나 추상적인 무(無)로 해소돼 버리는 것이 아니라 본질적으로 그의 특수적인 내용의 부정 속으로 해소됨으로써, 또 달리 말하면 결국 그와 같은 부정은 전면적, 전칭적인 부정이 아니라 그 자체가 역시 해소되게 마련인 특정한 사태의 부정(Negation der bestimmten Sache)이며 따라서 특정한, 규정적 부정이라는 것이다. 이럼으로써 본질적으로 결과 속에는 바로 이 결과가 빚어지게끔 된 그의 원인이 내포돼 있는 셈이다." Hegel, *Wissenschaft der Logik I*, 같은 책, Einleitung, S. 25. ; F. 헤겔 저, 임석진 역, 『대논리학(I)』, 같은 책, 43쪽. ; 그리고 "G. W. F. Hegel, *Enzyklopädie der philosophischen Wissenschaften I*, 같은 책, § 96, Zusatz"와 "Phänomenologie, S. 90." 역시 참고할 것.

58 "지양(Aufhebung) 또는 추상(Abstraktion)은 이제 경험에서 주관적인 것과 객관적인 것을 제외하지 않으면 안 되며, 주관적인 것에서 뿐만 아니라 객관적인 것에서도 오로지 동일한 것에 주의를 기울이고 확정해야만 한다." L. Geldsetzer, *Über das logische Prozedere in Hegels Phänomenologie des Geistes*, 같은 책, S. 61. ; 그러므로 헤겔에 따르면 감성적 확신의 진리는 '이것'이라고 불릴 수 있고 주관과 객관에 공통적인 상위 개념인 바의 보편자로서 등장한다. 이에 대해서는 "Phänomenologie, S. 89."와 "H. H. Ottmann, *Das Scheitern einer Einleitung in Hegels Philosophie*, 같은 책, S. 172."도 참고할 것.

개념들의 보편성은 오직 '언어'를 통해서만 사유 안에서 확립된다는 점을 엄격하게 고수한다. 헤겔에게 있어서 언어적으로 파악된 보편자는 사람들이 개념들의 '객관성'이라고 부를 수 있는 것이다.

그런데 개념의 '외연'과 관련해서 보면, 헤겔에 따르면 외연은 언어적으로 확정할 수가 없으며, 오히려 개별자를 넘어서 경험의 '주관적' 측면에 속하는 것으로 남는다. 이를 헤겔은 '사념'(私念, das Meinen)이라고 부르는데, 여기에는 '사념'이라는 단어의 이중적 의미가 사용된다. 사념은 언명(das Sagen)과 대립해 있으며, 동시에 때때로-나의 것(das Je-meinige)[59]이다. 경험으로부터 발생하는 개념적 사유의 변증법은 그러므로 언명과 사념의 변증법에서 그 모습을 드러낸다.

### 1) 개념 내포의 '언명'(das Sagen)으로서 보편자

감성적 확신은 "절대 지(das absolute Wissen)를 향해 나아가는 자연적 의식의 도정(道程)"(Phänomenologie, S. 67.)에서 '이것'을 '보편자'라고 개념적으로 파악하였다.[60] 그러나 보편자에 관한 이러한 말(Rede)은 잘못 이해된 것이다. 왜냐하면 그 말은 우리가 바로 '내포적' 측면이라고 명명

---

59 이는 하이데거(Heidegger)의 용어이다.

60 헤겔의 '자연적 의식'에 대해서는 "W. Marx, Hegels *Phänomenologie des Geistes - Die Bestimmung ihrer Idee in 'Vorrede' und 'Einleitung'*, 같은 책, S. 21-25."를 참고할 것. ; 이에 대해서 헤겔은 다음과 같이 말한다.: "철학의 내용은 살아 있는 정신의 영역 안에서 근원적으로 산출되고 스스로를 산출하는 내용, 즉 의식 외부 세계와 내부 세계를 만드는 내용 이외에 다른 무엇이 아니라는 점을 철학은 잘 이해할 것이다. 그 세계의 내용이 현실(Wirklichkeit)이다. 이러한 내용에 가장 가까운 의식을 우리는 경험이라 부른다." G. W. F. Hegel, *Enzyklopädie der philosophischen Wissenschaften I*, 같은 책, § 6.

한 바 있는 개념적인 것의 한쪽 측면만을 고수하기 때문이다. 헤겔은 '추상적 보편성'과 '구체적 보편성'을 구별하고, 구체적 보편성은 개념의 '외연적 계기'를 고려하고 있다고 분명하게 말한다.

> 이 보편성(Allgemeinheit), 일반성이란 표현은 곧바로 추상적이거나 외면적인 보편성이란 생각을 떠올리게 한다. 그러나 즉자 대자적으로 존재하는 보편성으로 규정되는 지금의 이 위치에서 보면 결코 그것은 **공동성**(Gemeinschaftlichkeit)이나 **전체성**(Allheit)과 같이 반성작용에 따른 보편성으로 생각해서도 안 되고, 또한 개별자를 떠나 그의 반대쪽에 자리 잡은 **추상적** 보편성이나 추상적인 오성의 동일성으로 생각해서도 안 된다. 결국 그것은 자체 내에서 **구체적**이며, 그럼으로써 또 대자적으로 존재하는 보편성으로서 동시에 이것은 자기의식의 실체이고 내재적인 유(類, Gattung)이며 또한 내재적 이념이기도 하다.[61]

헤겔은 감성적 확신에서 본질적인 것과 비본질적인 것을 구별한다. 그는 '자아'가 실제로 감성적 확신에서 사념(meinen)하는 것이 아닌, 언명(sagen)하는 것을 감성적 확신의 '본질적인 것'이라고 고찰하고 있다. 그렇다면 그와 같은 본질적인 것은 '지양된' 보편성, 즉 '귀납된' 보편성일 수 있는데, 이 보편성은 진술(aussprechen)될 수 있는 것이다.

우리가 만일 감성적 확신의 진리를 진술한다면, 헤겔에 따르면 이 진리는 "우리가 말하는 것은 이것, 다시 말하면 보편적인 이것이며 또

---

61 G. W. F. Hegel, *Grundlinien der Philosophie des Rechts*, 같은 책, § 24. ; 헤겔 저, 임석진 역, 『법철학 I』, 서울 (지식산업사) 1989, 81쪽.

한 무엇이 있다(es ist)는 경우에도 존재 일반(das Sein überhaupt)을 말한다."(Phänomenologie, S. 82.; 『정신현상학 1』, 159쪽.)[62] 우리는 감성적 확신의 내용에 대해서 오직 보편자만을 언명할 수 있을 뿐이다.[63] 이와 마찬가지로 우리는 이 보편자를 가지고 무언가를 '생각'한다. 하나의 개념에는 '언명'과 '사념'이 떼려야 뗄 수 없게 결합해 있다. 왜냐하면 각각의 개념은 실제로 보편자를 포착하고 보편자의 범위 안에 있는 개별자에 주의를 기울이기 때문이다. 따라서 "개념은 논리적 명백해야 하며, 자신의 내포적, 외연적 구성 요소로 분석되지 않으면 안 된다."[64]

그렇기 때문에 감성적 확신의 진리인 '이것'은 한편으로는 보편자임에

---

62 헤겔은 이에 대해서 다음과 같이 매우 상세하게 설명한다.: "예컨대 내가 가리키는 곳이 여기이고, 얘기하고 있는 때는 지금이지만 이렇게 여기와 지금이라는 표현은 모든 여기와 지금을 뜻하게 마련이다. 또한 내가 나(mich)라고 말할 때 물론 나는 모든 타자와 구별되는 개인으로서의 나를 생각하지만, 그러나 이때 나는 그렇게 생각된 것일 뿐이지 결코 스스로가 생각하고 있는 바대로의 나를 말로 표현할 수는 없는 것이다. 나라는 것은 절대적인 표현이다. 나는 나 이외의 다른 누구도 아니다. 이렇게 누구나가 자기에 대해서 말할 수 있으니 그 누구나가 나인 것이다. 즉 거기에 있는 것은 누구냐(Wer ist da?)라고 물으면 누구나가 나요(Ich)라고 대답할 수 있는 것이다. 결국 보편자나 보편개념이 존재하는 것은 분명한데, 그러나 또한 개별적인 것도 존재하긴 하지만, 이는 오직 보편개념으로서만 존재할 뿐이다. 즉 정신으로부터 태어난 실물(實物)로서의 단어나 언어 속에서는 단지 사사롭게 생각된 개별적인 것은 존재할 수 있는 여지가 없다. 언어란 본질적으로 오직 보편개념만을 표현할 뿐인데. 우리가 뜻하는 것은 특수적이며 개별적인 것이다. 결국 생각된 그대로의 것을 언어로 나타낼 수는 없는 것이다." G. W. F. Hegel, *Vorlesungen über die Geschichte der Philosohphie I*, In: Hegel Werke in 20 Bänden (Theorie Werkausgabe), Bd. 18., hrsg. v. Moldenhauer und K. M. Michel, Frankfurt/M. 1971, S. 536f. ; 헤겔 저, 임석진 역, 『철학사 I』, 서울 (지식산업사) 1996, 609쪽.

63 "그러나 모든 언명에서는 이것과 다른 것과의 관계가 전제되는데, 이것은 다른 것을 통해서 자신의 개별성 안에서 비로소 규정될 수 있으며, 언어는 개별적인 이것을 직접 언명하는 것이 불가능하다는 사실을 발견하게 된다. 우리는 우리 자신이 생각하고 있는 감성적 존재를 결코 말로 표현할 수가 없다." W. Bonsiepen, *Phänomenologie des Geistes, in Hegel - Einführung in seine Philosophie*, hrsg. .v. O. Pöggeler, Freiburg / München 1977, S. 64f.

64 L. Geldsetzer, *Logik*, 같은 책, S. 87.; L. Geldsetzer 지음, 문성화 옮김, 『논리학』, 같은 책, 104쪽.

틀림없으며, 다른 한편으로는 모든 개별자와 관계가 있음에 틀림없다. 그럼에도 불구하고 감성적 확신에서 '의식'은 오로지 '보편자' 편에만 서 있다. 왜냐하면 '이것'은 감성적 확신에서 진리로서 '언명'된 것이기 때문이다. 그리고 언어 자체는 언제나 '보편적'이기 때문에 구체적인 '개별자'는 언명될 수 있는 게 아니라 오히려 오로지 '사념'만 될 뿐이다. 언어적으로 명확히 드러나는 의식은 바로 그 때문에 사념과, 개별자에 대한 사념의 관계를 배제해 버린다.

> 이제 이와 같이 순수한 직접성은 더 이상 나무의 형식을 지닌 여기로부터 다시 나무가 아닌 여기로 바뀌어가는 타재성, 타재화작용(das Anderssein)이나 낮이라는 뜻으로 새겨진 지금으로부터 어느덧 낮이 아닌 밤으로서의 지금으로 옮겨가는 타재성, 더 나아가서는 그 어떤 타자를 자기의 대상으로 삼고 있는 또 다른 자아에 대해서도 전혀 개의치 않는다. 따라서 순수한 직접성의 진리는 자아와 대상을 본질성과 비본질성으로 구별하지도 않을 뿐더러 도대체 이 양자 간에는 아무런 구별도 끼어들 수 없는 오직 자기 동일적인 관계로서 자신을 보존한다.(Phänomenologie, S. 84.; 『정신현상학 1』, 163쪽.)

그래서 "결국 우리가 스스로의 사념 속에서 나타내고자 하는 감성적 존재를 말로 나타낸다는 것은 도저히 불가능하다는 것이 된다."(Phänomenologie, S. 82.; 『정신현상학 1』, 159쪽.)[65] '이것'은 대상과 자아로부터

---

65 '이것'에 대한 언명(Sagen)과 사념(Meinen)의 차이에 대해서는 "H. Röttges, *Der Begriff der Methode in der Philosophie Hegels*, Meisenheim am Glan 1976, S. 126."을 참고할 것.

추상된 그리고 '귀납된' 보편자를 묘사하는 것이기 때문에, '이것'이 자신의 모든 '종적 차이'를 곧바로 잊어버릴 수가 있는 것이다.[66]

그러나 언어적으로 기초가 확립된 개념을 분석하는 일은 일면적이다. 왜냐하면 이러한 개념분석은 개념적 사유를 위해 '사념된 것'(das Gemeinte)에 대해 본질적 측면을 숨기고 있기 때문이다. 그렇기 때문에 개념적 사유의 본성에 관한 헤겔의 본질적 관점은 사념의 이러한 측면과 외연적 전망을 개념적으로 극복하는 측면을 함께 분석해 들어간다.[67]

---

66 헤겔은 유개념과 종개념에 함께 속하는 유적 특징과 종적 특징들의 논리적 관계에 대해 무척 주의를 기울이면서 설명하고 있다.: "개념이 최초에는 형식적인 개념이어서 다만 이것은 단초적인 상태에 있거나 직접적인 것으로서 개념인 셈이다. — 이러한 직접적 통일 속에서는 개념의 구별이나 그의 피정립성도 일단 최초에는 그 자체가 한낱 단순한 가상(ein Schein)에 지나지 않는바, 이럼으로써 어느덧 구별의 각 계기마저도 곧바로 개념의 총체성이며 더 나아가서는 개념 그 자체(Begriff als solcher)인 셈이다. 그러나 둘째로, 개념은 역시 절대적 부정성인 까닭에 모름지기 이것은 자기 분리를 이루는 가운데 그 스스로가 부정적인 것으로서, 혹은 자기 자신의 타자로서 정립된다. 여기서 더욱이 개념이 처음에는 직접적인 개념인 까닭에 이러한 정립이나 구별은 그의 제계기가 다만 상호 무관한 상태에서 각기 저마다의 자립적 위치를 지키게 마련이다. 따라서 개념의 통일도 이러한 분할 속에서는 다만 외면적인 관계에 지나지 않는다." G. W. F. Hegel, *Wissenschaft der Logik II*, 같은 책, S. 31. ; F. 헤겔 저, 임석진 역, 『대논리학(III)』, 서울 (지학사) 1988, 53쪽.

67 북달은 내포적인 것의 한 측면에만 주의를 기울이고 유(類)와 구조로서의 그런 측면에 대해서 다음과 같이 생각한다.: "헤겔이 그와 같은 구조, 즉 개념을 가지고 생각하는 것에 대한 최고의 예(例)는 유와 같은 어떤 것이다. (……) 보편자, 유는 실제로 존재하며 많든 적든 간에 구체적일 수 있다. 그렇기 때문에 유는, 사회 안에 규범이 존재하는 것처럼, 실존하는 규범과 같은 그 무엇으로 통용될 수 있다. (……) 인식이 대상으로 삼는 보편자는, 간단히 말하면, 필연적인 구조(Struktur)인데, 이 구조에 의해서 개별적인 것 일반의 실존이 비로소 사유될 수 있거나, 더 나은 표현으로 하면 다음과 같다. 즉 우리가 감각기관을 통해서 지각하는 경험적인 것은 스스로 존립할 수 없고 공허한 것인 반면에 오직 구조적인 것만 실존한다." J. K. Bukdahl, *Dialektische Einheit - Eine Vergegenwärtigung der Philosophie Hegels*, (Aus dem Dänischen übersetzt von E. Harbsmeier), Leiden 1986, S. 59 und 61.

### 2) 개념 외연의 '사념'(das Meinen)으로서 개별자

개별자로부터 추상되고 분리된 보편자는 '추상적' 개념인데, 여기서는 주관과 객관의 유개념이며 '이것'으로 표시된다. '이것'은 말하자면 존재의 직접성으로서의 다양한 개별자를 자기 뒤에 두고 있으며, 그래서 주관과 객관을 여전히 단순하고도 형식적으로 규정할 뿐이다. 이에 대한 근거는, 헤겔에 따르면, 언어 자체는 항상 보편적이며, 그래서 우리는 언어를 통해서 더 이상 개별자를 '언명'할 수가 없고 오히려 언어 외적으로 '사념'만 할 수 있을 뿐이라는 점이다.

헤겔이 '사념'(das Meinen)이라는 제목으로 분석하고 있는 것은, 이미 언급한 바 있듯이, 개념적 사유에 불가결한 개념들의 외연적 관점, 즉 개념들의 범위 안에 있는 개별자와의 관계이다. 헤겔은 보편자와 개별자를 서로 대립시키는데, 이러한 대립은 다시 '변증법적으로' 매개되지 않으면 안 된다. 왜냐하면 보편자와 개별자는 본질적으로 개념의 통일성에 함께 속하기 때문이다. 이와 같은 목적을 위해서 우리는 여기서 '개별자'가 무엇이며 '사념'이 무엇인지를 고찰하지 않으면 안 된다.

'사념'(Meinung, Meinen, Doxa)은 주지하다시피 철학사적으로 매우 오래된 철학적 주제(Topos)이다. 헤겔도 이 점에서 출발하는데, 자신의 『철학사 강의』(*Vorlesungen über die Geschichte der Philosophie*)에서 플라톤(Platon)의 '국가'(Politeia)에 대해 논하면서 '사념'(Doxa)에 대해 자세하게 다루고 있다.

> 인식하는 자로서의 그와 같은 사유(dianoian)를 우리는 인식(gnome)이라고 정당하게 불러도 될 것이다. 하지만 다른 사유는 사념(doxa)이다. 인식 활동은 존재하는 것과 관계하며, 사념은 존재하는 것에 대립해 있다. 그래서 존재하는 것의 내용은 무(無)가 아니

> 며 (이것은 무지이다.), 무언가를 사념하게 된다. 사념은 무지와 학문 사이의 가운데에 있는 무엇이며, 사념의 내용은 존재와 무의 혼합이다. (……) 개별자는 크든 작든, 가볍든 무겁든 간에 이러한 대립들 가운데 하나이다. 존재와 비존재의 그와 같은 혼합은 개별자이고 사념의 대상이며 혼합인데, 이 혼합 안에서 대립들이 보편자로 해소되지는 않는다. 바로 이것이 인식 활동의 사변적 이념이다. 우리들의 일상적인 의식의 방식은 사념에 속한다.[68]

그리고 헤겔은 다른 곳에서 또 다음과 같이 말한다.

> 사념은 주관적인 표상이고 임의의 사상(Gedanke)이며, 나는 이러저러하게 다른 사람은 또 다르게 가질 수 있는 상상이다. 사념은 **나의 것**이고, 그 안에 즉자 대자적으로 존재하는 보편적인 사상이 아니다.[69]

헤겔은 이와 같은 사념을 '일상적 의식'(das gewöhnliche Bewuβtsein)이라고도 부른다.[70] 만일 일상적 의식, 즉 개별적인 자아가 감성적 확신에 대해서

---

68 G. W. F. Hegel, *Vorlesungen über die Geschichte der Philosohphie II*, In: Hegel Werke in 20 Bänden (Theorie Werkausgabe), Bd. 19., hrsg. v. Moldenhauer und K. M. Michel, Frankfurt/M. 1971, S. 42. ; 이와 관련하여 헤겔은 자신의 『철학 백과』에서 다음과 같이 말한다.: "플라톤은 그 후 자신의 엄밀한 학문적 대화에서 모든 고정된 오성 규정의 유한성을 어쨌든 간에 변증법적 주장을 통해서 제시하고 있다. 그래서 플라톤은, 예를 들면 파르메니데스(Parmenides)에서 일자(一者)로부터 다수를 이끌어내고, 그럼에도 불구하고 다수가 어떻게 일자로 규정되는지를 제시하고 있다." G. W. F. Hegel, *Enzyklopädie der philosophischen Wissenschaften I*, 같은 책, § 81 Zusatz 1.

69 G. W. F. Hegel, *Vorlesungen über die Geschichte der Philosohphie I*, 같은 책, S. 30.

70 이에 관해서는 "G. W. F. Hegel, *Enzyklopädie der philosophischen Wissenschaften*

자신의 고유한 판단을 진술하려고 한다면, 이러한 판단은 진술을 통해서 곧바로 보편자가 된다. 그래서 보편자에 대립하는 것, 즉 개별자는 남게 된다. 그렇기 때문에 여기서 자아는 이와 같은 개별자와 관련하여 오로지 '순수하게 보는 활동'(reines Anschauen)일 수만 있어서, "자아는 대자적으로 머물게 된다."[71]

만일 감성적 확신에서 개별자는 진술될 수 있는 게 아니라 단지 사념만 될 수 있을 뿐이라면, 그렇다면 개별자는 "나의 대상으로서의 대상 안에 또는 사념 안에 존재한다. 자아가 대상에 관하여 알기 때문에 대상이 존재하는 것이다."(Phänomenologie, S. 83.)[72] 이제 개념적 사유의 이와 같은 진술 상황, 즉 보편적 언명과 개별자를 염두에 둔 사념은 언명으로 옮겨갈 수가 없다는 것을 헤겔은 감성적 확신이 제공하는 진리의 변증법으로 이끈다. 이는 한편으로 타당한데, "감성적 확신은 의도하지 않았는데도 자신이 주장하는 것에 반대되는 것을 증명한다. 감성적 확신은 말을 하자마자 보편자를 언명한다. 감성적 확신은 참인 것으로 보이는 보편자에 관해서만 분명하게 주장할 수 있을 뿐이다."[73]

---

*I*, 같은 책, § 87과 Zusatz"와 "B. Lakebrink, *Studien zur Metaphysik Hegels*, Freiburg 1969, S. 89-119."를 참고할 것.

71 이에 대해서는 "Phänomenologie, S. 84-85."를 참고할 것.

72 이에 반대하는 다음과 같은 견해도 있다.: "순수 존재가 자신의 직접성 안에서 단지 사념될 수만 있을 뿐이고 이러한 사념이 자신의 손아귀에서 타인의 손아귀로 전도된다는 사실이 제시되었다. 우리는 개별적 이것의 직접성 대신에 매개된 보편자, 즉 개별적인 이것이 속해 있는 복합체를 이해한다." 그러나 이 견해는 지각의 영역에서 상세하게 기술되고 있다. O. Pöggeler, *G. W. F. Hegel - Philosophie als System*, In: *Grundprobleme der großen Philosophen*, hrsg. v. J. Speck, Göttingen 1976, S. 164.

73 T. Bodammer, *Hegels Deutung der Sprache*, Hamburg 1969, S. 78. ; 다음과 같은 견해도 잘못된 것이다.: "헤겔은 변화 가능한 진리가 술어상의 모순이라는 것, 즉 바로 그렇기 때문에 경우에 따라서는 진리가 아니라는 것을 증명하기 위하여 감성적 확신에 변화 가능한 또는 유동적인 진리를 인정하지 않는다. 오히려 헤겔은 감성적 확신이 참이라고 간주하는 것을 원칙적으로 결코 진리라고 주장할 수는 없다는 점을 제시하고 있다." 위의 책, 같은 곳.

그리하여 만약 내가 어떤 **개별적인 사물**을 지적해서 말한다고 할 때 모름지기 여기서 나는 단지 그것을 완전히 **보편적인 것**으로 취급하여 표현한다고 봐야만 한다. 왜냐하면 모든 것은 예외 없이 개별적 사물일 수밖에 없으며 동시에 특정한 대상으로서의 **바로 이것**도 누구나가 읊조리듯이 하는 모든 것에도 다 같이 해당되는 것이기 때문이다.(Phänomenologie, S. 88.; 『정신현상학 1』, 169쪽.)

다른 한편으로 또 타당한 게 있는데,

내가 단지 **사념**하기만 하는 것은 **나의 것**이며 이 특수한 개인으로서 나에게 속한다. 하지만 만일 언어가 보편자를 표현한다면 나는 내가 단지 **사념**하기만 하는 것을 언명할 수는 없다.[74]

그래서 개념 자체는 '보편적 언명'과 '개별자로 규정된 사념'의 변증법적 매개 이외에 다른 어떤 것도 아니라는 사실이 제시되었다. 더욱 정확하게 우리는 헤겔의 분석을 다음과 같이 총괄, 요약할 수 있다. 즉 논리적 개념은 의식의 사유수단으로서 자신의 고유한 논리적 구조에 따르면 '술어상의 모순'(contradictio in adjecto)으로 형성되어 있다. 논리적 개념은 자신이 사념하지 않는 것, 즉 보편자를 의미하며, 자신이 의미하지 못하는 것, 즉 특수자를 사념한다. 그리고 동시에 논리적 개념은 자신이 사념하는 것을 의미하고 또 표현하며, 자신이 의미하는 것을 사념하는데, 어쨌든 간에 논리적 개념은 순수한 또는 '참된' 개념인에는 틀림없다.

---

74 G. W. F. Hegel, *Enzyklopädie der philosophischen Wissenschaften I*, 같은 책, § 20.

그러나 감성적 확신의 경험에서 생겨나는 개념에 의해서, 우리가 전제했듯이, 헤겔에게서는 사유의 행위가 (개념 안에서 개념에 의해서) 개념으로 옮겨가 있다. 그리고 개념적 사유는—정신의 활동으로서—버클리에게서와 마찬가지로 이와 같은 변증법적 형태에서만 오로지 개념적으로 파악될 수 있을 뿐이다.

하지만 만일 경험이 개념적 사유에 이르는 데에 비로소 도달했다면, 그 경험은 (외연적이고 특수성을 겨냥한) 측면을 말하자면 자기 뒤에 남겨두게 된다. 감성적 확신에서 진술된 것은 이제 참인 것으로 간주된다. 그래서 헤겔에 따르면 "언어(Sprache)는 좀 더 진실에 가까운 것이어서 모름지기 우리는 언어를 통해서 직접적으로 스스로의 사념, 소견을 부정하게 된다. 이렇게 볼 때 보편자야말로 감성적 확신의 진리이며, 다시 언어는 오직 이러한 진리만을 표현할 뿐"(Phänomenologie, S. 82.; 『정신현상학 1』, 159쪽.)[75]이다.

그러므로 대상의식(Gegenstandsbewu ß tsein)은 감성적 확신의 구체적인 내용에 언어를 통해서는 더 이상 도달할 수가 없다. 이에 따라서 대상의식은, 예를 들어 사념을 가시적인 것으로 보이게 하기 위하여 개별적인 사물을 구체적으로 '제시하려고'(aufzeigen) 시도한다. "이와 더불어 감성적 확신은 언명하지 않은 상태에서 지각(Wahrnehmung)으로서 의식의 경험을 수행하였다. 왜냐하면 지각은 자신의 대상을 많은 성질들의 통일로서 분명하게 경험하기 때문이다."[76]

헤겔이 뒤에 가서 제시하게 되겠지만, 이렇게 사념된 것으로 되돌아가는

---

75 바로 이러한 근거에서, 헤겔에 따르면, "말로 표현할 수 없는 것이라고 명명되는 것"은 감성적 확신에서 "비진리, 비이성적인 것, 단순하게 사념된 것" 이외에 다른 무엇이 아닌 것이다. (Phänomenologie, S. 88.)

76 T. Bodammer, *Hegels Deutung der Sprache*, 같은 책, S. 81.

것은 그렇다면 모든 사유의 가장 보편적인 정신활동으로서 관통하고 있는 '기억'(Erinnerung)이라는 사실이 매우 중요하다는 것을 말해주는 것이 된다. 기억이 없이는 그리고 이와 더불어 경험이 수행하는 모든 단계에 대한 지속적인 고려가 없이는 다음과 같은 점이 생겨날 수가 없다.

> 또 다른 말로 바꾸어보면 그와 같은 **절대자**(Absolutes)를 일컬어서 흔히 갖가지 색깔을 지닌 모든 소를 다 같이 검은 색으로 보이게 하는 한밤중과 같은 것으로 여긴다는 것—이것은 참으로 인식의 공허함을 부채질하는 천진난만함이라고 할 수밖에 없다.(Phänomenologie, S. 19.; 『정신현상학 1』, 71쪽.)

감성적 확신이 "오직 현상으로 나타나는 지(Wissen)만을 대상으로 하는 서술"이기는 하지만, 그러나 "지금과 같은 관점에서 본다면 참다운 지를 향해서 밀치고 나가는 자연적 의식의 도정으로 이해될 수 있을 뿐이다."(Phänomenologie, S. 66f.; 『정신현상학 1』, 138쪽.)

## 5. 변증법적 개념과 지각

우리는 감성적 확신에서 의식이 경험의 결과로서 오직 '이것'만을 보편자로 간주하는 경험을 시작했다. 그래서 우리는 '사념된 것'을 수용할 수 없는 감성적 의식이—헤겔의 의미에서—자신의 수동적인 태도로 인하여 오직 '추상적' 개념들과만 관계를 맺고 있다는 점을 인식하였다.[77] 그와 같은 개념에 대해서 헤겔은 다음과 같이 비판한다.

> 또한 개념들, 더욱이 특정한 개념들이라고 불리는 것들, 예를 들어 인간, 집, 동물 등은 단순한 규정들이고 추상적 표상들인데, 추상(Abstraktion)이란 개념들로부터 보편성(Allgemeinheit)의 계기를 받아들이고 특수성(Besonderheit)과 개별성(Einzelheit)을 제외하는 것이다. 그래서 추상이란 개념들에서 전개된 것이 아니며 바로 이를 통해 개념을 제외해버리는 것이다.[78]

그렇기 때문에 의식은, 헤겔에 따르면, "자기 생성의 정신적 운동"(die geistige Bewegung seines Werdens)[79]으로서 이러한 단계들을 넘어서지 않으면 안 된다. 다시 말하면, 의식은 감성적 확신에서 서로 대립해 있는 보편자와 개별자 사이를 다시 매개하지 않으면 안 된다. 그러므로 바로 다음 단계는 '이것'으로서의 보편자를, 그리고 '사념된 것'으로서의 개별자도 포함

---

77 이에 대해서는 "M. Westphal, *Hegels Phänomenologie der Wahrnehmung*. Originalbeitrag. Aus dem Englischen übersetzt v. R. Bitter, in *Materialien zu Hegels ›Phänomenologie des Geistes‹*, hrsg. v. H. F. Fulda und D. Henrich, Frankfurt/M. 1973, S. 84."을 참고할 것.

78 G. W. F. Hegel, *Enzyklopädie der philosophischen Wissenschaften I*, 같은 책, § 164.

79 그래서 헤겔은 다음과 같이 말하는 것이다.: "모든 의식은 오히려 통일성과 분할성 그리고 이와 함께 모순을 포함하고 있다. (……) 하지만 정신은 모순을 감수하게 되는데, 그 까닭은 정신이 자신에 의해서 정립된 것으로서 의식하는 규정이 아닌, 따라서 그 자체로서 알고 있는 그 어떤 규정도 자신 안에 갖고 있지 않기 때문이며, 정신은 그 규정을 다시 또 지양할 수 있다. 정신 안에 존재하는 모든 내용에 대한 이와 같은 힘(Macht)이 정신의 자유(Freiheit des Geistes)의 토대를 형성한다. 그러나 정신은 자신의 직접성 안에서 개념적으로나 가능성에 따라서 단지 즉자적으로만 존재할 뿐이며, 현실적으로 보자면 아직 자유는 아니다." G. W. F. Hegel, *Enzyklopädie der philosophischen Wissenschaften III*, 같은 책, § 382, Zusatz.

하지 않으면 안 되는 것이다. 헤겔에 따르면, 바로 이것이 수행되는 과정이 지각이다. 따라서 헤겔은 지각과 비교하여 감성적 확신에 대해서 다음과 같이 말하고 있다.

> 직접적 확신은 스스로 진리의 구실을 할 수 없으니, 왜냐하면 그의 진리란 어디까지나 일반자일 수밖에 없음에도 불구하고 그는 이것(das Diese)만을 취하려고 하기 때문이다. 그런데 이와는 달리 지각은 바로 자신을 위해서 존재하는 것을 일반자로 취급한다.(Phänomenologie, S. 89.; 『정신현상학 1』, 171쪽.)[80]

지각은 '이것'을 자신의 대상으로 받아들이는데, '이것'은 감성적 확신에서의 유일한 진리인 보편자이며, 사념된 것으로서의 개별자는 보편자로부터 추상된 것이다.[81] 지각하는 의식은 감성적 의식의 '개별적인' 내용, 즉 감성적 의식이 언어를 가지고는 서술할 수 없었던 내용뿐만 아니라 '이것' 또한 참된 것으로 받아들인다. 따라서 보편자와 개별자라는 이 양자 모

---

80 이에 덧붙여서 헤겔은 다른 곳에서 다음과 같이 말한다.: "감성을 넘어선 의식은 대상을 자신의 진리 안에서 수용하려 하는데, 단순히 직접적인 것으로서가 아니라 매개된 것으로서 스스로 반성한 보편적인 것으로서 수용하려 한다. 그래서 대상은 구체적인 여러 관계와 연관성들의 감성적인 사상규정들과 더 확장된 사상규정들(Gedankenbestimmungen)을 결합한 것이다. 이와 동시에 대상과 의식의 동일성은 더 이상 확실성의 추상적 동일성이 아니라 특정한 동일성이며 지(Wissen)이다." G. W. F. Hegel, *Enzyklopädie der philosophischen Wissenschaften Ⅲ*, 같은 책, § 420.

81 다음과 같은 해석은 이것을 오해한 것이다.: "이 지각이라는 개념은 앞에서 감성적 확신의 변증법에 의해서 제공된 결과, 즉 보편자가 감성적 확신의 참된 대상이라고 하는 결과를 인정한다. 하지만 감성적 확신의 변증법의 결과를 이렇게 원칙적으로 인정함으로써 —헤겔 스스로가 그것을 반드시 말해야만 했던 것처럼—감성적 확신의 근원적인 오해가 추상적으로 부정되었다. 즉 더 이상 존재하지 않는 것으로 정립되었다." W. Becker, *Hegels Begriff der Dialektik und das Prinzip des Idealismus - Zur systematischen Kritik der logischen und der phänomenologischen Dialektik*, 같은 책, S. 153.

두는 지각에서는 '하나의 보편자'로서의 '존재자'(das Seiende) 또는 사물이다. 바로 이런 목적을 위해서 "지각은 보편자와 이 보편자에 대립된 개별자 (또는 특수자) 사이의 변증법적 매개로서 구성된다."[82] 그러므로 언명(das Sagen)과 사념(das Meinen)은 지각에서 매개될 수가 있다.

그러므로 헤겔은 감성적 확신에서의 자아와 대상을 지각을 성립시키는 두 계기로 삼는다. 헤겔에 따르면 이 두 계기는 이미 감성적 확신에서 주어졌다. 예를 들어, 만일 자아가 개별적 사물로서 "한 장의 종이"를 "보여주면", 헤겔은 그와 같이 "보여주는 행위"(das Aufzeigen)를 "지각의 태도, 방법"(Verfahren des Wahrnehmens)이라고 간주한다.(Phänomenologie, S. 89.) 다시 말해서, 이러한 태도, 방법은 지각의 한 계기로서 주관적 측면이다. 그리고 이렇게 보여주는 행위는 여기서 감성적으로 경험 가능한 '종이'와 불가분리하게 결합해 있기 때문에, 헤겔은 대상을 지각의 다른 계기로 간주하는 것이다. 그런 한에서 '보여주는 행위' 자체는 지각과 대상 사이를 매개하는 변증법적 운동이라고 알려질 수 있으며, 이 반면 지각에서의 대상은 감성적 확신에서의 보편자와 개별자로부터 "총괄된 존재"(das Zusammengefa ß tsein)로서 주어질 수가 있다.(Phänomenologie, S. 89.) 왜냐하면 한 장의 종이는 "한 지점만을 뜻하는 여기를 가리키면서도 또한 그것은 다른 모든 지점을 가리키는 여기들 중의 단 하나의 지점을 가리키는 데 그치는가 하면 더 나가서 그것은 종이 한 장 속에는 이미 여러 개의 지점을 뜻하는 많은 여기가 단순히 집합(einfaches Zusammen)되어 있는 보편자이기

---

82 L. Geldsetzer, *Über das logische Prozedere in Hegels Phänomenologie des Geistes*, 같은 책, S. 61. ; 헤겔은 회의주의(Skeptizismus)와 관련하여 다음과 같이 말한다.: "회의주의는 변증법적 운동을 보여주고 있는데, 이 변증법적 운동이 감성적 확신이고 지각이며 오성이다." (Phänomenologie, S. 55.)

도 한 것이기" 때문이다.(Phänomenologie, S. 89.; 『정신현상학 1』, 170쪽.)[83] 헤겔에 따르면 이러한 것이 바로 '지각'에서 일어난다.[84]

먼저 헤겔은 지각활동(das Wahrnehmen)에서 지각된 것(das Wahrgenommene)으로서의 대상과 지각하는 자(das Wahrnehmende)로서의 지각(Wahrnehmung)을 다음과 같이 규정한다. 대상은 "각이한 특성을 지닌 사물"(das Ding von vielen Eigenschaften)이며 지각은 "부정과 구별 또는 다양성을 스스로의 본질 속에 지니고 있다."(hat die Negation, den Unterschied oder die Mannigfaltigkeit an ihrem Wesen)(Phänomenologie, S. 90.; 『정신현상학 1』, 172쪽.)[85] 따라서 사념된 개별자들과 함께하는 '이것'은 지각에서는 보편자로서 정립되어 있다. 이에 대해 헤겔은 '소금'을 예로 들면서 지각을 상세하게 설명한다.

소금은 단순한 여기를 뜻하면서 동시에 다양한 성질을 띨 수도

---

83 절대 지(das absolute Wissen)의 관점에서 그리고 대상의 측면에서 헤겔은 다음과 같이 말하고 있다.: "그러므로 대상은 부분적으로는 직접적인 존재 또는 사물 일반이고 —이것은 직접적인 의식에 상응하는 것이고— 또 부분적으로는 자신의 타자로 되는 것, 타자에 대한 자신의 관계, 즉 타자를 위한 존재(Sein für anderes) 그리고 대자존재(Fürsichsein)이고 규정성(Bestimmtheit)이며—이것은 지각에 상응하는 것이며— 또 부분적으로는 본질(Wesen) 또는 보편자이다—이것은 오성(Verstand)에 상응하는 것이다."(Phänomenologie, S. 550.) 그러므로 헤겔은 지각에서 '하나의'(ein) 보편자를 말하는 것이다.

84 헤겔에 있어서 지각은 외적 지각과 내적 지각으로 나누어진다.: "우리는 외적 지각을 통해서 사물을 지각하는데, 외적 지각이란 공간적, 시간적으로 우리 외부에 있으며 동시에 우리는 외적 지각을 우리 자신과 구별한다. 내적인 감성적 지각을 통해서 우리는 부분적으로 우리 육체의 상태를 알아차리고 또 부분적으로는 우리 영혼의 상태를 알아차린다." G. W. F. Hegel, *Nürnberger und Heidelberger Schriften*, 같은 책, S. 208.

85 또한 이에 대해서 "W. Bonsiepen, *Phänomenologie des Geistes*, in *Hegel - Einführung in seine Philosophie*, 같은 책, S. 65."도 참고할 것. ; 이것을 키른은 "복합적인 주관-객관-관계"로 고찰하고 있다. M. Kirn, *Phänomenologie des Geistes und die Sinneslehre Rudolf Steiners - zur Neubegründung der Wissenschaft aus dem Wesen des Menschen*, Stuttgart 1989, S. 165.

있다. 즉 그것은 백색이면서 **또한** 짠맛을 내고 **또한** 입방체의 모양을 하면서 **또한** 일정한 **중량** 등을 갖기도 한다. 이 모든 여러 가지 성질들은 하나의 단순한 **여기** 속에 뭉쳐져서 이들 모두가 서로 밀착되고 삼투되어 있는 것이다.(Phänomenologie, S. 91.; 『정신현상학 1』, 173–174쪽.)[86]

감성적 확신에서는 '단순한 여기' 또는 '단순한 이것'이라는 개념으로만 표시될 수 있었던 '소금'이라는 사물이 지각에서는 단순한 보편자 또는 "순수 본질"(das reine Wesen)로서 등장하는데, 이 순수 본질은 여러 성질의 풍부함을 포함하고 있는 것이다.(Phänomenologie, S. 91.) 이제 이 성질들도 '참인 것으로 받아들여져야' 한다.

여기서 우리는 '또한'(auch)이라는 용어에 주의를 기울여야 한다. 왜냐하면 헤겔이 여기서 소금과 그 성질들과의 관계를 전체와 부분의 관계로 파악하면서 '또한'이라는 용어를 사용하고 있기 때문이다. 이 용어는 단순히 "순수한 자기 연관성(das reine Sichaufsichbeziehen)을 지닌 것 혹은 매개체(Medium)"로서의 보편자를 묘사하는데, "이 속에는 오직 이러한 규정성만이 팽배해 있을 뿐더러 이들은 서로가 접촉하는 일도 없이 한낱 단순한 통일 속에서 자기를 고수하거나 관철시킬 뿐이다. (……) 따라서 역시(auch)라는 이 입장이야말로 순수한 보편자 자체이거나 매개물 또는 그들 제요소를 하나로 통합하는 물성(Dingheit)에 해당되는 것이라고 하겠

---

86 키른은 이 '소금'의 예를 데카르트(Descartes)에게서의 '왁스' 조각을 분석하는 것과 비교하여 논한다. M. Kirn, *Phänomenologie des Geistes und die Sinneslehre Rudolf Steiners – zur Neubegründung der Wissenschaft aus dem Wesen des Menschen*, 같은 책, S. 165f와 175f를 참고할 것.

다."(Phänomenologie, S. 91.; 『정신현상학 1』, 173쪽.)[87]

우리는 헤겔이 분석하는 지각을 계속 추적하고자 한다.[88] 위에 명명된 성질들은 "서로 구별되고 대립해 있는 것으로서의 타자와 관계를 지니는 한에서"(Phänomenologie, S. 91.) 자신의 고유한 규정들을 가질 수 있다.[89] 그래서 우리는 지각의 사물에서 '구별'과 '부정' 그리고 '총합'이 실행된다는 사실을 이해할 수 있다. 그렇게 지각된 것 또는 그와 같은 보편자는 한편으로는 "일자 또는 배타적 통일성"(Eins oder ausschlie ß ende Einheit)(Phänomenologie, S. 91.)이며, 다른 한편으로는 매개된 것, 말하자면 수많은 성질들의 '또한'(auch)을 통해서 매개된 것이기도 하다.

이제 헤겔은 '지각'이라는 낱말을 소위 어원상의 의미로 '참인 것으로 받아들이기'(für wahr nehmen)—그리고 이러한 '어원학'(Etymologie)은 오늘날에도 여전히 매우 광범위하게 퍼져있다.—때문에, 그는 경험론적 인식론에서

---

87 여기서 헤겔은 '매개'(Vermittlung)라는 용어 대신에 '매개체'(Medium)라는 용어를 사용함으로써, '소금'이라는 예가 잘 보여주고 있는 것처럼, 사실상 자연과학적 관점에서 출발하고 있다. 이와 관련해서는 "G. W. F. Hegel, *Wissenschaft der Logik Ⅱ*, 같은 책, S. 149f."를 참고하기 바라며, '또한'이라는 용어와 관련해서는 "T. Bodammer, *Hegels Deutung der Sprache*, 같은 책, S. 85."를 참고하기 바람 ; 그리고 헤겔은 데카르트의 형이상학과 관련하여 "사유는 물성이며, 또는 물성은 사유이다."(Das Denken ist Dingheit, oder Dingheit ist Denken.)라고 말한다.(Phänomenologie, S. 410.)

88 헤겔이 '의식'(Bewußtsein)이라는 단어를 「감성적 확신」(Die sinnliche Gewißheit) 장에서와는 대조적으로 「지각」(Die Wahrnehmung) 장에서는 5절(節)에 이르기까지 언급하지 않고 있다는 점도 주의를 기울여볼 가치가 있다.

89 "감성적 의식의 내용은 그 자체가 즉자적으로 변증법적이다. 그 내용은 그 개별자여야만 된다. 그러나 이로 인해 그 내용은 또 하나의 개별자가 아니라 모든 개별자이다. 그리고 바로 개별적 내용은 타자를 자신으로부터 배제하기 때문에, 자신을 넘어서는 것으로서, 타자에 의존해 있는 것으로서, 타자를 통해 매개된 것으로서, 자기 자신 안에 타자를 지니고 있는 것으로서 증명된다. 그러므로 직접적인 개별자에 가장 가까이 있는 진리는 타자와 관계를 맺고 있는 자신이다. 이러한 관계의 규정들은 사람들이 반성규정이라고 명명하는 것이며, 이와 같은 규정들을 파악하는 의식은 지각활동이다." G. W. F. Hegel, *Enzyklopädie der philosophischen Wissenschaften Ⅲ*, 같은 책, § 419, Zusatz.

이미 그와 같은 것과 결부된 감각의 '기만' 또는 지각의 '기만'에 대한 문제에 대해서 언급하지 않으면 안 된다.[90] 사람들은 처음부터 자신의 논점을 기대하게 될 것이다. 지각이란 다시금 의식의 행위이기 때문에, 반드시 변증법을 사용해야만 된다. 다시 말해서, 지각은 동시에 '기만'(Täuschung)으로서 묘사되지 않으면 안 된다.

> 의식은 단지 **있는 그대로의** 대상을 **취함으로써** 그 자신이 다만 순수한 파악자로서의 태도를 지닐 뿐이거니와 이와 같이 하여 그가 얻어낸 것이 곧 진리로 간주된다.(Phänomenologie, S. 92f.; 『정신현상학 1』, 176쪽.)

그러나 "배타적 일자로서"(als ausschließende Eins) 지각된 대상은 동시에 "하나의 보편적이며 공통적인 매개성을 지닌 것으로 파악된다. 즉 이러한 매개성을 바탕으로 해서 감성적 보편성의 형태를 띤 사물의 갖가지 성질들은 제각기 자기만의 고유성을 유지하는가 하면 동시에 스스로 규정된 입장에서 타자를 배제하는 것이 된다."(Phänomenologie, S. 94.; 『정신현상학 1』, 178쪽.)

---

90 이러한 연관성에서 헤겔은 또 다음과 같이 말한다: "그러나 이러한 몽롱함을 좀 더 곰곰이 살펴보면, 한편으로 그것은 표상에서 비롯된 주관적 모순이며, 다른 한편으로는 대상 자체에서 연유된 객관적 모순이라고 하겠거니와, 하여간에 표상 그 자체는 이러한 모순의 요소를 송두리째 내포하고 있다. 다시 말해서 표상 그 자체가 행하는 것은, 첫째로 지각에 의거하여 한낱 현존재의 사물(Ding des Daseins)만을 정면으로 받아들이려고 할 뿐만 아니라, 또 다른 면으로는 감각적인 현존재를 지각이 불가능한 것(Nichtwahrnehmbares), 즉 반성을 통해서 규정된 것에 귀속시키려는 모순이라고도 하겠다." G. W. F. Hegel, *Wissenschaft der Logik I*, 같은 책, S. 339. ; F. 헤겔 저, 임석진 역, 『대논리학(Ⅱ)』, 같은 책, 201쪽.

그러므로 사물에 대해서는 흔히 흰 색깔**이라거나** 입방체에다가 짠맛도 가진다는 등으로 표현되곤 하는 것이다. 그러나 일정한 사물을 놓고 이를 흰 색깔**이라고 했다면**(insofern) 동시에 그것을 입방체라고는 할 수 없으며, 또한 그것이 입방체이며 흰 색깔**이라면**(insofern) 여기서 또한 짠맛을 낸다는 등으로 얘기될 수는 없을 것이다.(Phänomenologie, S. 96.; 『정신현상학 1』, 182쪽.)

이로써 지각이 실제로는 '사물'이라는 '보편자'와 이 사물의 '여러 성질'이라는 '개별자' 사이에서 '매개'로서 작용한다는 사실이 밝혀졌다. 만일 사람들이 이와 같은 사실을 대상의 측면에서 심사숙고해본다면, 각각의 성질은 '사념된 것' 이외에 다른 어떤 것이 아님을 알게 될 것이다. 또한 "의식은 (……) 오직 사념일 뿐, 즉 전적으로 지각활동으로부터 나와서 자신 속으로 되돌아가는 것이다."(Phänomenologie, S. 94.)[91] 헤겔은 이와 같은 의식의 경험의 과정을 "각 계기마다에서 그리고 전체로서 스스로를 지양하는 원환운동"(den sich in jedem Momente und als Ganzes aufhebenden Kreislauf)(Phänomenologie, S. 94.; 『정신현상학 1』, 178쪽.)이라고 부른다.[92] 이것은 의식으로

---

91 헤겔은 '자기의식'(Selbstbewuβtsein)과 관련해서 다음과 같이 말하고 있다.: "이렇게 볼 때 순수한 절대적 존재는 다만 순수 사유 속에 깃들어 있는 것이 되거나 아니면 오히려 그것은 순수 사유 자체라고도 하겠으니, 결국 이 절대적 존재는 단적으로 유한자나 자기의식의 피안(jenseits)에 자리 잡은 한낱 부정적인 실재(das negative Wesen)일 따름이다. 그러나 이렇듯 피안에 자리 잡고 있음으로 해서 모름지기 이 절대적 존재는 한낱 객관적인 존재, 즉 자기의식을 부정하는 것이다. 이렇듯 자기의식을 부정한다는 입장에서 또한 이 절대적 존재는 바로 그 자기의식에 관련되어 있을 수밖에 없는 셈이다. 절대적 존재는 이러한 외적 존재이기는 하되, 다만 이러한 외적 존재는 갖가지 구별이나 규정을 자아내는 자기의식과 관계된다는 점에서 필경 맛을 본다거나 눈으로 볼 수 있다는 등의 구별을 스스로 마련하고 있음으로써 결국 이러한 관계는 감각적 확신과 지각의 상태를 의미하는 것이 된다." (Phänomenologie, S. 408f.; 『정신현상학 2』, 159-160쪽.)

92 "자기 자신을 거쳐나가는 이와 같은 운동만이 바로 정신의 현실성(Wirklichkeit)을 이룬

하여금 절대적 지각에만 머물도록 하지 않고, 오히려 스스로를 반성하지 않으면 안 되도록 이끌어서 '순수 파악작용'(das reine Auffassen)이 되게끔 한다. 그런데 바로 여기서 '기만'이 생겨나는데, 의식은 지각 자체 안에서 이 기만의 지배를 받고 있는 것이다.

실제로 사물이란 오직 **우리의** 눈에 비쳐짐으로써만 흰색일 수도 있고 **우리의** 혀에 갖다 댔을 때에만 짠맛을 낼 **수도 있으며** 또한 **우리의** 느낌으로 받아들여짐으로써만 입방체일 수도 있는 것이다. 그런데 여기서 서로가 전적으로 상이한 이들 성격은 결국 사물로부터 얻어진 것이 아니라 바로 우리 자신으로부터 얻어진 것에 불과하다. 말하자면 이들 각이한 성질들은 예컨대 혓바닥과는 전혀 구별되어야만 할 우리의 눈 등을 통해서 비로소 분명하게 그 나름의 특징을 나타내는 것이다. 그리하여 이제는 다름 아닌 우리 자신이 **보편적 매개자**가 됨으로써 마침내 그 모든 계기들이 서로 분화된 상태에서 자기 나름의 고유한 존립 근거를 지니는 것이 된다.(Phänomenologie, S. 95.; 『정신현상학 1』, 180쪽.)

헤겔은 사물에 대해서도 다음과 같이 말한다.

대상은 이제 **여하한 관점에서 보더라도 오직 자기 자신과 반대되는 것**일 수밖에 없다. 이것은 다시 말해서 **대상이 타자를 위해**

---

다. 결국 정신은 스스로 운동하는 것으로서만 존재할 뿐이니, 즉 정신이란 운동의 주체이면서 또한 이에 못지않게 운동한다는(das Bewegen) 사실 그 자체이기도 한바, 이를 또 달리 말한다면 정신은 다름 아닌 주체가 그 한가운데를 뚫고 나갈 수밖에 없는 실체(Substanz)이기도 한 것이다." (Phänomenologie, S. 546f.; 『정신현상학 2』, 378쪽.)

서, 타자와의 관계 속에 있는 한, 오히려 그것은 독자적 자기 보존자이며, 반대로 대상이 스스로의 독자적 존립기반을 고수하는 한, 그것은 타자를 위해서, 타자와의 관계 속에 있음을 뜻하는 것이 된다.(Der Gegenstand ist vielmehr in einer und derselben Rücksicht das Gegenteil seiner selbst: für sich insofern er für anderes, und für anderes, insofern er für sich ist.) (Phänomenologie, S. 99.; 『정신현상학 1』, 187쪽.)[93]

이제 여러 가지 상이한 성질들이 규정된 것으로서 또는 지각된 것으로서 "이들 성질이 물성(Dingheit)으로 통합됨으로써 오직 자기 자신을 위한 존재로서(an und für sich) 그리고 타자에 대해 무관심하게" 존재한다는 사실이 의심의 여지가 없게 되었고, 또한 그 성질들이 "규정된 성질들"로서 "서로 상이하고 독립적인 성질들"로서 지각된다는 사실도 의심의 여지가 없다. (Phänomenologie, S. 96.; 『정신현상학 1』, 181–182쪽.) 이리하여 수많은 성질을 가진 사물로서의 지각된 것과 함께 시작한 의식은 이제 "자유로운 물질들로서의"(als freie Materien) 성질들을 묘사하며 "물질들의 집합체"로서의 "사물"을 "단순히 포괄적인 표면만을 감싸는 것"으로 만들어버린다.(Phänomenologie, S. 96f.; 『정신현상학 1』, 182–183쪽.) 우리는 헤겔이 사물과 사물의 성질들을 여기서는 아리스토텔레스(Aristoteles)의 형상과 질료(Form und Materie)라는 사유의 도식에 따라서 구성하고 있음을 알 수 있다.[94]

---

93 이와 관련해서는 "T. Bodammer, *Hegels Deutung der Sprache*, 같은 책, S. 86."을 참고할 것.

94 이에 관해서는 아리스토텔레스의 실체 개념에 대해서 헤겔이 해석하고 있는 것을 살펴볼 필요가 있다. 이것은 "G. W. F. Hegel, *Vorlesungen über die Geschichte der Philosophie II*, 같은 책, S. 151-168."을 참고할 것. ; 헤겔은 자신의 『철학사 강의』에서 아리스토텔레스에게 있어서의 '보편자'를 '자기 자신을 규정하는 것'(das Sichselbstbestimmen)으로 고찰하고 이것을 두 개의 주요 형식으로 분류하고 있다.

그런데 사물지각(Dingwahrnehmung)을 이렇게 분석하는 것은, 이미 버클리(Berkeley)에게서 본 것처럼, 사물의 실체적 독립성을 해체하는 데에로 이끈다.

> 그런데 사물은 다름 아닌 **절대적 성격**과 또한 그의 대립성에 의하여 **타자와의 관계**를 지닐 뿐만 아니라 또한 그것은 본질적으로 이와 같은 관계 속의 대응자일 뿐이다. 그러나 다시 관계라는 것은 사물의 독립성을 부정하는 것이므로, 여기서 사물은 마침내 그 자신의 본질적 성격으로 인하여 파멸되기에 이른다.(Phänomenologie, S. 99.; 『정신현상학 1』, 186쪽.)[95]

---

즉 '질료'(dynamis, potentia, Möglichkeit)와 '형상'(energeia, actus, Wirklichkeit)이 그것이다. '질료'는 감성적 실체이고 변화의 기체(基體, Substrat)이며 대립해 있는 것과는 무관하기 때문에, 추상적 보편자 일반이다. 이에 반해서 '형상'은 감성적 형태이고 실현하는 자이며 추상적이고 부정적인 것이기 때문에, 자기 자신 안에 목적과 목적의 실현을 담고 있는 엔텔레케이아(Entelechie)이다. 그러나 뒤나미스(dynamis), 에네르게이아(energeia), 엔텔레케이아(Entelechie)가 그 안에서 하나로 통합되어 있는 본질적으로 절대적인 실체가 바로 참된 것이고 즉자 대자적인 존재이며 부동자(不動者, das Unbewegte)이고 영원한 것이며, 따라서 '순수 활동'(actus purus)이다.

95 헤겔도 버클리처럼 '순수 물질' 개념에 대해서 다음과 같이 비판한다.: "(……) 이제 순수 물질(die reine Materie)만이 그 자체 내에서 발동되는 무디고 혼탁한 소용돌이와 운동으로 남아 있을 뿐이다. 여기서 무엇보다도 기본적인 의미를 지니는 것은 이 순수 물질이 다만 우리가 감각적으로 보고 느끼고 맛을 본다는 등의 상태를 제거하고 난 뒤에 남는 것을 가리킨다는 사실이다. 따라서 이 물질은 눈으로 볼 수도 없고 입으로 맛을 볼 수도 없으며 또한 느낌으로 받아들여질 성질의 것도 아니라는 것이다. 달리 표현한다면, 여기서는 물질이 눈에 띄거나 마음으로 느껴지며 또 입으로 맛을 볼 수 있는 그러한 것이 아니라 다만 하나의 색깔이나 돌 또는 소금 따위가 감각적으로 느껴지는 것을 뜻한다. 그러므로 물질은 오히려 순수 추상으로 받아들여져야만 하므로, 여기서는 오직 사유한다고 하는 순수 본질 혹은 순수 사유 자체만이 아무런 구별도 지니지 않은 것, 혹은 아무런 규정도 가해질 수 없는 것 그리고 더 나아가서는 술어에 의한 설명이 가해질 수도 없는 그러한 절대자로서 현존하는 것이다." (Phänomenologie, S. 409.; 『정신현상학 2』, 160쪽.)

이로써 우리는 헤겔이 행하고 있는 지각에 대한 분석이 버클리의 경험론이 출발했던 바로 그 지점에서 시작하여 계속되고 있음을 알 수 있었다. 즉 지각의 본질에 대한 통찰은 객관의 독립성을 해체했으며, 객관이 지각하는 주관, 정신의 활동에 어떻게 근거를 두고 있는지가 밝혀지고 증명되었다. 결론적으로 헤겔은 다음과 같이 말하고 있다.

> 그러나 지금 여기서 거론되는 것은 결코 대상에 대한 순수한 파악이라는 의미에서의 지(Wissen)에 관한 것이 아니라 오히려 여기서 지는 어디까지나 그 자체의 생성을 통해서, 다시 말하면 바로 의식 그 자체에 속하는 면에 따라서 나타나는 지의 제계기를 통하여 표출돼야만 하며, 더 나아가서 이것은 본래적인 의미의 개념이나 순탄한 지의 제계기는 오직 의식이 갖가지 양식으로 형태화되는 바로 그 형식을 통해서만 적시될 수 있음을 뜻한다. (……) **사물은 자아이다**(Das Ding ist Ich.)라는 이 무한판단 속에는 사물이 지양되어 있으니, 즉 사물을 그 자체로만 본다면 아무런 의의도 지닐 수 없는 무(無)에 가까운 것으로서 오직 이것은 관계를 통해서만 그 나름의 의의를 지니는가 하면 또한 **자아**와 그리고 자아에 대해서 지니는 **사물의 관계를 통해서만** 그 나름의 의의를 지닐 뿐이다."(Phänomenologie, S. 550f.; 『정신현상학 2』, 384-385쪽.)

그러나 이미 명백해지기는 했지만, 이러한 활동은 버클리에게서도 헤겔에게서도 '변증법적 개념들'의 도움이 없이는 파악이 불가능하다는 사실이 무엇보다 중요하다.

# 나오는 말
Closing remarks

우리는 지금까지의 연구에서 버클리와 헤겔이 '감성적 사물'에 관한 개념들과 '의식' 또는 '정신'의 활동에 관한 개념들을, 그들이 감각주의적-관념론적(sensualistisch-idealistisch) 단초에서 출발함으로써 어떻게 획득하는지를 보여주려고 노력하였다. 버클리와 헤겔에게 공통적인 '관념론'은 (버클리에게서는 '관념', 헤겔에게서는 '사념된 대상'이라는) 인식의 객관들과 오직 행위하는 의식으로서만 파악될 수 있는 인식의 주관 사이를 구별한다. 하지만 의식의 행위에서는 주관과 객관의 분리와 구별이 일어나지 않는다. 정신적 활동에서는 주관이 객관과 그리고 동시에 객관이 주관과 융합된다.

인식활동은 주관의 행위이기 때문에, 인식의 객관은 이러한 행위를 통하여 논리적으로 구성되지 않으면 안 된다. 바로 이러한 대상구성(Gegenstandskonstitution)을 버클리와 헤겔은 '귀납적 개념형성'에서 완성하고 있다. 인식의 주관은 그러나 그 자신이 결코 대상으로서 파악될 수는 없다. 인식의 주관은 우리에게 오직 정신적 행위로서만 통용되며 그것을 파악하기 위해서는 다른 논리적 방법이 필요하다. 이 방법은 '변증법'(Dialektik)을 적용하는 데에 있다. 변증법이 헤겔에게서 실효를 거두었다는 사실은 일반적으로 잘 알려져 있다. 그러나 그것이 버클리에게서도 마찬가지로 어떤 역할을 하고 있으며, 지금까지 우리는 바로 이 점을 상세하게 고찰하면서 분명하게 설명했다.

버클리는 로크의 개념형성이 '추상이론'(Abstraktionstheorie)이라고 비판하면서, '추상 개념들'(notions)은 논리적 형식에 따라서 보면 '용어상의 모순'(contradictio in terminis), 따라서 모순 개념들임을 밝혔다. 즉 이 개념들은 모든 종적인 차이들을—예를 들면, 여러 종류의 상이한 삼각형들을—(삼각형이라는) 공통적인 유개념 안에 받아들이기 때문에 그러하다. 버클리는 이러한 (변증법적) '추상이론' 대신 자신의 고유한 '대표이론'(Repräsentationstheorie)을 제시하는데, 여러 종류의 모든 삼각형에서 실제적이고 동일한 방식으로 (소위 유적 특징들이) 발견되는 특징들, 즉 내포들은 바로 이 이론에 따라서 수용되며, 모든 삼각형은 바로 이런 한에서 다른 삼각형들을 보편적으로 '대표'할 수가 있게 되는 것이다. 이로써 버클리의 대표이론은 동시에 신뢰할 수 있는 '귀납이론'이 된다.

그런데 이 연구에서 또 하나의 본질적인 주제는 버클리가 로크의 '변증법적' 추상이론을 결코 단적으로 배척하고 비난하는 게 아니라는 것을 밝히는 데 있었다. 버클리는 귀납적 경험개념들을 획득하는 데에는 로크의 추상이론을 사용할 수 없는 것으로 간주하였다. 그렇지만 버클리 자신은 인식 주관의 정신적 행위를 파악하기 위해서는—'인식'이 아니라 '파악'인데, 그 까닭은 정신은 인식이 불가능하기 때문이다.—로크의 '변증법적' 추상과, 이에 따라서 획득된 모순 개념들을 철저하게 긍정적으로 사용하고 있다. 버클리는 이 모순 개념들을 나중에 'Notions'이라고 명명하였다. 이것으로 인하여 버클리가 신플라톤주의 전통에 서서 쿠자누스(Nikolaus von Kues)와 같은 위대한 변증법적 정신이론과 연결되고 있음을 알 수 있으며, 결국 헤겔의 선구자 위치에 서게도 된 것이다.

헤겔은 『정신현상학』 시작부터 인식론적으로 버클리의 문제의식과 연결되어 있다. 물론 헤겔 자신이 이러한 관련을 분명하게 밝히고 있지는 않지만 말이다. 여기에는 우리의 두 번째 주제가 자연스럽게 연결되는데, 헤겔 스스로가 '개념의 노동'(Arbeit des Begriffes)이라고 명명하는 바의 것에는 버클리처럼 헤겔도 마찬가지로 귀납적 개념형성의 방법을 '변증법적' 개념형성의 방법처럼 적용하고 있다. 여기서 '귀납적 개념형성'은 낮, 밤, 나무, 집, 사물 등과 같은 경험적 대상개념으로도 이끌고 있다. 하지만 변증법적 방법은 인식하는 의식의 행위양태를 인식하기 위한 모순 개념들을 형성하는 데에만 '오로지'(ausschlie ß lich) 기여할 뿐이다.

그와 같은 변증법적 개념들은 헤겔의 『정신현상학』에서 중요한 비중을 차지하면서 논리적으로 발전하고 있다. 의식이 수행하는 경험은 이미 그 스스로가 의식 활동인 바의 주의력을 기울이고 실행하는 것을 넘어서 '지금'(das Jetzt)과 '여기'(das Hier)에까지 나아간다. 이것들은 (낮, 밤, 나무, 집 등과 이에 대한 부정과 같은) 대상 개념들을 통하여 변화하는 가운데 충족시키면서 최초의 모순적인 '배치개념들'(Dispositionsbegriffe)로 등장하는데, 이 개념들은 귀납적으로 형성된 것이 아니다. 그와 같은 개념들은 계속해서 '모순 개념들', 즉 '변증법적 개념들'의 논리적 형태를 가지면서 지각과 기만이라는 의식행위로 나타나고, 전체적으로는 의식의 경험의 단계마다에서 나타난다.

우리는 헤겔의 인식객관에 관한 개념들의 '귀납적 구성'과 인식주관의 행위개념들에 관한 '변증법적 구성'에 대한 분석을 오로지 '경험론적 경험'(empirische Erfahrung)의 영역 안에서만 상세하게 행하였는데, 그 까닭은 버클리의 '감각주의적 경험론'에 상응하여 분명하게 하기 위함이었기 때문이다. 헤겔은 버클리의 단초를 넘어서 자신의 방법을 「자기의식」(Selbstbewu ß tsein) 장에서 정신의 완전한 자기인식에 적용하고, 더 나아가서는 정신의 '내면화'(Er–Innerung)와 행위(Leistung)로서의 「절대 지」(Das absolute Wissen)에 이르기까지 (자연인식, 문화, 역사, 종교라는) 「객관 정신」(Der objektive Geist)의 제도에 관한 개념들의 구성에도 적용하였다.

부록

# 헤겔 철학에서 인식 방법론

## -「감성적 확실성」을 중심으로 -

### Ⅰ. 들어가는 말

헤겔의 철학 사상을 전공한 사람이건 그렇지 않은 사람이건 간에, 사람들은 헤겔을 떠올리면 동시에 변증법을 떠올릴 것이다. 그만큼 헤겔 철학에서 변증법은 결코 빼놓을 수 없는 핵심 요소라는 말이다. 그러면서 동시에 사람들은 소위 정-반-합이라는 3단계를 헤겔 철학의 변증법적 발전 단계라고 말하기도 한다. 물론 내용적으로는 그것이 사실이라고 하더라도, 적어도 정-반-합이라는 용어는 피히테의 것임을 알아야 한다.

그런데 정-반-합이란 도대체 무엇인가? 정과 반이란 서로 대립되고 반정립된 것이긴 하지만, 만일 정과 반이 이와 같기만 하다면 도대체 합은 어떻게 가능하다는 말인가? 헤겔은 이것을 자신의 용어인 지양(Aufhebung)을 통해서 설명한다. 필자가 주목하는 것은 바로 이 용어이다. 그 까닭은 헤겔이 말하는 바, 지양은 첫째, 대립되는 요소들 가운데 없앨 것은 제외하고 둘째, 그런 후에 한 단계 고양시킬 것은 상승시켜서 셋째, 최종적으로 그것을 보존하는 기능을 수행하기 때문이다. 다시 말해서, 필자는 헤겔이 무엇을 없애고 무엇을 높여 가져서, 결국에는 보존하는 것이 무엇인지를 밝히고자 하는 것이다. 헤겔은 바로 이와 같은 원리를 변증법이라고 했다.

물론 필자는 헤겔의 방법이 틀렸다거나 잘못되었다고 생각하는 것은 아니다. 적어도 헤겔의 설명에 따르면 변증법은 매우 합리적이고 설득력 있는 방법이기도 하다. 하지만 필자는 "없애고 높여서 가진다"[01]는 변증법적 원리가 오직 변증법에만 해당되고, 다른 논리적 사유 방법에는 그와 같은 원리가 없다는 것인지를 고찰하고자 하는 것이다. 그래서 필자는 귀납법에 주목하려고 한다. 귀납법은 특수자 또는 개별자로부터 보편자를 단순히 추상해 내는 것이 아니다. 여기에는 특수자 또는 개별자로부터 이들 상호 간에 서로 구별되는 것들을 제외한 뒤에 공통적인 것을 보존하여 모든 개별자에게 적용될 수 있는 원리를 찾아나가는 원리가 내재해 있다. 그렇기 때문에 변증법을 논리적으로 면밀하게 검토해 보면 우리는 그 안에 내재해 있는 귀납적 원리를 찾아낼 수 있다. 따라서 필자는 이 연구를 통해 먼저 헤겔이 말하는바 자신의 철학에서 인식 방법론인 변증법을 고찰하고, 다음으로는 변증법의 논리적 구조를 검토함으로써 그 속에 내재한 귀납적 원리를 찾아낼 것이다. 하지만 제한된 지면으로 인하여 필자는 내용적으로 『정신 현상학』의 「감성적 확실성」에 국한해서 연구를 진행하고자 한다.

---

01 지양이라는 용어를 "없애고 높여서 가진다"로 풀어서 설명하는 것은 필자의 견해가 아니라, 필자의 스승이신 "백승균" 선생님의 설명이다. 필자가 선생님으로부터 가르침을 받으면서 지양이라는 헤겔의 용어에 대해서 설명하신 말씀을 따르는 것임을 밝혀둔다.

## Ⅱ. 변증법적 인식 방법

헤겔에 있어서 지(앎, Wissen)는 현실의 경험적 인식에만 통용되는 것도 아니고, 또한 여기에만 제한되지도 않는다. 오히려 지는 경험에 숨겨져 있는 진리의 본질을 파고들고자 노력을 아끼지 않는다. 그렇기 때문에 헤겔에 있어서 지는 진리를 향해서 나아가는 발전으로서 절대 지를 목표로 한다.[02] 한마디로 말해서 헤겔에 있어서 지는 진리의 인식이다. 그러므로 인식은 스스로 발전하는 지와의 연관성에서 다루어지지 않으면 안 되며, 이를 통해서 지는 절대 진리에 도달하게 된다. 우리는 이와 같은 과정을 헤겔에 따라서 『정신 현상학』에 있어서의 "절대 지로 나아가는 길"(Weg zum absoluten Wissen)이라고 명명할 수가 있다.

헤겔은 의식을 학적-이론적 지의 계열에 편입시키고 그 과정을 체계적으로 고찰함으로써 절대 지로 나아가는 길에 대한 해답을 찾으려고 하였다. 이와 관련하여 헤겔은 다음과 같이 말하고 있다.

> "정신은 단순한 것을 부정하며 이럼으로써 또한 그것은 오성에 의한 규정적 구별을 정립하기도 하지만, 이에 못지않게 정신은 여기서 이 구별을 해소하는 가운데 모름지기 변증법적인 것이 된다. 그러나 정신은 이러한 결과로써 빚어진 무(無) 속에서 다만 안주하는데 그치는 것이 아니라, 또한 못지않게 그 속에서 긍정적인 것이 됨으로써 마침내 그 최초의 단순한 것을 회복시키게 되지만,

---

02 Hegel, *Phänomenologie des Geistes*, Hamburg 1952, S. 10. (이하 'PdG'로 약칭함);

그러나 이때 그 단순한 것은 어디까지나 보편자로서 회복되기에 이른다. (…) 이러한 정신적 운동, 즉 이러한 운동의 단순성 속에서 자신의 규정성을 마련하며 또 이러한 규정성 속에서 그의 자기 자신과의 동등성을 마련함으로써, 모름지기 개념의 내재적 발전을 뜻하는 것이야말로 인식의 절대적인 방법이며 동시에 내용 자체의 내재적인 혼이기도 한 것이다. 이렇듯 내가 주장하고자 하는 것은 자기 자신을 구성해 나가는 도정에 있어서만 비로소 철학은 객관적이고도 논증적인 학일 수 있다는 것이다. 바로 이와 같은 양식에 따라서 나는 『정신현상학』 속에서 의식(Bewu ß tsein) 부분을 서술하려고 시도했다."[03]

그러므로 헤겔에 따르면 절대 지에 이르는 과정은 보편자로서의 정신이 자기 자신을 인식하는 과정이며, 이러한 지를 서술하는 것을 헤겔은 "명제 자체의 변증법적 운동", 즉 변증법(Dialektik)이라고 명명한다. 그렇기 때문에 변증법은 헤겔에 있어서 철학적 방법이자 인식 방법이기도 하다. 그러나 "인식의 절대적 방법"으로서의 변증법이 추상적 사유의 단순성을 극복하고 개념적 현실성을 목표로 하는 "정신적 운동"이라면, 변증법은 부정성(Negativität) 내지는 "부정적인 것 일반"(das Negative überhaupt)[04]의 원리를 전

---

03 Hegel, *Wissenschaft der Logik* Ⅰ, Hamburg 1978, (이하 'WdL Ⅰ'로 약칭함), Vorrede, S. 7f.; 임석진 역, 『대논리학 Ⅰ』, 서울 (지학사) 1988, 23-24 쪽.

04 부정적이란 여기서 분석된 의미에서는 '부정적인 사실'의 발견이 중요하다는 것만을 말하는 것이 아니라 이미 성취한 것과의 밀접한 관련성에서는 더욱 그러하다는 것을 말한다. 이것이 의미하는 바는 우리가 '긍정적 사실'에 대한 비판적 태도를 취할 것을 의미하는 것이고, 특히 결점이 있는 상황에 관련해서는 이러한 태도가 더욱 필요하다는 말이다. 이러한 태도는 우리를 부정적(negativ)이라는 단어와 부정적 사실(negative Tatsache)이라는 단어 이외에 제3의 의미로 이끈다. J. Israel, *Der Begriff Dialektik*, Reinbek bei Hamburg 1979, S. 125. 그리고 W. Marx, *Hegels Phänomenologie des*

제하지 않으면 안 된다. 이러한 원리는 헤겔 철학에서 "매개"(Vermittlung)로서 등장한다. 헤겔에게서 매개는 자신 속에 부정성의 원리를 포함하고 있으면서 동시에 지의 발전의 원리인바 변증법적 계기이다.

> "매개는 스스로 운동하는 자기 동일성 이외에 다른 것이 아니며, 또는 자기 자신 안에서의 반성이고, 대자적으로 존재하는 자아의 계기이며, 순수 부정성이거나 순수 추상성으로 전락한 **단순한 생성**이다." (Die Vermittlung ist nichts anders als die sich bewegende Sichselbstgleichheit, oder sie ist die Reflexion in sich selbst, das Moment des fürsichseienden Ich, die reine Negativität oder, auf ihre reine Abstraktion herabgesetzt, das einfache Werden.)[05]

말하자면 이 모든 것은 헤겔에 있어서 의식의 변증법적 운동의 원리들이다. 그 까닭은 의식은 이와 같은 원리들을 통해서 절대 지에 이르기 때문이며, 따라서 의식의 운동은 절대 지로서의 절대자에 이르는 과정에서 "명제 자체의 변증법적 운동"(dialektische Bewegung des Satzes selbst)[06]인 것이다. 따라서 매개는 의식이 처음에는 단순히 자신의 "자기 동일성"을 포함하기는

---

*Geistes*, Frankfurt / M. 1971, S. 63-66, 참조.

05 PdG, S. 21.; 임석진 역, 『정신현상학』, 서울 (분도출판사) 1983, (이하 『정신현상학』으로 약칭함) 75 쪽.

06 PdG, S. 53.; 헤겔은 명제에 대해서 다음과 같이 말하고 있다. "명제란 참인 것을 표현해야만 한다. 그러나 본질적으로 참인 것은 주체이다. 주체로서 참인 것은 오직 변증법적 운동뿐이며, 변증법적 운동은 자기 자신을 산출하면서 앞으로 이끌고 자신에게로 되돌아가는 도정(道程)이다."; "동시에 동일성과 차이성인 바의 절대자는 진실로 전제되어서는 안 된다. 왜냐하면 진리란 자신에게 이르는 운동이자 결과이기 때문이다." H. H. Ottmann, *Das Scheitern einer Einleitung in Hegels Philosophie*, München und Salzburg 1973, S. 148.

하지만, 즉 즉자적이기는 하지만, 그러나 의식이 자기 자신에 대해 반성함으로써, 즉 대자적으로 됨으로써 객관화된다는 것을 의미한다. 그리고 의식은 마침내 즉자 대자적인 의식이 된다. 그러므로 매개는 "순수 부정성" 이자 "단순한 생성" 이외에 다른 어떤 것이 아니다. 바로 이렇기 때문에 헤겔은 다음과 같이 말하는 것이다.

> "타자로의 이행은 **존재**(Sein)의 영역에서의 변증법적 과정이며, 타자로 출현함은 **본질**(Wesen)의 영역에서의 변증법적 과정이다. 이에 반해서 **개념**(Begriff)의 운동은 **발전**이며, 이미 오로지 즉자적으로 현존하는 것만이 이 발전을 통해서 정립될 뿐이다. 즉자 대자적인 것은 자연에서는 개념의 단계에 상응하는 유기체적 삶이며, 예를 들면 씨앗으로부터 성장하는 식물 같은 것이다."[07]

이 결과로 분명해지는 것은 헤겔이 모순의 원리를 자신의 변증법을 위해 가장 중요한 요소로 받아들이고 있다는 점이다. 이러한 이유에서 "변증법은 여타의 논리학에서, 모순과 거짓을 방법으로 삼고 있다는 이유 때

---

07 Hegel, *Enzyklopädie der philosophischen Wissenschaften* I, in G. W. F. Hegel Werke in zwanzig Bänden, Frankfurt / M. 1970-1971, Bd. 8., § 161, Zusatz (이하 'Bd. 8'로 약칭함); 이에 대해 우리는 다음과 같은 비판을 귀담아 들어볼 필요가 있다.: "추측컨대 헤겔은, 자신이 개념의 변증법(Dialektik des Begriffs)이라고 명명한 것에 있어서, 단순한 유개념들을 이미 명명된 모순개념, 특히 배치개념과 혼동한 것 같다. 보다 정확히 말하면, 그것은 헤겔이 동일성과 비동일성의 동일성(Identität der Identität und Nichtidentität)에 대한 자신의 원리가 배치개념에 있어서는 완전히 다르게 적용된다는 것을 (형식적으로) 구별할 수가 없었기 때문이다. 유는 부정하는 종개념들을 오직 외연적으로 '포함'하지만, 모순개념은 내포적이다. 따라서 헤겔의 변증법은 전혀 비변증법적(undialektisch)으로 해석될 수도 있다." Lutz Geldsetzer, *Logik*, Aalen 1987, (이하 'Logik'으로 약칭함), S. 98.; 문성화 옮김, 『논리학』, 계명대학교출판부 2002, (이하 『논리학』으로 약칭함) 116 쪽.; 모순개념과 배치개념에 대해서는 같은 책 S. 94-98.을 참조할 것.

문에 그리고 독일 관념론 이후로 특히 광범위해진 정신과학에서 파괴적인 영향력을 행사했다는 이유 때문에, 반(反, Anti-)논리학 또는 비(非, Un-)논리학으로 간주되고 있다."[08] 그 까닭은, 고전 논리학은 아리스토텔레스 이래로 철학의 형식적 분과로 간주되고 있기 때문이고, 단순히 사유의 논리적 형식을 다루기 때문이며, "모순을 단적으로 논리적 거짓(die logische Falschheit)의 형태로 간주하기"[09] 때문이다.

그럼에도 불구하고 헤겔은 인식작용(das Erkennen)을 변증법적 방법을 통해 서술하고 있다.

> "그러나 학적 인식이란 참으로 자신을 대상의 생명성에 의탁하거나 또 다른 말로 하면 바로 그 대상을 규제하는 내적 필연성을 과감히 자기 품속에 안아 들이면서 이를 분명히 언표 하도록 요구한다. 이와 같이 학적 인식은 자기의 대상 속에 몰입한 채 단지 지(知)가 내용과는 무관한 상태에서 자체 내에서의 반성을 펴 나갈 뿐이었던 바로 앞에서 언급되었던 전체적 양상을 개관해야만 한다는 필요성을 망각해 버린다. 그런데 이 학적 인식은 물질, 소재 속에 몰입하여 바로 그 물질의 운동에 편승하면서도 끝내 이것은 자기 자신에게로 복귀하기에 이른다. '…'"[10]

---

08 Logik, S. 65.; 『논리학』, 79쪽.

09 Logik, S. 14.; 『논리학』, 24쪽.; "그런데 만일 반정립된 것이 동시에 동일한 것에 속하는 일이 불가능하다면, '…' 그리고 모순에 있어서 어떤 의견이 다른 의견에 반정립 되어 있다면, 그렇다면 동일자가 동시에 수용되는지 어떤지는, 동일자가 존재하는지 어떤지는 명백하게 불가능하다. 왜냐하면 이에 대해 기만당하는 사람은 반정립된 관점을 동시에 가질 것이기 때문이다." Aristoteles, *Metaphysik*, philosophische Schriften in 6 Bd,, 5. Bd., nach der Übersetzung von H. Bonitz bearbeitet von H. Seidl, Hamburg 1995, 1005 b.

10 PdG, S. 45.; 『정신현상학』, 109쪽.

## Ⅲ. 「감성적 확실성」과 변증법적 인식 방법

헤겔에 있어서 학적 인식의 출발점은 직접적 지로서의 「감성적 확실성」(die sinnliche Gewiß heit)[11]이다. 인식에서는 요컨대 감성적 경험 내지 현실이 문제가 된다. 이와 같은 인식작용은 절대 지에 이르는 도정에—즉, 의식의 경험에—있기 때문에, 절대 지는—이것은 현실의 인식에서 "우리"(Wir)[12]로서 전제되어 있다—그때그때마다 지를 시험하고 검토할 것을 요구한다. 그렇기 때문에 이러한 지는 자신의 진리를 진술하지 않으면 안 된다.[13] 그 까닭은 "인식은 실제로 분명한 말(Rede)과 글(Schrift)로, 최선의 경우에는 참된 인식으로 나타나지만, 보통의 경우에는 참과 오류가 뒤섞여서 단지 진리로 생각될 뿐이기"[14] 때문이다. 그러므로 헤겔에게서 인식론은 있는 그대로의 현실을 체계적으로 파악하는 학적 인식작용이다. 이러한

---

11 여기서 말하는 「감성적 확실성」은 『정신현상학』의 출발점인 동시에 인식의 출발점이기도 한 것을 가리킨다.

12 "진리 검증의 척도인 우리는 지의 입장에서는 절대 지로, 정신의 능력에서는 적극적(positiv) 역할을 하는 이성으로, 인류 가운데서는 철학자로 그리고 철학자들 가운데서는 헤겔 자신으로 등장한다. 따라서 우리(wir)는 『정신현상학』을 서술하는데 있어서 필연적으로 전제되고 있다." 문성화, 「『정신현상학』과 철학의 역사 Ⅰ」, 『哲學硏究』 제67집, 대한철학회 1998. 8, 121 쪽, 참조.

13 크로너(Kroner)는 칸트, 피히테, 셸링에 대한 헤겔의 비판과 관련해서 다음과 같이 말하고 있다.: "인식은 절대적 자기 인식이다. 헤겔은 인식작용을 스스로 검토하게 함으로써 그리고 자신의 대상을 검토하게 함으로써, 인식론의 개념을 하나의 절대 인식의 이론(Theorie des absoluten Erkennens)으로 확장한다. 따라서 인식론은 동시에 대상이론(Gegenstandstheoie)이다. 경험은 절대 대상의 자기 경험이다. 왜냐하면 절대 대상은 스스로를 인식하는 절대 자아 이외에 다른 어떤 것이 아니기 때문이다." R. Kroner, *Von Kant bis Hegel*, 2. Bd., 2. Aufl., Tübingen 1961, S. 365.; 그리고 W. Marx, *Hegels Phänomenologie des Geistes*, 위의 책, S. 9.를 참조할 것.

14 Logik, S. 9.; 『논리학』, 20 쪽.

인식작용은 변증법적 운동 내지는 모순을 자신의 요소로 삼는다. 여기에서 "거짓은 더 이상 거짓으로서 진리의 계기가 아니며"[15], 마찬가지로 "모순은 의심할 바 없이 논리적 요소이다."[16]

이것을 근거로 해서 보면 「감성적 확실성」에 있어서 사물(Ding)과 자아(Ich)의 관계는 변증법적이다. 그 까닭은 인식 객관으로서의 사물은 「감성적 확실성」에서 자아, 즉 인식 주관으로서의 의식—의식은 물론 "구체적 대상으로서 정신"이긴 하지만, 그러나 여기서 의식은 자신의 감성적 대상에 오직 반정립된 것으로만 등장하는데, 그 이유는 감성적 의식이 아직은 스스로 반성하지 못한 상태이기 때문이다[17]—에 반정립 되기 때문이고, 또한 반대의 경우도 마찬가지이기 때문이다. 이러한 관계는 완전한 모순 관계이며, 따라서 원칙적으로—헤겔에 따르면 추상적 또는 오성적 측면에서—거짓이다. 그것은 헤겔이 감성적 지에서 본질적인 것—객관—과 비본질적인 것—주관—을 구별하고 있기 때문이다. 그러나 "모순은 스스로의 논리적 본성에 따라 참과 거짓을 동시에 포함하고 있는 하나의 요소이다."[18] 이에 대해 헤겔은 다음과 같이 말하고 있다.

---

15 PdG, S. 34.

16 Logik, S. 65.; 『논리학』, 79쪽.; "이런 한에 있어서 헤겔은 '거짓으로부터 임의적인 것이 생겨난다'(ex falso sequitur quodlibet)는 격률을 자신의 변증법적 원리로 삼고 있다. 이 원리는 모순이란 결코 거짓의 논리적 형식이 아니라 오히려 참과 거짓의 통일에 대한 논리적 형식이라는 사실로부터 출발할 때, 쉽게 설명된다. 그렇다면 사람들은 요컨대 참 역시 모순으로부터 추론할 수가 있고, 참 역시 모순을 통하여 표현할 수가 있으며, 참 역시 모순 속에서 강조할 수 있을 것이다. (변증법론자들이 오직 참만을 거기에서 보게 되는 한, 그들은 용서를 받지 못한다.)" Logik, S. 79 f.; 『논리학』, 95쪽.

17 WdL I, Vorrede, S. 8.; 또한 이에 대해서는 R. Kroner, *Von Kant bis Hegel*, 2. Bd., 위의 책, S. 365 f.를 참조할 것.

18 Logik, S. 66.; 『논리학』, 80쪽.

"따라서 구별이란 도대체가 이미 **즉자적** 모순인 것이다. 왜냐하면 구별은 어디까지나 하나일 수가 없는 한에 있어서만 존재할 수 있는 그러한 것들의 **통일**이며—더 나아가서는 오직 **동일한 하나의 관계 속에서만** 서로가 분리될 수도 있는 그러한 것의 **분리**를 뜻할 뿐이기 때문이다. 그러나 동시에 적극적인 것과 부정적인 것은 **정립된** 모순이기도 하다. 왜냐하면 이 양자는 모두가 부정적인 통일이라는 점에서 이들은 스스로 정립된 것이며, 또한 이럼으로써 그들은 각기 자기를 지양하는 가운데 바로 자기와 반대되는 것을 정립하는 것이기도 하기 때문이다."[19]

이에 상응해서, 정립된 모순, 즉 「감성적 확실성」에서 사물과 자아 사이의 구별 일반을 포함하고 있는 모순은 바로 모순 개념인 경험(Erfahrung)이다. 왜냐하면 경험은 「감성적 확실성」에서 사물과 자아 사이의 변증법적 매개로서 의식의 경험이기 때문이다. 그렇기 때문에 모순이—만일 모순이 항상 인식에서 성립한다면—언제나 인식 주관 내지는 의식에 기인하고 있다는 점은 분명해진다.[20]

만일 객관과 주관이 서로 대립해 있다면, 그리고 객관과 주관이 결코 공통적인 것을 가지고 있지 않다면, 인식은 성립할 수가 없다. 그리고 만

---

19 WdL I, S. 279.; 『대논리학 (II)』, 임석진 역, 서울 (지학사) 1982, 88-89쪽.; 이것은 아리스토텔레스의 모순율과는 완전히 다르다. 아리스토텔레스에 따르면 "모순을 위해서는 그 어떤 중간자도 존재하지 않기 때문에, 상반되는 대립과 모순은 동일하지가 않다." 그렇기 때문에 우리는 "아리스토텔레스의 모순율"을 "거짓의 원리"(Prinzip der Falschheit)로 이해할 수 있으며, 이에 반해 "헤겔의 모순의 원리"를 "참-거짓의 원리"(Prinzip der Wahr-Falschheit)로 이해할 수 있다. Aristoteles, *Metaphysik*, 위의 책, 1055a f.와 1057a 그리고 Logik, S. 82-85. 참조.

20 그렇기 때문에 헤겔은 "모순이 즉자 대자적으로 대상에 해당하는 것이 아니라 오로지 인식하는 이성에 속한다고 하는 점이 해결된다."고 말하는 것이다." Bd. 8., § 48.

일 인식에서 객관이 주관과 일치하는 점이 없고 반대의 경우도 마찬가지라면, 인식은 거짓일 것이다. 하지만 헤겔에 따르면 경험은 "의식의 경험"[21]으로서 주관적인 동시에 객관적이다. 「감성적 확실성」에서 주관과 객관인 자아와 사물은 경험에서 공통적인 것을 가지고 있다.

이제 우리가 이러한 관점에서 출발한다면, 우리는 경험이 대상에 대한 의식의 활동이라는 것을 파악할 수 있으며 「감성적 확실성」에서는 변증법적 매개로서 역할을 수행하고 있다는 것을 파악할 수 있게 된다. 이에 따라서 보면 감성적 확실성의 진리와 거짓은 매개로서의 경험에 내포되어 있으며, 이 경험 속에서 진리는 사물과 자아의 어떤 공통적인 것으로 존재하지 않으면 안 된다. 바로 여기서 우리는 사물과 자아를 서로 반정립 시킬 수 있는 것을 거짓이라고 명명할 수 있게 된다. 헤겔에 따르면 그와 같은 공통적인 것이 말하자면 「감성적 확실성」에 있어서 "보편자로서의 이것"(Dieses als das Allgemeine)이다. 다시 말하자면, 보편자는 사물과 자아로부터 지양된 것(das Aufgehobene)이며, 이때 경험은 동시에 지양(Aufhebung)이라는 말이다. 그러므로 경험은 변증법적 모순인데, 이 "모순 자체는 제3의—즉, 진리와 거짓 사이를, 보다 정확하게 말하면 하나의 참-거짓을 묘사하는—모범적인 형태를 잠정적이지만 비일상적으로 나타낸다."[22] 즉, 경험은 「감

---

21 "경험은 스스로를 의식과 비-지(Nicht-Wissen) 그리고 지(Wissen)의 관계로 규정한다. R. Wiehl, *Phänomenologie und Dialektik*, in Hegel-Studien Beiheft 11, Bonn 1974, S. 628.

22 Logik, S. 67.; 『논리학』, 82쪽.; "『정신현상학』에서 서술되고 있는 경험은 형식적으로 보면 가능한 경험이고 현실적인 경험이며, 우연한 경험이고 필연적인 경험이다. (…) 경험과 경험의 연관성들이 변증법적이라고 하는 것은 경험이 어떤 지(知)의 의미에서는 미지의 것과 불확실한 것의 측면(die Seite des Unbewußten und Ungewußten)을 아직 경험하지 못했다는 것을 나타낸다. 따라서 변증법의 형식들은 여러 경험을 재구성하는 원리들이다. 이런 한에서 이 형식들은 일반적으로 가설의 형식(Form der Hypothesis)을 갖는다. 하지만 가설의 형식으로서 변증법의 형식들은 가능한 경험을 예견하는 것이

성적 확실성」에서 참과 거짓을 정리하고 배치하는 역할 이외에 다른 어떤 역할을 하는 것이 아니라는 말이다. 우리는 이와 같은 개념을 배치개념(Dispositionsbegriff)[23]이라고 명명할 수 있다.

그런데 헤겔의 변증법은 '이것'—보편자—을 「감성적 확실성」에서의 진리로 간주한다. 그러나 '이것' 내지 보편자는 오직 언표(sagen)될 수만 있을 뿐이다. 만일 보편자가 언표(das Sagen)라면, 사념(das Meinen)은 개별자이다. 그 까닭은 개별자 내지 사념은 언표 될 수가 없기 때문이다. 이와 같은 까닭으로 우리는 지양(Aufheben)이라는 헤겔의 용어에 주의력을 집중하지 않으면 안 된다. 헤겔에 따르면 "지양은 부정함이자 동시에 보존함이다. (Das Aufheben ist ein Negieren und ein Aufbewahren zugleich.)"[24] 이로부터 우리가 얻을 수 있는 결론은 「감성적 확실성」에서 보편자는 보존된 것(das Aufbewahrte)이고 개별자는 부정된 것(das Negierte)이라는 사실이다. 그러므로 지양이 "변증법적 중간 단계"(der dialektische Zwischenschritt)로서, 실제로는 논리적 추상이라는 것은 분명하다. "그러나 분명히 동시적으로 (결코 변증법적

---

다." R. Wiehl, *Phänomenologie und Dialektik*, 위의 책, S. 633 f. 강조는 필자의 것.; 헤겔에 있어서 정신적 활동으로서의 변증법적 경험은 언제나 현실성 또는 비현실성과의 관계에 있기 때문에, 경험된 것으로서의 필연성은 변증법적이 아니다.; 여기서 우리는 다시 한 번 모순(Widerspruch)이라는 개념에 주목해야 한다. 왜냐하면 모순은 헤겔의 인식론에서 객관과 주관으로부터 인식의 진리로서 보편자를 추상하는 지양이기 때문이다. 헤겔의 인식론에서 모순은 "부정적인 것 일반"(das Negative überhaupt)으로서 절대적 부정이 아니라 상대적 부정이다. 이와 동시에 공통적인 것(das Gemeinsame)은 대립해 있는 객관과 주관 속에 이미 포함되어 있다. 따라서 "인식론적 배치개념은 개연성(Wahrscheinlichkeit), 추측(가설) 그리고 문제점을 의미한다. 왜냐하면 그것은 참과 거짓 또는 지(Wissen)와 비지(Nichtwissen)를 모순적으로 통일하는 것이기 때문이다." Logik, S. 68.; 『논리학』, 83쪽.; 이에 근거해서 보면 헤겔에 있어서 모순은 인식의 내용에 대한 보편적 판단의 기준이 된다. 그리고 이러한 목적 때문에 모순은 자체적으로 논리적 제 원리를 포함하지 않으면 안 되는 것이다.

23 배치개념에 대해서는 Logik, S. 94-89.; 『논리학』, 112-116 쪽을 참조 할 것.

24 PdG, S. 90.

이 아닌) 종적인 차이를 지양하면서 제거해 버리는 것과, 이분법적인 개념들의 공통적인 (유적) 특징들을 유지하면서 지양하는 것은 논리적 추상 이외에 다름이 아니며, 이러한 논리적 추상이란 단적으로 개념 형성의 본질이다."[25]

비록 헤겔이 「지각」(Wahrnehmung)을 『정신현상학』에서 의식의 경험의 두 번째 단계로서 고찰하고 있을지라도, 지각은 다른 변증법적 중간단계로서—따라서 변증법적 매개로서—보편자와 개별자 사이에, 따라서 지양으로서 경험과 같은 방식으로 등장한다는 것이 증명되며, 지각하는 의식이 지각작용 안에서 기만 당한다는 것도 증명된다. 그렇기 때문에 「감성적 확실성」의 논리적 추상이 「지각」에서도 실제로는 해결되지 않은 채 남게 된다.

그러므로 우리는 다음과 같이 확정할 수가 있다. 첫째, 모순은 항상 의식의 측면에 존재한다. 둘째, 논리적 추상은 개념형성(Begriffsbildung)과 결부되어 있다. 셋째, 만일 보편자, 즉 '이것'이 「감성적 확실성」 일반에서 (헤겔의 의미에서) 하나의 개념일 수 있다면, 그렇다면 보편자는 단지 추상적 개념일 뿐이다.[26] 따라서 우리는 헤겔에 있어서의 개념형성에 대해 다음과 같

---

25 L. Geldsetzer, *Über das logische Prozedere in Hegels Phänomenologie des Geistes*, in Jahrbuch für Hegelforschung hrsg. von Helmut Schneider 1/95, S. 76.

26 이것은 다음과 같은 헤겔의 말에 근거를 둔다.: "보편자란 바로 그 자체가 절대적 매개이며 오직 절대적 부정성으로서의 자기와의 관계일 뿐이므로, 모름지기 이것은 독자적 의미를 지닌 대자적인 것이다. 그러나 부정에 의한 이와 같은 지양이 외면적인 활동일 뿐이며, 또한 이럼으로써 규정성의 제거를 의미하는 한, 이때의 보편은 다만 추상적인 보편자일 뿐이다." (Hegel, *Wissenschaft der Logik* Ⅱ, Hamburg 1978, (이하 'WdL Ⅱ'로 약칭함), S. 49.; 임석진 역, 『대논리학 Ⅲ』, 서울 (지학사) 1988, 86쪽.) "이렇게 볼 때 물론 추상적 보편자도 개념이기는 하나, 이것은 어디까지나 몰개념적인 것, 즉 그 자체로서 정리되어 있지 않은 그러한 개념이라고 하겠다." (WdL Ⅱ, S. 40.; 『대논리학 Ⅲ』, 69쪽.)

이 비판할 수 있다. "그러므로 전체의 연관성은 헤겔이 언제나 되풀이해서 강조하는 것, 즉 어떠한 개념도 추상적으로 받아들이지 않는다는 사실, 다시 말해서 추상적 개념을 이러한 연관성으로부터 끄집어내어 버리는 것을 강조한다. 이와 더불어 헤겔은 결코 어떠한 추상적 개념도 존재하지 않는다고 생각할 수는 없었다. 그는 유감스럽게도 논리적 술어를 제공했으며, 지양을 통해서 대치하였다."[27] 그런데 만일 개념형성이 인식작용의 결과로서 불가피하다면, 우리는 다른 인식 방법인 귀납법(Induktion)을 통해서 고찰할 수 있다.

## Ⅳ. 「감성적 확실성」과 귀납적 인식 방법

헤겔의 변증법에서는 모순(Widerspruch)이 실제로 유일한 핵심요소임이 밝혀졌다. 그 까닭은, 헤겔이 모순은 이미 주관과 객관 속에 포함되어 있으며, 전체 존재는 바로 모순을 통해서 자기 완성으로 발전해 가고, 따라서 변증법은 이미 논리학과 인식론 그리고 존재론을 포함하고 있는 하나의 방법이라고 생각하고 있기 때문이다. 이런 한에서 이 방법은 헤겔에 있어서 진리의 인식에 이르는 법칙이다. 다시 말해서 그와 같은

---

27 L. Geldsetzer, *Über das logische Prozedere in Hegels Phänomenologie des Geistes*, 위의 책, S. 76.; 이와 같은 연관성에서 크로너는 헤겔과 헤겔에 의해서 명명된 개념(Begriff)을 각각 비합리주의자이며 비합리적 또는 초합리적 개념이라고 부른다. R. Kroner, *Von Kant bis Hegel*, 2. Bd., 위의 책, S. 267-273과 282-291을 참조할 것.

방법은 하나의 체계라는 말이다. 여기서 체계[28]는 논리적 형식주의를 통해서 논리적으로 묘사될 수 있다. 헤겔의 변증법은 중간단계에 의해서 추진되며, 이러한 근거에서 헤겔은 일반적으로 오직 변증법론자(Dialektiker)로서만 가치를 인정받고 있다. 그러나 만일 사람들이 헤겔의 체계를 내용적으로 상세하게 살펴본다면, 사람들은 그 속에서—특히 "판단 내지 진술에서, 그리고 어쨌든 엄밀한 추론에서"[29]—귀납적 계기를 발견하게 될 것이다. 그래서 우리는 헤겔 철학에 있어서 변증법 이외에 다른 인식 방법을 귀납법으로서 이해하고자 한다.

귀납법은 특수한 것, 즉 특수자(das Besondere)와 개별적인 것, 즉 개별자(das Einzelne)로부터 보편자(das Allgemeine)를 도출한다. 그리고 "이러한 특수자와 개별자—경험적인 경우 또는 역사적인 사실—는 내포 내지 특징으로서 언제나 이미 개별자 속에 포함되어 있는 하나의 보편자의 단지 외연적 개별자일 뿐이다."[30] 이것은 귀납법에서 가장 중요한 사실이다. 왜냐하면 귀납된 보편자는 결코 우연히 선택된 것이 아니라, 어떤 전제를 통해서 개

---

28 헤겔은 학적 체계, 요컨대 "개념적으로 파악하는 인식작용"(begreifendes Erkennen)에 대해서 다음과 같이 말하고 있다.: "그러므로 실질적 내용이나 견실한 의미를 지닌 것에 대한 판단을 내리는 일(zu beurteilen)이 가장 쉽다고 한다면 이것을 파악하는 일(zu fassen)은 그 보다는 좀 더 어렵다고 하겠고, 그보다 더욱 어려운 것은 이상 두 가지를 합한 것, 즉 이들을 체계적으로 서술하는 일(Darstellung)이라고 하겠다." PdG, S. 11.; 『정신현상학』, 60쪽. 강조는 필자의 것.

29 L. Geldsetzer, *Über das logische Prozedere in Hegels Phänomenologie des Geistes*, 위의 책, S. 44.

30 Logik, S. 324.; 『논리학』, 366쪽.; 이에 대해 아리스토텔레스는 다음과 같은 예를 들고 있다.: "만일 최고의 키잡이가 자신의 것을 이해한다면 그리고 동일한 것이 마부에게 적용된다면, 그렇다면 일반적으로 최고의 사람은 그때그때마다 자신의 것을 이해하는 사람이다." 이러한 의미에서 귀납법은 아리스토텔레스에게 있어서 묻는 자와 대답하는 자 사이의 대화를 인도하는 수단으로 이해될 수가 있다. Aristoteles, *Topik*, philosophische Schriften in 6 Bd., 2. Bd., übersetzt v. E. Rolfes, Hamburg 1995, 105 a - 108 b.

별자로부터 추상되고 선택된 것이기 때문이다. 이와 관련해서 우리는 헤겔에 있어서 절대 지—이에 대해 헤겔은 "우리"(Wir)라는 용어를 사용한다—가 인식의 단초로서 「감성적 확실성」에서 이미 전제되어 있다는 사실을, 그리고 이러한 지를 구하는 과정이 귀납법이라는 사실을 이해할 수가 있는 것이다. 헤겔은 귀납법에 대해 다음과 같이 말하고 있다.

> "귀납법은 '…' **경험**의 추론(Schlu ß der Erfahrung)이라고 하겠으니—다시 말해서 이것은 여러 개별자를 유(Gattung) 속에 주관적으로 종합하는 추론이며, 또한 유를 어떤 보편적 규정성과 결합하는 추론이다. 왜냐하면 이제는 유가 오직 그 모든 개별자 속에서 목도되기에 이르렀기 때문이다."[31]

이렇게 보면 변증법적 매개 내지 모순 개념으로서의 중간단계는 "정상적인 귀납적 추상을 위해서는 쓸모가 없다."[32] 여기서 우리는 헤겔이 말하는 귀납법을 다음과 같이 이해할 수 있다. 귀납법은 주관이 개별자로서의 자신의 여러 대상을 보편자로서의 유에 총괄시키는 경험적 방법이다. 하지만 이러한 귀납법은 오직 경험 학문들과 관련이 있을 뿐이며, 유는 소위 범주로서 이해될 수 있을 뿐이다. 더욱 정확하게 말하면, 자신의 객관과 대립해 있는 주관도 인식론에서는 개별자이기 때문에, 개별 주관은 귀납법을 실행할 수가 없다. 만일 그렇지 않다면 유는 보편자일 수 없으며, 오직 어떤 사념된 것(ein Gemeintes), 요컨대 억견(doxa)일 뿐이다. 그렇기 때문에

---

31 WdL Ⅱ, S. 114.; 『대논리학 Ⅲ』, 198쪽.

32 L. Geldsetzer, *Über das logische Prozedere in Hegels Phänomenologie des Geistes*, 위의 책, S. 45.

귀납법을 실행할 수 있는 자는 존재론적 근거를 가지고 있지 않으면 안 된다. 『정신현상학』에서의 절대 지는 바로 이러한 근거에 해당된다. 따라서 우리는 절대 지를 "보편적 규정성을 지닌 유"[33]라고 부를 수 있으며, 귀납법을 이를 위한 인식 방법이라고 이해할 수 있다. 비록 우리가 『정신현상학』을 내용적으로 뿐만 아니라 형식적으로만 고찰하더라도, 즉 『정신현상학』의 목차를 통해서도 우리가 발견할 수 있는 게 있다. "귀납법이 (단지) A. 의식, B. 자기 의식, C. 이성의 단계에만 표시되어 있지만, '…' 의식, 자기 의식 그리고 이성이 하위의 종(Unterart), 종(Art) 그리고 (최고의) 유(Gattung)에 이르는 상승하는 귀납의 방향을 형성한다는 것은 옳은 것이다."[34]

따라서 의식은 특수자와 개별자로부터 보편자에 이르는 귀납의 방향(Induktionslinie) 속에 전제되어 있으며, 헤겔이 『정신현상학』을 『의식의 경험의 학』(Wissenschaft der Erfahrung des Bewuβtseins)이라고 명명한 것은 결코 우연이라고 할 수는 없다. 그리고 의식의 경험은 절대 지에 이르는 길이다. 더욱이 의식은 항상 반복적으로 변증법적 운동, 즉 자신 속에 포함된 그때그때마다의 모순에 의해서 지양된다. 그렇기 때문에 만일 사람들이 『정신현

---

33 이에 대해 헤겔은 다음과 같이 말하고 있다.: "더 자세히 말해서 특수성과 개별성에 대해서 논하지 않고서는 결코 보편자에 대해서 논의될 수는 없는 것이다. 왜냐하면 보편자는 바로 이 두 가지 규정성을 이미 그의 절대적 부정성 속에 즉자 대자적으로 내포하고 있기 때문이다. 따라서 보편자와 관련하여 그의 규정성이 논의될 때 그 규정성은 결코 외부로부터 취해진 것을 의미하는 것일 수는 없다. 즉, 부정성 일반이라는 점에서, 혹은 일차적인 직접적 부정을 행하는 가운데 이미 보편자는 규정성 일반을 자기의 특수성으로 하여 자체 내에 포함하고 있는가 하면, 또한 부정의 부정을 뜻하는 이차적인 부정의 경우에는 이 보편이 절대적 규정성, 즉 개별성이나 구체화를 의미하는 것이 된다.—결국 이럼으로써 보편자는 개념의 총체성이며 또한 구체적인 것이기도 한 까닭에, 이것은 결코 공허한 것이 아니라 오히려 그 스스로의 개념을 바탕으로 하여 내용을 마련하는 셈이다." WdL Ⅱ, S. 35.; 『대논리학 Ⅲ』, 60쪽.

34 L. Geldsetzer, *Über das logische Prozedere in Hegels Phänomenologie des Geistes*, 위의 책, S. 49 f.; 흔히 헤겔 철학의 체계라고 오해받고 있는 변증법적 3단계(정-반-합)는 피히테(Fichte) 철학의 기본 체계이다.

상학』의 체계를 피히테의 3단계(These–Antithese–Synthese)를 가지고 설명하려 한다면, 그때그때마다의 의식도 이러한 3단계를 포함하고 있지 않으면 안 되는 것이다. 하지만 무엇보다 단초(Anfang)가 중요하다. 그 까닭은 단초로서의 직접적인 객관은, 즉 직접적 존재자는 "우리가 수수방관 할 경우"[35] 주관에 대해서 오로지 대립해 있기 때문이며, 이때에는 3단계를 포함하지 않기 때문이다. 만일 우리가 이와 같은 관점에서 본다면, "그 출발은 테마가 된 객관 내지는 대상성 일반의 개념을 정립함으로써 행해진다. 그리고 그 출발점은 부정적 반정립에 있어서 주관성 내지는 자아의 개념과는 구별되고 경계 지어진다."[36] 이제 우리는 귀납법을 통해서 「감성적 확실성」(die sinnliche Gewiβheit)의 논리적 구성을 시도해 보고자 한다.

먼저 헤겔의 귀납법은 특수자와 개별자—이 사물(dieses Ding)과 이 자아(dieses Ich)—로부터 보편자—이것(das Diese)—로 나아간다. 여기서 사물은 인식의 객관이며 자아는 인식의 주관이다. 그리고 또한 "객관과 주관의 경험 속에서는 보편자가 모든 객관과 주관의 성질을 가지고 있는 것들의 유적으로 공통적인 것으로 알려지며, 용어상으로 이것(Dieses)으로 포착된다."[37] 다음과 같은 헤겔의 비판은 이에 대해 잘 적용된다고 할 수 있다.

> "귀납법은 오히려 본질적으로는 주관적 추론이라고 하겠다. 여기서 매개는 저마다의 직접성 속에 깃들어 있는 개별자로서, 범유성(Allheit)을 통한 바로 이 개별의 유와의 종합은 **외적인** 반성에 지

---

35 PdG, S. 80.

36 L. Geldsetzer, *Über das logische Prozedere in Hegels Phänomenologie des Geistes*, 위의 책, S. 48.

37 L. Geldsetzer, *Über das logische Prozedere in Hegels Phänomenologie des Geistes*, 위의 책, S. 48.

나지 않는 다. 이렇듯 그 모든 개별마다가 **직접성**을 고수하는 가운데 바로 여기서 보편의 **외면성**이 따름으로 해서 오직 이 보편성은 완전성을 의미하는 것일 뿐이거나 혹은 오히려 **하나의 과제**로 남아 있는 것이 된다."[38]

그러나 귀납법은 실제로 귀납의 테두리 안에서 개별자 내지는 특수자의 종적 차이가 제거되고 유적 특징이 규정됨으로써 논의될 수가 있다. 따라서 우리는 이때 귀납법에 대한 외적인 반성을 하는 것이 아니라 내적인 반성을 하는 것이다. 더욱이 「감성적 확실성」에서 중간자(Mitte)가—여기서는 변증법적 매개로서—주관의 감성적 경험에서—더욱 정확하게는 의식의 경험에서—관계를 하고 있다. 이것이 의미하는 바는, 스스로 어떤 고유한 외연도 가지고 있지 않는 중간자는 개별자에 뿐만 아니라 보편자에도 포함되어 있다는 사실을 의미한다. 그러므로 의식은 개별자들로부터 종적 차이를 제외할 수 있는 것이고, 동시에 개별자에 공통된 유적 특징을 확정할 수 있는 것이다. 그렇기 때문에 유적인 공통자인 유적 특징은 보편자로서, 즉 유로서 형성되며, 종적 차이를 포함하고 있는 개별자들은 유의 종으로서 정립된다. 따라서 유의 개별자들은 각각이 개별적으로 서로 대립해 있는 병렬 종들(Nebenarten)이라고 할 수 있다.

다르게 말하자면, 여기서 경험은 변증법적 매개이며, 또한 특수자와 개별자로부터 보편자를 추상하는 모순 개념이라고 할 수 있다. 그런데 이 세 요소, 즉 특수자와 개별자 그리고 보편자는 헤겔에 따르면 인식론적 도정에 포함되어 있는 것이다. 다른 한편으로 의식은 그때그때마다의 경

---

38 WdL II, S. 114.; 『대논리학 III』, 198 쪽.

험의 단계에서, 보편자 내지는 보편 개념을 형성하기 위하여, 귀납법을 필요로 한다.[39] 헤겔의 변증법은 일련의 지양이기 때문에, 따라서 부정의 부정은 동시에 다른 부정을 산출하지 않으면 안 되기 때문에, 어떠한 개념도—이것은 결코 추상 개념이 아니다—귀납법의 도움이 없이는 형성될 수가 없다. 그렇기 때문에 귀납법은 의식의 경험에서 불가피하다. 다시 말해서, 헤겔이 귀납법을 실행한 이후에야 의식은 자신의 경험을 할 수 있었다는 말이다.[40]

## V. 나오는 말

인식 방법으로서의 귀납법에 있어서는 「감성적 확실성」에서의 객관뿐만 아니라 주관도 인식의 요소이다. 그 까닭은 이 양자는 논

---

39 "그런데 각각의 개별자와 특수자는 많은 성질을 가지고 있는 하나의 사물(헤겔)이기 때문에, '…' 어떤 개별자와 특수자의 사물을 규정한다는 것 또는 서술한다는 것은 그것을 종적인 특징과 유적인 특징에 따라서 규정하는 것으로 통용되고 있다. 그러나 종적, 유적 특징이라고 하는 것은 바로 귀납법을 통해서 비로소 명료해진다. 말하자면 귀납법은 종적 특징을 제거하고 오직 유적 특징만을 규정하는 것이다." Logik, S. 324.; 『논리학』, 366쪽.

40 "비록 사람들이 많은 개별성에서 귀납법을 실행할지라도, 만일 그 반대자가 보편타당성에 동의하지 않는다면, 그렇다면 반대자에게 반대법정을 이끌기를 요구하는 일은 정당한 일일 것이다. 하지만 사람들 스스로가 어떤 경우에는 그것이 정당하다고 말하지 않는다면, 그렇다면 반대자에게 어떤 경우에는 그것이 그렇지 않다고 요구하는 일은 정당하지 않을 것이다. 왜냐하면 사람들은 먼저 귀납법을 실행하지 않으면 안 되기 때문이고, 그런 후에 반대를 위한 법정에 대해서 물을 수가 있기 때문이다." Aristoteles, *Topik*, 위의 책, 157 a.

리적 개념의 구성요소로서 논리적 개념의 외연(Extension)을 형성하기 때문이다. 이로부터 귀납된 또는 추상된 보편자—das Diese—는 유적 특징으로서, 논리적 개념의 다른 구성요소로서의 내포(Intension)이다. 보편자와 개별자의 관계는 유와 종들의 논리적 관계임이 분명하다. 말하자면 논리적으로 참인 개념은 내포와 외연을 자신의 구성요소로서 가지지 않으면 안 된다. 그런데 논리학은 한 개념에서 내포와 외연을 구별함으로써 내포 논리학(die intensionale Logik)과 외연 논리학(die extensionale Logik)으로 나누어진다.[41] 실제로 논리적으로 참된 개념은 내용과 범위를 갖지 않으면 안 된다. "한 개념의 내용과 범위 사이에는 상호관계가 존재한다. 범위가 넓어질수록 내용은 줄어들며, 내용이 풍부할수록 범위는 좁아진다."[42] 이러한 방법은 소위 귀납적 보편화(die induktive Verallgemeinerung)이다. 이 과정에서 보편자—das Diese—는 더 높은 보편자에 대해서는 상대적으로 종이 되며, 이전의 자신의 종은 여기에 반정립 되어 있는 병렬 종과 더불어—이것은 이전에 Ding과 Ich였다— 하위의 종이 된다. 이것을 우리는 헤겔에 따라서 "새로운 참된 대상의 발생"(Entstehung des neuen wahren Gegenstandes)이라고 명명할 수 있다.

이제 의식은 다음 단계의 귀납으로 이행한다. 이 단계가 바로 「지각」(Wahrnehmung)이다. 헤겔에 따르면 「지각」에서는 "많은 특성을 가진 사물"(ein Ding mit vielen Eigenschaften)이 문제가 된다. 첫 번째 귀납의 단계, 즉 「감성적 확실성」에서는 보편자로서 사물—das Diese—만이 오직 언명될 수 있었을 뿐, 사물의 많은 특성들은 언명되지 않았다. 이 특징들은 개별자로서 「감성적 확실성」에서는 단지 사념(meinen)될 수만 있을 뿐이었다.

---

41 내포 논리학'과 '외연 논리학'에 대해서는 "Logik, S. 86-90을 참고하기 바람"

42 Logik, S. 87.; 『논리학』, 104 쪽.

그러나 「지각」에서는 보편자도 인식의 요소로서 다른 개별자들에 반정립(entgegensetzen) 되어 있다. 그러므로 이 양자는 종적인 차이를 가지고 있으며, 「지각」에서 다시금 유적 특징 발견된다. 여기서는 지각이 바로 변증법적 중간단계이며, 이를 통해서 감성의 외적인 직관이 유적 특징으로서 귀납된다.[43] 이와 같은 방식으로 헤겔의 귀납법은 "이성 개념의 구성과 더불어 최고의 귀납단계"[44]에 도달한다.

---

43 L. Geldsetzer, *Über das logische Prozedere in Hegels Phänomenologie des Geistes*, 위의 책, S. 61.

44 L. Geldsetzer, *Über das logische Prozedere in Hegels Phänomenologie des Geistes*, 위의 책, S. 49.

# 참고문헌
Reference


O. Anschütz, *Die Berkeley'sche Erkenntnistheorie in ihrer Entwicklung*, Dissertation, Halle 1913.

Aristoteles, *Metaphysik, philosophische Schriften*, In: 6 Bd., 5. Bd., Übersetzung v. H. Bonitz, Hamburg 1995.

Aristoteles, *Topik, philosophische Schriften*, In: 6 Bd., 2. Bd., Übersetzung v. E. Rolfes, Hamburg 1995.

A. J. Ayer, *Hume*, Oxford / Melbourne / Toronto 1980. ; A. J. 에이어 지음, 서정선 옮김, 『흄의 철학』, 서울 (서광사) 1987.

W. Becker, *Hegels Begriff der Dialektik und das Prinzip des Idealismus - Zur systematischen Kritik der logischen und der phänomenologischen Dialektik*, Stuttgart 1969.

G. Berkeley, *Philosophical Commentaries*, In: Philosophical Works, Introduction and notes by M. R. Ayers, London 1992.

_______ *Three Dialogues between Hylas and Philonous*, In: Philosophical Works, Introduction and notes by M. R. Ayers, London 1992. ; 조지 버클리 지음, 한석환 옮김, 『하일라스와 필로누

스가 나눈 대화 세 마당』, 서울 (숭실대학교 출판부) 2008.

________ *A Treatise concerning the Principles of Human Knowledge*, In: Philosophical Works, Introduction and notes by M. R. Ayers, London 1992. ; 조지 버클리 지음, 문성화 옮김, 『인간 지식의 원리론』, 대구 (계명대학교 출판부) 2010.

I. Berlin, *The Age of Enlightenment*, Oxford / New York / Toronto / Melbourne 1979. ; I. 벌린 지음, 정병훈 옮김, 『계몽시대의 철학』, 서울 (서광사) 1992.

T. Bodammer, *Hegels Deutung der Sprache*, Hamburg 1969.

W. Bonsiepen, *Phänomenologie des Geistes, in Hegel - Einführung in seine Philosophie*, hrsg. v. O. Pöggeler, Freiburg / München 1977.

H. M. Bracken, *Berkeley*, London 1974.

W. Breidert, *George Berkeley - Wahrnehmung und Wirklichkeit, In: Grundprobleme der großen Philosophen - Philosophie der Neuzeit*, hrsg. v. J. Speck, Göttingen 1979.

Joergen K. Bukdahl, *Dialektische Einheit - Eine Vergegenwärtigung der Philosophie Hegels*, (Aus dem Dänischen übersetzt von E. Harbsmeier), Leiden 1986.

F. Copleston, *A History of Philosophy, vol. V., Hobbes to Hume*, London 1976. ; F. 코플스톤 지음, 이재영 옮김, 『영국경험론』, 서울 (서광사) 1991.

R. Descartes, *Meditationen*, hrsg. v. L. Gäbe, Hamburg 1960.

G. Eisenstein, *Berkeley's Presence - Metaphysical Development and Dialectical Tension*, In: Idealistic Studies 1988, Worcester.

M. Fau, *Berkeleys Theorie der visuellen Sprache Gottes - Ihre*

*Bedeutung für die Philosophie des Immaterialismus und ihre historischen Wurzeln*, Frankfurt/M. 1993.

L. Geldsetzer, *Logik*, Aalen 1987. ; Lutz Geldsetzer 지음, 문성화 옮김, 『논리학』, 계명대학교출판부 2002.

L. Geldsetzer, *Über das logische Prozedere in Hegels Phänomenologie des Geistes*, In: Jahrbuch für Hegelforschung, hrsg. v. H. Schneider, St. Augustin 1 / 1995.

T. L. Haering, *Hegel - sein Wollen und sein Werk*, Bd. Ⅱ, Aalen 1963.

W. Halbfass, *Historisches Wörterbuch der Philosophie*, Bd. 4., hrsg. v. J. Ritter und K. Gründer, Basel / Stuttgart 1976.

N. Hartmann, *Grundzüge einer Metaphysik der Erkenntnis*, Berlin 1965.

A. Hecht, *George Berkeleys Lehre von der Abstraktion - Ein Beitrag zum Nachweis der systembildenden Bedeutung logischer Theorien*, Dissertation, Leipzig 1926.

G. W. F. Hegel, *Berliner Schriften* (1818-1831), In: Hegel Werke in 20 Bänden (Theorie Werkausgabe), Bd. 4., hrsg. v. Moldenhauer und K. M. Michel, Frankfurt/M. 1970.

________ *Nürnberger und Heidelberger Schriften (1808-1817)*, In: Hegel Werke in 20 Bänden (Theorie Werkausgabe), Bd. 4., hrsg. v. Moldenhauer und K. M. Michel, Frankfurt/M. 1970.

________ *Grundlinien der Philosophie des Rechts*. In: Hegel Werke in 20 Bänden (Theorie Werkausgabe), Bd. 7, hrsg. v. Moldenhauer und K. M. Michel, Frankfurt/M. 1970. ; 헤겔 저, 임석진 역, 『법철학 Ⅰ』, 서울 (지식산업사) 1989.

________ *Enzyklopädie der philosophischen Wissenschaften I*, In: Hegel Werke in 20 Bänden (Theorie Werkausgabe), Bd. 8., hrsg. v.

Moldenhauer und K. M. Michel, Frankfurt/M. 1970.

________ *Enzyklopädie der philosophischen Wissenschaften II*, In: Hegel Werke in 20 Bänden (Theorie Werkausgabe), Bd. 9., hrsg. v. Moldenhauer und K. M. Michel, Frankfurt/M. 1970.

________ *Enzyklopädie der philosophischen Wissenschaften III*, In: Hegel Werke in 20 Bänden (Theorie Werkausgabe), Bd. 10., hrsg. v. Moldenhauer und K. M. Michel, Frankfurt/M. 1970.

________ *Vorlesungen über die Geschichte der Philosophie I*, In: Hegel Werke in 20 Bänden (Theorie Werkausgabe), Bd. 18., hrsg. v. Moldenhauer und K. M. Michel, Frankfurt/M. 1971. ; 헤겔 저, 임석진 역, 『철학사 I』, 서울 (지식산업사) 1996.

________ *Vorlesungen über die Geschichte der Philosophie II*, In: Hegel Werke in 20 Bänden (Theorie Werkausgabe), Bd. 19., hrsg. v. Moldenhauer und K. M. Michel, Frankfurt/M. 1971.

________ *Vorlesungen über die Geschichte der Philosophie III*, In: Hegel Werke in 20 Bänden (Theorie Werkausgabe), Bd. 20., hrsg. v. Moldenhauer und K. M. Michel, Frankfurt/M. 1971.

________ *Wissenschaft der Logik I*, Gesammelte Werke, Bd. 11., Hamburg 1978. ; F. 헤겔 저, 임석진 역, 『대논리학 (I)』, 서울 (지학사) 1988. ; F. 헤겔 저, 임석진 역, 『대논리학 (II)』, 서울 (지학사) 1982.

________ *Wissenschaft der Logik II* (1816), Gesammelte Werke, Bd. 12, hrsg. v. F. Hogemann und W. Jaeschke, Hamburg 1981. ; F. 헤겔 저, 임석진 역, 『대논리학 (III)』, 서울 (지학사) 1988.

________ *Phänomenologie des Geistes*, Hamburg 1952. ; G. W. F. Hegel 지음, 임석진 옮김, 『정신현상학 I』, 분도출판사 1983. ; G. W. F. Hegel 지음, 임석진 옮김, 『정신현상학 II』, 분도출판사 1982.

M. Heidegger, *Hegels Begriff der Erfahrung*, In: Holzwege, Frankfurt/M. 1957.

J. Heinrichs, *Die Logik der 〉Phänomenologie des Geistes〈*, Bonn 1974.

J. Israel, *Der Begriff Dialektik*, Reinbek bei Hamburg 1979.

I. Kant, *Kritik der reinen Vernunft*, Hamburg 1956. ; 임마누엘 칸트 지음, 백종현 옮김, 『순수이성비판』, 서울 (아카넷) 2006.

________ *Prolegomena, Zu einer jeden künftigen Metaphysik*, Hamburg 1969.

G. Kimmerle, *Sein und Selbst - Untersuchung zur kategorialen Einheit von Vernunft und Geist in Hegels 〉Phänomenologie des Geistes〈*, Bonn 1978.

M. Kirn, *Phänomenologie des Geistes und die Sinneslehre Rudolf Steiners - zur Neubegründung der Wissenschaft aus dem Wesen des Menschen*, Stuttgart 1989.

E. Krieger, *Die Grenzen der Vermittlungsmethode bei Hegel,* In: Hegel in der Sicht der neueren Forschung (Wege der Forschung, Bd. L II) hrsg. v. I. Fetscher, Darmstadt 1973.

R. Kroner, *Von Kant bis Hegel*, 2. Bd., 2. Aufl., Tübingen 1961.

A. Kulenkampff, *George Berkeley*, München 1987.

B. Lakebrink, *Studien zur Metaphysik Hegels*, Freiburg 1969.

R. N. Lee, *What Berkeley's Notions Are*, In; Idealistic Studies 1990, Worcester.

J. Locke, *An Essay Concerning Human Understanding*, edit. by P. H. Nidditch, Oxford 1975.

R. A. Mall, *Der operative Begriff des Geistes - Locke, Berkeley, Hume*, Freiburg / München 1984.

W. Marx, Hegels *Phänomenologie des Geistes - Die Bestimmung ihrer Idee in 'Vorrede' und 'Einleitung'*, Frankfurt/M. 1971.

R. Metz, *George Berkeley - Leben und Lehre*, Stuttgart 1925.

H. H. Ottmann, *Das Scheitern einer Einleitung in Hegels Philosophie - Eine Analyse der Phänomenologie des Geistes*, München / Salzburg 1973.

O. Pöggeler, *G. W. F. Hegel - Philosophie als System*, In: *Grundprobleme der großen Philosophen*, hrsg. v. J. Speck, Göttingen 1976.

O. Pöggeler, *Hegels Idee einer Phänomenologie des Geistes*, Freiburg / München 1993, 2. Aufl.

K. R. Popper, *Subjektive oder objektive Erkenntnis? ; Metaphysik und Kritisierbarkeit ; Der Realismus*, In: Karl Popper Lesebuch, hrsg. v. D. Miller, Tübingen 1995.

J. P. Rauschenberger, *Über das Problem der Einheit und des Sinnes von Erscheinung bei Berkeley*, Dissertation, Basel 1959.

H. Röttges, *Der Begriff der Methode in der Philosophie Hegels*, Meisenheim am Glan 1976.

P. Ruben, *Von der ›Wissenschaft der Logik‹ und dem Verhältnis von Dialektik und Logik*, In: Seminar Dialektik in der Philosophie Hegels, hrsg. v. R. P. Horstmann, 2. Aufl., Frankfurt/M. 1989.

R. Schacht, *Classical Modern Philosophers – Descartes to Kant*, London / Boston / Melbourne and Henley 1984. ; R. 샤하트 지음, 정영기·최희봉 옮김, 『근대철학사 — 데카르트에서 칸트까지』, 서울 (서광사) 1993.

G. Skirbekk / N. Gilje, *Geschichte der Philosophie – Eine Einführung in die europäische Philosophiegeschichte mit Blick auf die*

*Geschichte der Wissenschaften und die politische Philosophie*, 2 Bde., übersetzt v. L. Schneider, 1. Bd., Frankfurt/M. 1993.

H. J. Störig, *Kleine Weltgeschichte der Philosophie* 1, 11. Aufl., Stuttgart 1961.

C. Taylor, *Hegel*, übersetzt v. G. Fehn, Frankfurt/M. 1978.

A. Varga, *Einführung in die Erkenntnislehre*, München / Basel 1953.

C. J. Warnock, *Berkeley*, Indiana 1983.

J. Werner, *Darstellung als Kritik - Hegels Frage nach dem Anfang der Wissenschaft*, Bonn 1986.

M. Westphal, *Hegels Phänomenologie der Wahrnehmung*. Originalbeitrag. Aus dem Englischen übersetzt v. R. Bitter, In: Materialien zu Hegels 〉Phänomenologie des Geistes〈, hrsg. v. H. F. Fulda und D. Henrich, Frankfurt/M. 1973.

R. Wiehl, *Phänomenologie und Dialektik*, In: Hegel - Studien Beiheft 11, Bonn 1974.

K. P. Winkler, *Berkeley - An Interpretation*, Oxford 1989.

문성화, 「『정신현상학』과 철학의 역사 I」, 『哲學硏究』 제67집, 대한철학회 1998. 8.

## 저자소개

### 문성화 | Mun, Seong – Hwa | 文盛和

- 1961년생
- 계명대학교 철학과와 동대학원 졸업 (석사)
- 독일 뒤셀도르프대학교(Heinrich–Heine–Universität Düsseldorf) 철학부 졸업 (철학박사)
- 現) 계명대학교 Tabula Rasa College 교수

**저서**

- *BERKELEY UND HEGEL – Eine Untersuchung zur logischen Dingkonstitution und zur dialektischen Bewußtseinsdeskription*, Düsseldorf 1997 (박사학위 논문)
- 백두대간 종주라이딩 로드맵 (2018, 소명출판)
- 삼국사기와 삼국유사의 역사인식과 역사의식 (2015, 소명출판)
- 대학생을 위한 글쓰기 기초 (공저, 2014, 계명대학교 출판부)
- 논증적 글쓰기 (공저, 2010, 이문출판사)
- 교양글쓰기 (공저, 2009, 계명대학교 출판부)
- 철학의 눈으로 본 민족사 (2007, 계명대학교 출판부)

**역서**

- 프로테스탄티즘의 윤리와 자본주의 정신 (M. Weber 지음, 2017, 계명대학교 출판부)
- 진화론적 인식론 (공역, G. Vollmer 지음, 2011, 계명대학교 출판부)
- 인간 지식의 원리론 (G. Berkeley 지음, 2010, 계명대학교 출판부)
- 변증법적 유물론 (F. Fiedler외 지음, 2009, 계명대학교 출판부)
- 논리학 (L. Geldsetzer 지음, 2002, 계명대학교 출판부)
- 철학적 해석학 (H. Ineichen 지음, 1998, 문예출판사)

이외 다수의 논문이 있음